爱的意义

Love Sense

The Revolutionary
New Science of
Romantic Relationships

[加] 苏·约翰逊 著
SUE JOHNSON

蔺秀云 孙艺宁 罗文婷 周莹 译

机械工业出版社
CHINA MACHINE PRESS

Sue Johnson. Love Sense: The Revolutionary New Science of Romantic Relationships.

Copyright © 2013 by Susan Johnson, Inc.

Simplified Chinese Translation Copyright © 2025 by China Machine Press.

Simplified Chinese translation rights arranged with Little, Brown and Company through Bardon-Chinese Media Agency. This edition is authorized for sale in the Chinese mainland (excluding Hong Kong SAR, Macao SAR and Taiwan).

No part of this book may be reproduced or transmitted in any form or by any means, electronic or mechanical, including photocopying, recording or any information storage and retrieval system, without permission, in writing, from the publisher.

All rights reserved.

本书中文简体字版由 Little, Brown and Company 通过 Bardon-Chinese Media Agency 授权机械工业出版社在中国大陆地区（不包括香港、澳门特别行政区及台湾地区）独家出版发行。未经出版者书面许可，不得以任何方式抄袭、复制或节录本书中的任何部分。

北京市版权局著作权合同登记　图字：01-2024-0071 号。

图书在版编目（CIP）数据

爱的意义 /（加）苏·约翰逊（Sue Johnson）著；蔺秀云等译. -- 北京：机械工业出版社，2025. 4.

ISBN 978-7-111-77330-6

Ⅰ. C913.1-49

中国国家版本馆 CIP 数据核字第 2025KJ9483 号

机械工业出版社（北京市百万庄大街 22 号　邮政编码 100037）

策划编辑：刘利英　　　　　　　　责任编辑：刘利英
责任校对：孙明慧　杨　霞　景　飞　责任印制：常天培
北京联兴盛业印刷股份有限公司印刷
2025 年 6 月第 1 版第 1 次印刷
147mm×210mm・9.875 印张・1 插页・208 千字
标准书号：ISBN 978-7-111-77330-6
定价：69.00 元

电话服务　　　　　　　　　　网络服务
客服电话：010-88361066　　　机　工　官　网：www.cmpbook.com
　　　　　010-88379833　　　机　工　官　博：weibo.com/cmp1952
　　　　　010-68326294　　　金　　书　　网：www.golden-book.com
封底无防伪标均为盗版　　　　　机工教育服务网：www.cmpedu.com

首先,这本书献给我的孩子们。希望他们的爱情关系能更丰富、更深刻、更美满。

同时,这本书也献给我所爱的人——那些不断为我提供安全港湾和安全基地,让我能快乐地跃入未知世界的人。你们一定知道我说的是谁。

人们认为爱是一种情感、一种好的感觉。
　　　　　　　——肯·凯西（Ken Kesey）

除非你去爱上某人，否则一切毫无意义。
　　　　　　　——爱德华·埃斯特林·卡明斯
　　　　　　　　（E. E. Cummings）

Love
Sense

| 引言 |

    我们为爱和爱情关系深深着迷,但是我们对爱到底了解多少呢?我们本能地知道,没有什么比成功地爱和被爱对我们的生活(我们的幸福和健康)影响更大了。我们认为爱使我们脆弱,但当我们确信自己被爱着时,又会感到无比安全和强大。我们也知道,在生命的至暗时刻,只有所爱之人会给我们带来安慰。然而,在 21 世纪的第一个十年结束时,尽管我们这个物种已经聪明到可以分裂原子、翱翔太空,但我们似乎仍然没有明确或彻底地理解对我们的生存至关重要的亲密联结。

    自古以来,人们似乎一直将浪漫爱情视作一个谜,且由于其本质的不可知,将永远无解。这让我想起了 14 世纪乔叟《坎特伯雷故事集》(*The Canterbury Tales*)中被囚禁的骑士帕拉蒙,他透过监狱的铁栏窗,窥见美丽的艾米莉正一边采花,一边歌唱。他痛苦地哭喊,向他同样被囚禁的堂兄阿赛特说:

    不是这牢房让我哭泣,

而是我的眼睛看到的情景，
刺伤我的内心，那就是我的痛苦之源。
我看到这位女士的美丽，
她在花园里，来回踱步，
这是我所有哭泣和悲伤的原因。
我不知道她是女人还是女神，
但我想她是真正的维纳斯。

对许多人来说，爱情似乎是一种魔法——一种强大而危险的力量，它会在不经意间袭击我们。

也许是因为爱情看起来如此令人困惑和难以驾驭，我们似乎对拥有稳定、浪漫的伴侣关系失去了信心。悲观情绪正在蔓延。在我的国家，无论是从社交媒体还是电视新闻上，我们经常会看到关于名人私生活的报道，这些报道往往体现了关系的不稳定性。一些网络意见领袖提倡一种非传统的伴侣关系模式，认为这是应对关系疲劳的解决方案。同时，也有观点认为传统的伴侣关系观念已经过时，需要被重新审视。在这样的背景下，成人爱情似乎变得越发难以把握。

讽刺的是，所有这些都发生在一个浪漫爱情比以往任何时候都重要的时代。孤独、焦虑和抑郁的海啸席卷了西方社会。如今，在这个多变的、疯狂的、复杂的世界里，成人伴侣关系往往是我们唯一可以依赖的真正人际纽带。我的祖母住在一个300人的村子里，村子里的人给她提供了友爱而支持性的社交网络。但现代社会的大多数人，如果幸运的话，似乎也只是生活在两个人的"小社会"里。寻找和维系伴侣关系已经成为我们生活中不容忽视的主题，因为其他社会关系都被边缘化了。有证据表明，我们越来越依赖伴侣的情感联结和支持，然而我们却不知道如何创造爱和维持爱。

此外，我们似乎在很多方面都与我们对爱和承诺的渴望背道而驰。当今社会推崇情感上的独立。我们经常被告诫要首先爱自己。最近，在一次社交聚会上，一位朋友对我说："即使是你也必须面对事实。总的来说，我们生活在一个彼此疏远、轻视关系的社会，人们不再相信爱情关系了。爱情不是首要任务，没人有时间去管它们。"

作为一名临床心理学家、伴侣治疗师和关系研究者，我对我们的处境和未来感到越来越震惊和沮丧。通过我自己和我尊敬的同事们的工作，我知道这种愤世嫉俗和绝望是错误的。今天，我们对浪漫爱情有了一种革命性的新观点，一种乐观且实际的观点。它以科学为基础，揭示了爱对生存的至关重要性。爱远非深不可测，而是具有逻辑性和可理解性。不仅如此，它也具有适应性和功能性。更棒的是，它还具有延展性、可修复性和持久性。简而言之，我们现在有理由相信，爱是"有意义（sense）的"。sense 这个词来源于拉丁语 sentire，意思是"感知、感觉或了解"，还有"找到自己的路"。这就是为什么这本书的英文版书名为 Love Sense，我希望它能帮助你找到通往更充实和更持久的爱的道路。

在本书中，你将学到我和其他科学家从 30 年的临床研究、实验室实验和治疗实践中所发现的东西。你将了解到爱是基本的生存法则，哺乳动物大脑的一项基本任务便是理解并回应他人，而且正是依赖他人的能力让我们变得更强大。你也将了解到，拒绝和抛弃是危险的信号，能够让我们陷入真正的生理痛苦。我们还高估了自己对性的迷恋和新鲜感。另外，即使是最痛苦的夫妇，如果能够学习以稍微不同的方式处理情绪，关系也会得到修复。

我的特别贡献在于关系的修复。多年来，我与几千对绝望的夫妇一起工作，创造了一种全新的系统治疗模式——情绪聚焦疗法（emotionally focused therapy，EFT），它尊重了我们对联结和支持的需求。在治愈脆弱关系方面，情绪聚焦疗法被称为最成功的方法，其成功率高达70%～75%。如今，在全球至少25个国家，情绪聚焦疗法已经成为咨询师培训的常规课程。希望自助的伴侣可以学习《爱的7种对话：建立持续一生的亲密关系》(Hold Me Tight: Seven Conversations for a Lifetime of Love)，它是情绪聚焦疗法的简化版。

这些只是通过科学探索来理解爱情的部分成果。在这本书中，你会发现更多的研究结果，也会了解许多关于伴侣间亲密关系的故事（所有的故事都是由几个案例组成的，我们对案例进行了简化以反映普遍的事实。为保护隐私，案例中的姓名和详细信息已被更改）。你会对你读到的内容感到惊讶，甚至震惊，但最重要的是，你会受到启发：不仅仅是关于爱的本质和它如何影响我们个人，还包括爱对我们人类、对我们的社会和世界意味着什么。所有的研究都一致认为，爱的关系是人类获得幸福及一般福祉的绝对基石。良好的人际关系是比精细化饮食更好的健康保险，是比服用维生素更好的抗衰老策略。爱的关系也是建立家庭的关键，而家庭传授了维系文明社会所必需的技能——信任、共情，以及合作。爱是人类和世界的命脉。

已故作曲家、剧作家乔纳森·拉尔森（Jonathan Larson）在其音乐剧《吉屋出租》(Rent)的其中一首歌曲中有过很好的表述。这首歌询问如何衡量"525 600分钟"，也就是人生中一年的生存质量。答案是:"分享爱,给予爱,传播爱……用爱来衡量你的生活。"除了爱,其他都无法解释。

我写这本书不仅仅是将其作为一种警醒,也是作为一种启示、一种承诺。

Love Sense

| 目录 |

引言

第一部分　关系革命

第 1 章　爱：范式的改变　/2
第 2 章　依恋：爱之匙　/23

第二部分　爱的新科学

第 3 章　情绪　/50
第 4 章　大脑　/75
第 5 章　身体　/102

第三部分 爱的行动

第 6 章 跨越时空的爱 / 128

第 7 章 纽带的断裂 / 155

第 8 章 联结的重建 / 186

第四部分 新科学的应用

第 9 章 一个爱情故事 / 220

第 10 章 21 世纪的爱情 / 244

致谢 / 274

参考文献 / 276

Love Sense

| 第一部分 |

关系革命

第 1 章

爱：范式的改变

> 尽管我还没有理解爱，但我相信爱的强大力量。我相信爱是这荆棘丛生的世界中最芬芳的花朵。
>
> ——西奥多·德莱塞（Theodore Dreiser）

我的记忆中充满了爱的声音和景象：当我年迈的祖母谈起她已经去世近 50 年的丈夫时，她的声音里充满了痛苦。我的祖父是一位铁路信号员，祖母是一位女仆。曾经连续 7 年，我的祖父每个月都会在祖母休息的那个星期日向她表达爱意。但是在结婚 18 年后的那个圣诞节，祖父由于肺炎离世，当时他 45 岁，而祖母只有 40 岁。

我身材娇小、怒气冲冲的母亲从厨房飞冲向我那曾在第二次世界大战（以下简称"二战"）时期担任海军工程师的父亲。父亲身材魁梧、强壮，此时正站在门口注视着我的母亲。而当我的母亲看到我时，她突然停了下来，并逃离了房间。30 年中，他们总是摔门争吵，挥拳相向，而我的母亲最终在我 10 岁时离开了我的父亲。"为什么他们总是在吵架？"我问我的祖母。"我的宝贝，因为他们深爱彼此。"她回答。"可看着他们，很明显，我们谁都不知道爱到底意味着什么，"我记得我对自己说，"好吧，我发誓我一定不会坠入爱河。"但是我食言了。

我曾告诉我的初恋："我拒绝参与荒唐的爱情游戏。它荒谬得就像让我坠入深渊。"刚刚结婚几个月，我便哭着问自己："为什么我不再爱这个男人了？我甚至无法确定我们之间缺少了什么。"另一个男人静静地对我微笑，而我同样静静地向后倚靠，放任自己掉入深渊。我感觉我们之间完满无缺。

多年以后，在 4 月初的一个早晨，我坐在湖边，看着湖面上最后一片冰融化，听着我的丈夫和孩子们有说有笑地在身后的树林穿过。在那一刻，我触摸到了内心最深处的喜悦，是那种曾经可以、在未来的生命中也可以完全填满我内心的喜悦。

痛苦抑或是激动，喜悦抑或是满足。这些情感都是关于什么？又都是为了什么？

爱可以以千百种方式开始——一个眼神、一个凝视、一句耳语、一个微笑、一句赞美抑或是一次冒犯。爱的延续可以伴随爱抚和亲吻，也可以伴随皱眉和打架。最后，爱可能会在沉默和悲伤、沮丧和愤怒、眼泪，甚至有时是喜悦和笑声中结束。爱可以持续数小时或数天，也可以持续数年，甚至超越死亡。爱是我们寻找的东西，或者它会主动找到我们。它可以救赎我们，也可以毁灭我们。它的存在使我们欢欣鼓舞，它的丧失或缺失使我们感到悲戚。

我们渴求爱，向往爱，也被爱驱使，但我们还没有真正理解爱。我们为它命名，承认它的力量，记录它的辉煌和悲哀。但是我们仍然面临着许多困惑：拥有一段充满爱的关系到底意味着什么？我们为什么要追求爱情？是什么导致了爱的结束？是什么让爱持续？爱到底有没有意义？

古往今来，爱情一直是一个谜，无论是哲学家、道德家、作家、科学家还是一对普通的恋人，都无法解开。例如，希腊人定义了四种爱，但令人困惑的是，它们的定义是有重叠的。厄洛斯（Eros）是"激情之爱"的名字，它可能包含也可能不包含性吸引与欲望。即使到了当今时代，我们同样对爱感到困惑。谷歌报告称，2012年加拿大关于"是什么"的搜索词条中，排名最靠前的搜索是"爱是什么"。谷歌发言人亚伦·布林德尔（Aaron Brindle）说："这不仅反映了当年的热门话题，而且反映了人类所处的境况。"另一个网站向世界各地的人们征集有关"爱"的定义和经验。如果你看过大家的回复，你会赞同网站创始人的观点："世界上有多少个人，就有多少种关于爱的独特定义。"

科学家试图将爱描绘得更加具体化。例如，俄克拉何马州立大学的心理学家罗伯特·斯滕伯格（Robert Sternberg）将爱情描述为三种成分的混合体：亲密、激情和承诺。但这依然不能破解爱的谜题。与此同时，进化生物学家将爱解释为自然界的繁殖策略。从物种存在这一宏大而抽象的角度看，这是有道理的，但它不能阐明日常生活中爱的本质。最流行的定义也许是"爱是……一个谜"，但对于我们这些试图找到它、修复它或保留它的人来说,这种定义是一场灾难,因为它剥夺了我们的希望。

那么,我们是否理解爱真的重要吗?

如果你在三四十年前问这个问题,世界上大多数人都会说:"不那么重要。"爱,尽管是有力量的,但并不被认为是日常生活中的必需品。它被视为一种与众不同的东西,一种消遣,甚至是一种奢侈品,而且往往会带来危险(还记得罗密欧与朱丽叶、阿伯拉尔与赫洛伊斯的爱情故事吗)。对三四十年前的人来说,最重要的是生存。人们把自己的生活与家庭、社区联系在一起,因为这些可以保护他们,为他们提供食物和住所。从最早的婚姻观念开始,人们就明白,将自己的生活与另一个人的生活结合起来是出于非常现实性的考虑,而不是出于情感上的原因:为了改变命运、获得权力和财富、继承头衔和财产、生儿育女来帮忙打理农场,以及照顾年老的自己。

尽管越来越多的人的生活水平有所改善,但婚姻仍然是一场非常理性的交易。1838年,在工业革命时期,博物学家查尔斯·达尔文(Charles Darwin)在向他的表妹艾玛·韦奇伍德(Emma Wedgwood)求婚的前一刻,列出了婚姻的利弊清单。他对于婚姻表示赞同的是:"孩子……持久的伴侣(晚年的朋友)……被宠爱和一起玩的对象……无论如何都比狗强……温柔善良的妻子坐在沙发上,旁边是暖暖的火炉、书籍和音乐……这些对人们的健康都有好处。"相反地,他也指出婚姻的各种弊端,他写道:"也许是争吵——浪费了晚上阅读的时间……焦虑和责任……买书的钱减少了……我永远无法学习法语,无法去欧洲大陆或者去美国,也无法乘坐热气球升空,或者独自去威尔士旅行——我可能会沦为可怜的奴隶。"

我们没有艾玛的婚姻利弊清单，但对于大多数女性来说，结婚的首要原因是寻求经济保障。由于缺乏教育和就业机会，如果女性一直不结婚，就会面临贫困生活的境遇。这一事实延续到了20世纪。即使女性获得了受教育的权利和养活自己的能力，但在她们选择伴侣时，爱情依然没有占据太高的地位。1939年，当被要求对未来配偶或亲密关系所具备的18个特征进行排序时，女性将爱情排在第5位。即使是在20世纪50年代，爱情也没有被排在第1位。这让我想起了我的姑姑，当她发现我交了男朋友时，她建议我："亲爱的，只要确保他有一套西装就行了。"——言下之意就是"确保他有一份稳定的工作"。

然而，在20世纪70年代的调查中，爱情开始成为美国男女择偶时首要考虑的因素。到了20世纪90年代，随着大量女性进入职场，西方世界的婚姻已经完全从一项"经济事业"转变为了社会学家安东尼·吉登斯（Anthony Giddens）所说的"情感事业"。一项2001年的美国民意调查显示，20多岁的女性中有80%表示，一个会表达感情的男人比一个能让自己过上好日子的男人更重要。如今，无论男性还是女性都习惯把"爱"作为步入婚姻的主要原因。事实上，这种情况在世界各地也越来越普遍。当人们摆脱了经济和其他束缚时，他们就会为爱择偶。在人类历史上，爱和情感联结第一次成为我们选择伴侣和给予承诺的唯一依据。现在，这些情感已成为任何社会最重要的基石——家庭单位——的主要基础。

爱情关系现在不仅是成人关系中最亲密的关系，往往也是最重要的关系。并且，对许多人来说，这是唯一的关系选择。《美国社会学评论》(American Sociological Review)报告称自20世纪80年代中期以来，认为自己只能向伴侣倾诉的人数增加了50%。我们生活在一个情感孤立、人际关系日益冷漠的时代。我们越来越远离关心我们的父母、兄弟姐妹、朋友和支持我们成长的社区。越来越多的人开始独自生活。美国人口普查结果显示，2012年有超过3000万的美国人独居，而1950年只有400万。我们的工作时间变得更长，工作地点变得更偏远，通勤时间也更长。我们通过电子邮件和短信与他人交流，与电话上的自动语音打交道，通过全息影像观看已故艺术家［如说唱歌手图派克·夏库尔（Tupac Shakur）］的音乐演唱会，不久后我们还将寻求全息人员的帮助。最近，在纽约地区的机场，旅客们见到了一个身高六英尺[⊖]、能提供信息的AVA（airport virtual assistant），这是机场虚拟助理的简称，也叫阿凡达。

芝加哥大学心理学家、专门研究孤独感的学者约翰·卡乔波（John Cacioppo）认为，在西方社会，"社会联结已经从一种必需品降级为一种附属品"。因此，我们的伴侣不得不填补这一关系空白。他们同时充当爱人、家人、朋友、村庄和社区，而情感联结是维系这段重要而独特的关系的唯一黏合剂。

因此，理解爱的本质绝对是重要的。事实上，也是必要的。继续忽视爱不再是合适的选择。把爱定义为人们无法掌握和控制的奥秘，对人类来说就像在水中投毒一样有害。人们必须学会塑造自己的爱情关系。而现在，多亏了过去20年来在社会科学和

⊖ 1英尺约等于0.3米。

自然科学领域进行的一场不为人知的革命，人类第一次能够做到这一点。

一场革命

《韦氏大学词典》(Merriam-Webster's Collegiate Dictionary)将"革命"定义为"思考或想象事物的方式的根本改变：范式的改变"。这正是社会科学领域中成人爱情的研究现状。20年前，爱情作为一个研究课题并没有得到太多的重视，事实上任何情感都是如此。法国哲学家勒内·笛卡尔(René Descartes)将情感与低等动物的本能联系在一起，因此认为情感是需要被克服的。人类作为高等动物的标志是人们的推理能力。笛卡尔的名言是"我思故我在"(Cogito ergo sum)。

情感是非理性的，因此是可疑的，而爱情是所有事物中最不理性的、最可疑的，因此不适合科学家这样的理性主义者来研究。浏览欧内斯特·希尔加德(Ernest Hilgard)教授在1993年出版的经典历史评论《美国心理学》(Psychology in America)一书的主题索引，你不会找到"爱"这个词。年轻的研究人员经常被警告远离这个主题。我记得在研究生院读书时曾被告知，科学不涉及模糊的、柔软的、难以定义的东西，例如情感、同理心和爱。

"革命"这个词也有"起义"的意思。社会学家开始认识到，他们的大部分工作并没有解决公众对日常生活质量的担忧。因此，一场没有暴乱和子弹的和平"起义"在大学实验室和学术期刊中开始了，它挑战了传统的对简单行为的研究以及对如何改变这些行为的坚持。在20世纪90年代，开始出现了新的声音，情绪突然成为科学研究的合理主题。快乐、悲伤、愤怒、恐惧和爱开始出现在众多学科——从人类学到心理学再到社会学——的学术会议议程上。情感，变得越来越为人所知，它不是随机的、毫无意义的，而是合乎逻辑的、"智能的"。

与此同时，心理治疗师和心理健康专家开始调整他们处理关系问题的参考框架，尤其是爱情问题。多年来，他们一直把注意力聚焦在个体身上，认为任何混乱都是源于个体自己陷入了心理困境，只要解决了个体的问题，关系也会得到改善。但事实并非如此，即使人们明白了他们为什么会这样做，并试图改变，他们的爱情关系也经常会继续恶化。

心理治疗师意识到，把注意力聚焦在个体身上并不能获知事情的全貌。身处恋爱关系中的人，就像所有关系中的人一样，不是独立行动的个体，而是动态二元组合中的一部分，其中每个人的行为都会激发并带动另一个人的反应。需要被理解和改变的是这对伴侣以及他们如何"共舞"，而不仅仅是单个个体。研究人员开始拍摄记录伴侣所提到的日常生活中的伤害和挫折，即那些他们为了钱和性，以及为抚养孩子而争吵的场景。然后，他们仔细研究这些录像，尝试找出使一段关系变成战场或荒地的关键互动时刻，同时也密切留意伴侣似乎达成一致的那些和谐时刻。他们试图以此来寻找伴侣互动的行为模式。

随着技术的进步，崇尚"理性至上"的科学家对情感，尤其是对爱情的研究兴趣也在激增，他们改进了旧方法并引入了新方法。但研究的主要障碍一直是：如何量化像感觉这样模糊和转瞬即逝的东西?或者,正如阿尔伯特·爱因斯坦(Albert Einstein)所哀叹的那样:"究竟要如何从化学和物理的角度来解释初恋这种重要的生物现象?"

科学的方法不仅依赖于观察和分析,而且依赖于可测量的、可重复的数据。随着更灵敏的测试和分析方法的出现,神经生物学家开始研究情绪的化学成分,但功能性磁共振成像(fMRI)的出现才是真正的推动力。神经生理学家设计了一些实验来观察大脑,并且发现当我们害怕、快乐、悲伤或体验到爱的时候,大脑内部的某些结构和区域会被激活。以前有一则公益广告,广告上有一个正在锅里煎的鸡蛋,然后有一个严肃的声音说道:"这是你的吸毒脑。"现在我们确实有一些脑成像影片可以捕捉到"你的恋爱脑"。

这一切发酵的结果是大量新鲜知识的涌现,并且这些知识正在凝聚成有关爱的一种激进但激动人心的新视角。这种新的爱情观正在推翻人们长期以来对浪漫爱情的目的和过程的看法,也颠覆了人们对人类本性的认知。这一新视角不仅具有理论意义,还具有乐观的实践意义。它阐明了我们为何相爱,并揭示了我们如何创造、修复和保持爱情。

这些令人振奋的发现包括以下六点。

- **人类最首要的本能既不是性,也不是攻击,而是寻求接触和安慰的联结。**
  最早提出这种我们现在称之为依恋或情感联结观点的人,是一位保守的英国贵族精神病学家,他根本不是那种人们认为能够破解浪漫关系密码的人!但是保守的英国人约翰·鲍尔比（John Bowlby）是一个永远改变了爱和被爱观点的"反叛者"。他的洞见是爱情新科学的基础。

鲍尔比提出，我们注定要爱上少数几个珍贵的人，他们会在生活中的风风雨雨中拥抱和保护我们。这是大自然为物种生存制订的计划。性也许会驱使我们去交配，但只有爱才能让我们感受到自己的存在。乔治·艾略特（George Eliot）写道："将我们所爱的生活与真实的生活结合起来，我们就可以看到幸福，可以在困难中感到安慰，并在贫困和痛苦的记忆中打开最甜蜜的快乐之泉。"

这种建立情感联结的动力是天生的，不是学来的。这可能是大自然对人类生理关键事实的回应：女性产道太窄，无法让大脑袋、大身躯的婴儿通过，因此婴儿不可能刚出生就身体强壮、能独立生存。相反，婴儿出生时又弱小又无助，在他们自立之前需要多年的养育和保护。抛弃这些麻烦的新生儿要比抚养他们容易得多。那么，是什么让一个成年人愿意留下来承担抚养孩子这一繁重而疲惫的任务呢？

大自然的解决方案是在我们的大脑和神经中建立一个自动的呼叫和反应系统，使孩子和父母在情感上相互依恋。婴儿会做出一系列的行为——凝视、微笑、哭泣、紧贴、伸手，这些行为会吸引成年人的关心和亲近。所以当一个男婴因饥饿而号啕大哭并伸出双臂时，他的妈妈会把他抱起来喂他。当爸爸对他的宝贝女儿嘀咕或做鬼脸时，她会转动自己的腿，挥舞手臂，然后咿呀学语。这种情感联结在双向的反馈回路中循环反复。

- **成年人的浪漫爱情是一种依恋关系，就像母亲和孩子之间的关系。**

  长期以来，我们一直认为，随着年龄的增长，我们不再需要儿时与照顾我们的人之间那种强烈的亲近感、支持感和舒适感，成年后形成的浪漫依恋本质上是性的需求。这完全是对爱情的扭曲。

  我们需要依赖一个值得珍视的人：当我们"呼唤"时，他会陪伴在我们身边——永远不会消失。事实上，正如鲍尔比所说，对依恋的需求"从摇篮延续到坟墓"。成年后，我们只是把这种需求从我们的主要照顾者转移到我们的爱人身上。浪漫的爱情完全不是毫无根据或随机发生的，它是有序而明智的生存方式的延续。

  但成人之爱与亲子之爱有一个关键的区别：我们的爱人不必一直看得见摸得着。作为成年人，我们对重要他人实际存在的需求没有孩子那么强烈。我们可以在脑海中想象伴侣的形象来唤起一种联结感。因此，当感到心烦意乱时，我们就可以提醒自己"我是被伴侣爱着的"，还可以想象对方在安抚和安慰我们。曾经有战俘报告说，他们会在狭窄的牢房里"听到"妻子安抚自己的声音。当我走上讲台演讲时，我的脑海中会浮现出丈夫鼓励我的话。

- **好的性关系不会带来安全的爱情；相反，安全型依恋会带来好的性关系，也会带来持久的爱。一夫一妻制并不是神话。**

有些人目光短浅地将大量的精力投入到性生活中，但这其实本末倒置了：并不是好的性关系带来了令人满意的、安全的关系，而是安全的爱带来了好的性关系。

安全型依恋，是大自然为我们设定的、爱情持续下去的原因之一。信任感帮助我们渡过每段关系中突然出现的困难。此外，我们的身体天生会产生一系列化学物质，将我们与所爱之人紧密地联系在一起。一夫一妻制不仅可能，而且本就是我们的自然状态。

- **情感依赖并非不成熟或病态，而是我们最大的优势。**

  在西方社会，依赖对于某些人来说是一个肮脏的字眼。长期以来，他们一直坚持认为，健康的成年人需要在情感上独立和自给自足；从本质上讲，他们要在自己的情感周围划出一道护城河。能够与父母（他们最初的爱人）分离和脱离，是情感力量的象征。他们也会怀疑那些表现得过于亲密的恋人，说那些恋人太投入、太亲密或太依赖彼此。因此，今天的男人和女人都为自己天生需要爱、安慰和保证而感到羞耻。他们认为这是弱点。

  这同样是一种本末倒置。强烈的情感联结远非虚弱的标志，而是心理健康的标志。情感隔离才是致命的。摧毁人的最可靠方法就是剥夺他们与所爱之人的接触。早期的研究发现，31%～75% 的福利院儿童在 3 岁前就去世了。最近对被收养的罗马尼亚孤儿进行的研究发现，许多孤儿每天有 20 个小时在无人照料的摇篮中度过，他们的大脑出现异常，推理能力受损，且极难与他人建立联系。

成年人也会受到类似的摧残。被单独监禁的囚犯会出现一系列症状，包括偏执、抑郁、严重焦虑、幻觉和失忆。他们称这段经历"生不如死"。范德比尔特大学哲学系副教授、《单独监禁：社会死亡及其后遗症》（Solitary Confinement: Social Death and Its Afterlives）一书的作者丽莎·冈瑟（Lisa Guenther）写道："当我们将囚犯单独隔离监禁时，我们剥夺了他的权利。（他）需要他人的支持，而这对于连贯的世界体验至关重要。"

"我们可以单打独斗"，这种想法与自然世界背道而驰。我们和其他动物一样，需要与他人建立联结才能生存。我们可以从许多跨物种的组合中清楚地看到这一点：在泰国，一只老虎收养了小猪；在中国，一只狗哺育着小狮子；在哥伦比亚，一只猫照顾着一只松鼠；在日本，一头野猪背上背着一只小猴子；在肯尼亚，一只巨大的雄龟抚养着一只在海啸中失去父母的小河马。

正如凯尔特人所说，我们也"生活在彼此的庇护之下"。二战历史学家指出，集中营的生存单位是一对，而不是一个人。调查显示，已婚男女的寿命通常比单身男女要长。

我们需要情感联结才能生存。神经科学强调了我们心中也许一直都知道的东西——充满爱的人际关系比我们的基本生存机制（恐惧）更强大。实际上，当我们亲密无间、相互联结时，我们会更健康、更快乐。持续的情感支持可以降低血压，增强免疫系统，甚至可能降低癌症死亡率，以及心脏病和传染病的发病率。做过冠状动脉搭桥手术的已婚患者多活 15 年的可能性是未婚患者的 3 倍。犹他大学心理学家伯特·乌奇诺（Bert Uchino）说，良好的人际关系是健康的最佳秘诀，也是衰老最有效的解药。他指出，20 年来对数千名受试者进行的研究表明，社会支持的质量能够预测一般死亡率以及心脏病等特定疾病的死亡率。

就心理健康而言，亲密关系是预测幸福的最有力指标，比赚大钱或中彩票更重要。它还能显著降低个体对焦虑和抑郁的易感性，使我们更能适应压力和创伤。研究发现，拥有稳固爱情关系的"9·11"事件幸存者比那些没有稳固关系的人恢复得更好。悲剧发生 18 个月后，他们表现出更少的创伤后应激障碍（PTSD）和抑郁的迹象。此外，他们的朋友认为他们比灾难发生前更加成熟，适应能力更好。

- 只有当你与他人紧紧相连时，才有可能成为"最好的自己"。灿烂的孤独是针对行星的，而不是针对人的。

  就像达尔文的婚姻弊端清单，我们中的许多人认为爱是限制，缩小了我们的选择和体验。但事实恰恰相反。安全的纽带是我们走出去探索未知世界、成长为人类的起点。如果我们的注意力和精力都被对自身安全的担忧所束缚，就很难对新的体验保持开放的态度；但如果我们知道有人在背后支持我们，就会容易得多，我们会因此对自己以及应对新挑战的能力充满信心。例如，年轻的职业女性如果在情感上与伴侣关系密切，并能够寻求伴侣的保证，那么她们就会对自己的专业技能更有信心，在实现职业目标方面也会更成功。这是一个具有讽刺意味的悖论：依赖使我们更加独立。

- **我们并非生来自私，我们生来就有同理心。我们天生的倾向是对他人感同身受。**

    我们是天生具有同理心的物种。这部分天性可以被超越或否认，但关心他人是我们与生俱来的特点。我们并非生来冷酷无情、争强好胜，一心只为自己的生存而牺牲他人的利益。正如生物学家弗兰斯·德瓦尔（Frans de Waal）所指出的："如果我们的祖先对社会冷漠，我们就不会有今天。我们通过关爱和合作生存下来。我们的大脑能够读懂他人的面孔，并与我们在那里看到的东西产生共鸣。正是这种情感反应能力和合作能力，而不是我们那颗会思考的大脑袋，让我们成为地球上最主要的动物。我们与我们所爱的人之间的联结越紧密，我们就越能把他人的需求当作自己的需求来调整和回应。道德决定和利他行动天然源自我们与他人的情感联结。"

爱的联结是我们与生俱来的权利和最大的资源，也是我们力量和快乐的主要来源。社会心理学家认为，寻求和给予支持对人类来说至关重要。

马里奥·米库林瑟（Mario Mikulincer）和菲尔·谢弗（Phil Shaver）认为，我们不应该被称为智人（Homo sapiens）或"知道的人"，而应该被称为互助的人（Homo auxiliator vel accipio auxilium）或"帮助或接受帮助的人"。更准确地说，我认为我们应该被称为"联结的人"（Homo vinculum）——"某个有所联结的人"。

爱的统一理论

爱人是我们躲避生活沧桑和蹂躏的避风港，这一点让我们对恋爱关系的失败和成功有了新的认识。多年来，我们都只关注自己的所见所闻。因为钱而爆发的争吵："你在不需要的鞋子上花了一大笔钱""你只想省钱。我们活得像守财奴，没意思"。关于姻亲的争吵："你总是和你妈妈打电话，告诉她我们的一言一行""你完全是你爸的小公主，你什么时候才能长大"。关于抚养孩子的分歧："他昨晚是没做作业，因为作业太多了。你太死板，控制欲太强""你太宽松了，他根本没有纪律。你让他逍遥法外"。还有对性的失望："你出轨了多少次？你真是个骗子""如果你愿意尝试新事物或者更频繁地过性生活，我就不会出轨。而且，那也只是玩玩而已"。

只关注眼前的事物会遮蔽我们的视野，使我们无法看到全局。当你仅仅聚焦于乔治·修拉（Georges Seurat）的画作中某几个微小的点，你也许会意识不到你正在欣赏的是《大碗岛的星期天下午》（A Sunday on La Grande Jatte）。当你坐在钢琴前，仅仅弹奏乐谱中的几个音符，你所听到的也不会是约翰内斯·勃拉姆斯（Johannes Brahms）的《降A大调圆舞曲》。当你走到舞池上，却只是始终重复某一系列舞步时，你永远不会意识到阿根廷探戈的性感。

同样，身处情感困境中的伴侣会纠结于具体事件，但真正的问题更广泛、更深刻。陷入困境的伴侣不再把对方视为情感的避风港。我们的爱人应该是我们能够依靠的并且总是会回应我们的人。相反，不幸福的伴侣会感到情感被剥夺、被拒绝，甚至被抛弃。在这种情况下，夫妻间的冲突就有了其真正的意义：它们是对不断瓦解的情感联系的惊恐抗议，是对重新建立情感联结的要求。

相比之下，一段幸福关系的核心则是信任彼此是对方珍视的人，并且能在需要对方时得到可靠的回应。安全的爱是为彼此进行情感传递而敞开的开放通道。爱是一个不断调整、连接、错过和误读信号、断开联结、修复和寻找更深层次联系的过程。它是一种在分复一分、日复一日中与对方相遇、分别，又再次找到彼此的舞蹈。

我喜欢将有关爱的新学说称为"爱的统一理论"。爱因斯坦找不到物理学的统一理论，但我们找到了爱的统一理论。我们终于将一直零散着的研究的所有部分拼合在了一起，并看到了宏观的全局。著名的动物学家哈利·哈洛（Harry Harlow）曾在美国心理学会的演讲中提到："就爱情或情感而言，心理学家们的使命失败了……我们在这一领域写的文章少之又少，反而是诗人和小说家写得更好。"

现在，我们破译了爱的密码，并且明白了一段好的爱情关系应该是什么样子、什么感觉的，更棒的是，我们还可以塑造一段美好的爱情关系。这是第一次我们拥有了一张可以指导我们创造、治愈和维持爱情联结的地图。这是一个极为重要的突破。引用本杰明·富兰克林（Benjamin Franklin）的话说，这种"易变、短暂和偶然"的现象——浪漫的爱情——终于可以变得更加可预测、稳定和可塑造了。

我们过去尝试的修复爱的方法之所以失败，是因为我们不了解爱的基础。一般来说，治疗师会从两个方面来解决这个问题。第一种是分析法：夫妻们回溯和筛选他们的童年经历，寻找他们做出这种反应的原因。这种对初恋关系的深入探究费力、费时、费钱，而且收效甚微。它是通过对每个人的关系史的知识性洞察来从侧面解决问题的。你现在的关系并不只是你的过去在自动演绎；这是在否定你的伴侣及其反应的力量，就好像伴侣只是一个空白的屏幕，你在上面放映的是你过去的电影。

第二种方法是实践性的。夫妻们会接受指导，学习如何更有效地沟通——"倾听并复述你的伴侣说过的话"。或者他们会学到如何通过谈判和讨价还价来解决从性到清洁等分歧问题——"你同意用吸尘器吸地毯，我就打扫浴室"。或者他们会接受一些改善性生活质量的训练——送上鲜花和小礼物。所有这些技巧都会有所帮助，但只是暂时的。爱情并不在于你是否能鹦鹉学舌，或决定谁来吸地毯。这种实用的咨询就像把手指放进破裂的堤坝里来挡住潮水，或者在化脓的伤口上贴上创可贴。

我的来访者伊丽莎白告诉我："另一位治疗师让我们用她给我们的语句做这些固定的练习，但我们回家后根本无法用这种方式和对方交谈，更不用说在我们不开心的时候了。我们的确就家务事达成了协议，但这并没有改变我对我们之间的感觉。我还是很孤独。有一次，我们在做'离开房间，暂停'的练习，但当他再走进来时，我就更生气了，我甚至都不知道自己在生什么气。"

归根结底，这些补救措施都是无效的，因为它们没有解决关系困扰的根源，也就是对于情感联结日渐消失的恐惧，而情感联结是所有舒适和休缓的源泉。

当我们明白某样东西的内部原理时，修复它并保持其良好运作就会变得更加容易。在了解这些基本原理之前，我们所能做的只是四处奔波，试图修复关系的某一部分，期望着信任和爱的联结能够通过这些狭窄的路径找到归途。但新的理论为我们提供了一条直接通向目的地的主干道。

要想真正帮助夫妻找到幸福，我们必须夯实他们关系的基础，也就是帮助他们重联和重建情感联系。我和我的同事们开发出的情绪聚焦疗法［我调皮的孩子们将其称为"极度搞笑疗法"（extremely funny therapy）］就能做到这一点。我们发现，心怀不满的恋人会陷入固定的行为模式，从而陷入指责和退缩的循环。恢复联结的关键在于，首先要打断和瓦解这些破坏性的行为模式，然后积极构建一种在情感上更开放、更包容的互动模式，在这种模式中，伴侣可以安全地倾诉他们隐藏的恐惧和渴望。

大量研究表明，情绪聚焦疗法的效果令人震惊——事实上，我认为比任何其他疗法的效果都要好。伴侣们说，他们对彼此的关系更有安全感和满足感。他们的心理健康也得到了改善；他们不再那么抑郁和焦虑。在治疗结束后，他们还能长久地坚持自己的改变。

为什么情绪聚焦疗法如此有效？因为它触及了问题的核心。我们不必说服或者指导伴侣变得不同。这项新理论将我们推入了人类最深层的情感，并利用我们人类渴望接触和关爱的巨大能量，打开了改善亲密关系的康庄大道。我的一位来访者说："28年来，我和我的妻子一直在围绕着我们现在进行的这种对话打转，但我们从来没有真正沟通过……要么是我们太害怕了，要么是我们不知道该怎么做。这次谈话改变了我们之间的一切。"

一旦你有了一张名为"爱"的地图,你就可以踏上正确的道路,找到回家的方向。为了帮助你将这项新的理论转化为爱的感觉,本书在第1~9章的末尾都准备了可供尝试的简短"实验"。毕竟,科学就是通过有意的观察,找出重复出现的模式。通过做这些实验,你将收集到关于你自己关系的数据,这些数据将帮助你理解你爱的方式,帮助你找到你和我们都渴望的安全感和满足感。

实　验

找一个约30分钟内不会被打扰的安静地方。舒适安静地坐下,数20次呼气和吸气。现在,想象你身处一个陌生、黑暗的地方。你突然感到不安和恐惧,意识到自己非常孤独。你想呼唤某人到你身边。

步骤1

你想让谁回应你?在脑海中想象他的面孔。

你会打电话吗?也许你会说服自己这是个坏主意,甚至是软弱的表现,或者会导致伤害和失望的开端。也许你会认为依赖别人不好,你必须独自应对困扰,所以你蜷缩在黑暗中。也许你会打电话,但又会犹豫,然后独自躲在一个黑暗的角落里。

如果你打电话了,你会怎么做?你的声音听起来是什么状态?当这个人来时,他会怎么做?他会表达关心,提供安慰和保证,并陪伴你,让你放松下来、得到安慰吗?

还是他来了,但过会儿又转身离开,对你的痛苦置之不理,告诉你需要自己控制情绪,甚至批评你,这让你试图抓住他,却同时变得更加烦恼,感觉他没有真正听到你的呼唤或不能够依赖?

当你在做这个实验时,你的身体感觉如何?紧张、麻木、酸痛、烦躁还是平静、放松?你认为做这个实验困难吗?你有出现任何悲伤、喜悦、愤怒,甚至是焦虑的情绪吗?

步骤2

现在站起来,走动几分钟。坐在另一张椅子上,从一定的距离思考你的思想实验结果。(如果很难拉开距离,你可以把思想实验推迟到另一天,甚至与你信任的人讨论。)

用简单的语言总结一下在这个想象情景中发生了什么,写下事情发生的步骤。这个想象情景显示出的你对关系的期望是什么?我们对于别人如何回应我们的期望和预测会指导我们与爱人之间的舞蹈。它们是独属我们自己的爱情故事。

步骤3

反思一下,看看你是否能够表述你对爱情关系的总体感觉。

有些人会自然而然地说出:"它们根本行不通""男人/女人很难相处,他们总是拒绝你或让你失望""爱情虽然很辛苦,但也很值得"或者"傻瓜才会相信爱情"。

步骤4

问问自己:"关于爱和被爱,我真正想知道的是什么?"看看你是否能通过阅读本书的其余部分找到答案。

第 2 章

依恋：爱之匙

> 爱就是这样，是两个孤独的灵魂互相保护、触摸与问候。
>
> ——雷内·马利亚·里尔克
> （Rainer Maria Rilke）

"爱情关系只是理性的交易，"一位著名的心理学家曾在班夫国际会议上这样讲道，"它们是一场又一场围绕着利益和成本的谈判。我们都想要让自己的利益最大化。"作为一名刚刚成为临床研究者的听众，我摇了摇头。我一直在为受到关系困扰的夫妻做工作，知道他们对爱的定义并不符合这种时髦的"交易理论"——但我不知道是为什么。数小时后我坐在酒吧里，与一位资深同行争论。"这个观点有什么问题？爱情关系就是理性的交易。"他坚称。"不，它们不是。"我坚持。"好吧，如果不是交易的话，那是什么？"他反问道。我有一瞬间不知道如何回答，但马上激动地说道:"它们不是交易。它们是纽带——情感纽带。就像母亲与孩子之间的纽带一样。就像约翰·鲍尔比所说的那样。"

孩子与爱

每一次革命都会有英雄出现,而在关系革命中,约翰·鲍尔比就是那个英雄。在阅读第 1 章之前,你很有可能从未听说过鲍尔比的名字,但他提出的观点与他所做的工作已经彻底改变了我们与孩子的关系,并且现在也同样在改变我们与伴侣的关系。鲍尔比是一位来自英国的精神科医生,也是依恋理论的奠基人。依恋理论是一种有关人格发展的观点,它将我们的情感和与所爱之人的互动置于决定我们身份和行为的核心位置。

在 1970 到 2010 年间,依恋观点逐渐渗透进我们的文化,并改变着我们养育孩子的方式。就在不久前,部分儿童养育专家们还在提倡疏离、冷漠的养育方式,其目的是尽快培养孩子成为自主自立的人。现代行为主义的先驱之一约翰·B. 华生(John B. Watson)坚称母爱是一种"危险的工具":女性的感性本能是一种会阻止她们让孩子走向独立的缺陷。例如,总是对孩子搂搂抱抱,表达温情,会把他们变成脆弱、情绪多变的成年人。但如果让孩子自己哭着睡着,他们就会学会控制自己和忍受痛苦。华生的基本观点是,满足人们的情感需求会使他们变得更依赖他人、更不成熟和难以被爱——尽管这个观点在成年人中仍然非常流行,但是他的想法完全错了。

我们中的大多数人现在明确地认识到孩子有一种需求,即与父母之间持续而令人安心的身体和情感联结。我们承认父母的反应对塑造孩子的个性有着巨大的影响力。还有一些人认为充满爱的养育方式固然好，但人格从本质上来说仍然是由遗传基因决定的。但事实并非如此。一项又一项的研究表明，即使遗传基因完全朝着消极方向倾斜，儿童感受到的最初的关系仍决定着这种消极基因是否激活、如何发挥作用。那些未来可能成为部落中坏孩子的易激惹小猴子，如果被特别关爱幼崽的寄养母亲照顾，也能成为备受尊敬的领导者。

在基因问题的基础上加上压力性的环境因素后，父母的回应方式仍然起到了重要作用。在贫困环境中出生并且天然易怒的婴儿往往难以控制自己的情绪，也不太会进行自我安抚或是向母亲传达他们的需求。阿姆斯特丹大学的研究人员为这些婴儿的母亲提供了6小时的教学，教她们如何识别婴儿发出的各种信号并相应地延长安慰行为，例如拥抱和抚摸。这一干预的改善效果令人惊讶。在这些婴儿到了1岁之后，他们向母亲求助的能力和在母亲抚慰后平静下来的能力变得与正常婴儿一样。在另一组母亲没有接受干预的被试中，只有28%的孩子被评估为安全型依恋。这说明，亲子之间的联结与关爱是非常重要的。

对儿童养育的革命滥觞于对母子之间反应和互动模式的简单观察，之后则发展为设计和操纵类似模式的实验。（我们后来看到成人联结的突破性发现最初也是通过类似的方式实现的。）在20世纪三四十年代，医生们注意到大量被孤儿院抚养但缺乏肢体接触和情感支持的儿童常常在3岁之前夭亡。精神分析师勒内·斯皮茨（René Spitz）创造了"成长受阻"（failure to thrive）这一术语来描述这类儿童。与此同时，其他医疗保健工作者也发现了一些身体健康但无法与他人建立联系的年轻人。精神科医生大卫·利维（David Levy）认为他们正在遭受"情感饥饿"（emotional starvation）。

然而，是约翰·鲍尔比真正意识到了这些事实的重要意义。鲍尔比于1907年出生在一个英国从男爵的家庭中，在6个孩子中排行第四。他的成长环境带有典型的上层阶级的特征。他和兄弟姐妹们很少能见到父母。每天下午洗漱穿衣之后，他们会和母亲一起度过1个小时的下午茶时间，而每周只能在周日见到他们的外科医生父亲。其他时间他们主要是与保姆、奶妈和家庭教师待在一起。鲍尔比特别喜欢一个叫明妮的保姆，她一直是他的主要照顾者。4岁时，母亲把明妮解雇了，他后来说这段分离就像失去母亲一样痛苦。7岁时，他被送去寄宿学校，这件事对他造成了很大的创伤，以至于多年后他告诉妻子乌苏拉，他甚至不忍心把一条狗在那个年纪送去英国寄宿学校。

这些经历似乎让鲍尔比更加关注儿童与父母以及其他重要成人之间的关系。在剑桥大学三一学院学习心理学后，鲍尔比开始在一些开明的寄宿学校接触行为问题儿童和犯罪少年，他们中有许多人在童年早期曾遭受过父母的忽视或经历与父母的分离。鲍尔比随后成为一名医生，然后又成为一名精神分析师。他很快发现自己的想法与精神分析的正统学派发生了冲突——按照弗洛伊德的教导，正统学派认为患者的问题几乎总是源于内部，源于他们自己的无意识幻想和斗争。基于自己的经验和他人的报告，鲍尔比则坚信一种截然相反的观点：许多患者的困难是由他们与他人的现实关系引起的。1938年，在成为一名新手临床医生时，他接手了一个3岁的多动男孩病例。当时，他的导师是饱受赞誉的精神分析师梅兰妮·克莱因（Melanie Klein）。当鲍尔比想要进一步探索这个孩子与他极度焦虑的母亲之间的关系时，克莱因却认为只有孩子对母亲的幻想是重要的，甚至禁止他与孩子的母亲交谈。鲍尔比对此感到十分愤怒。

通过不断对问题少年开展工作，鲍尔比开始相信，与父母或代理照顾者之间的联结中断可能会损害个体在情感和社交上的健康成长，导致个体变得不合群和易怒。1944年，鲍尔比发表了一篇具有里程碑意义的文章，《四十四名少年窃贼》（"Forty-Four Juvenile Thieves"）。他观察到在儿童"冷漠的面具背后藏着无尽的悲伤，麻木的表面背后藏着深深的绝望"。他在对二战期间被驱散出家园或丧失父母的欧洲儿童进行的一项开创性研究中进一步扩展了自己的发现。这项研究于1951年应卫生组织的要求开展，并得出结论：与所爱之人的分离剥夺了孩子们的情感寄托，这对于心理的伤害犹如食物剥夺对于生理的伤害一样严重。

公众对这项工作褒贬不一。鲍尔比重点关注母婴之间的联结。他认真指出："婴幼儿应该与他的母亲（或者永久的代理母亲）建立一种温暖、亲密、持续的关系，双方都能从中得到满足和享受。"女权主义者批评鲍尔比的说法将妇女束缚在持续照顾孩子的责任中，否认了她们走出世界、过上独立生活的需求。与此同时，政府官员却对此表示赞同。他们认为许多退伍军人由于工作岗位在战争期间被妇女填占而面临失业，鲍尔比的说法给出了一个让妇女离开而让男性重返工作岗位的理由。

鲍尔比的发展理论在另一个方面也引起了争议，因为它进一步打破了传统观点。弗洛伊德曾坚持认为，母亲和孩子之间的联结是在出生之后形成的，是一种条件反射。孩子之所以喜爱母亲，是因为她给予自己食物。但是鲍尔比深受达尔文的自然选择理论和当代动物行为学家的工作的影响，他坚信情感联结是在出生之前就被编码进基因、自动出现的。鲍尔比的同事兼朋友哈利·哈洛的一项戏剧性的实验支持了这一论点。哈洛是威斯康星大学的心理学家，研究出生后与母亲分离的恒河猴。这些被单独养育的小猴子渴望"接触性安慰"（contact comfort），所以当面对一个可以提供奶水的铁丝"母亲"和一个不提供奶水的绒布"母亲"时，它们几乎总是依偎在松软的绒布"母亲"身上。正如科学作家黛博拉·布鲁姆（Deborah Blum）在她关于哈利·哈洛研究的书中所说的那样，食物是滋养生命的，但一个好的拥抱是"生命本身"。

为了证明他的理论，鲍尔比与年轻社工詹姆斯·罗伯森（James Robertson）合作，拍摄了一部纪录片《两岁小孩去医院》（*A Two-Year-Old Goes to Hospital*）。该片讲述了一个名叫劳拉的小女孩前往医院做小手术并在那里住了8天的故事，令人心碎（你可以在互联网上观看部分片段，我保证你会流泪）。当时盛行的专业观点认为，母亲和其他家庭成员的溺爱会导致孩子变得黏人、依赖性强，长大后无法独立，所以父母不得陪伴他们住院的孩子。他们必须在医院门口告别生病的孩子，而且每周只能探望一个小时。

不仅被迫与母亲分离，还要面对一群不断变换的护士和医生，劳拉对此感到无比害怕和愤怒，她变得歇斯底里，最后甚至完全绝望。当她终于出院时，她封闭了自己的情绪，完全疏远了母亲。这部电影在专业圈引起了轰动。英国皇家医学会谴责它为一种欺诈，而英国精神分析学会则抨击它，一位分析师声称劳拉的悲伤和恐惧不是因为与母亲分离，而是由于对母亲再次怀孕的无意识愤怒幻想。（直到20世纪60年代末，英美医院才摒弃了严格的政策，允许父母陪伴孩子。）

虽然鲍尔比遭到了学术界的拒绝，但他仍然开创了一种他称之为"依恋"的理论。（据说有一次他的妻子问起为什么不以"爱的理论"正式命名时，他回答道："什么？我会被科学界嘲笑的。"）在他的研究工作中，鲍尔比得到了心理学家玛丽·安斯沃斯（Mary Ainsworth）的重要帮助，这位来自加拿大的研究者帮助他完善了理论并进行了测试。

他们确定了依恋的四个要素。

（1）我们寻求着、在意着，并努力与我们所爱之人保持着情感和身体上的联结。终此一生，我们都要依赖他们在情感上对我们敞开心扉、积极回应并全心投入。

（2）我们会寻求所爱之人的帮助，尤其当我们感到不确定、受威胁、焦虑或不安时。与他们保持联结能让我们找到一个安全的避风港，在那里可以获得安慰和情感支持；这种安全感教会我们如何调节自己的情绪、与他人建立联结和信任他人。

（3）当所爱之人在身体上或情感上远离我们时，我们会想念他们并变得非常难过；这种分离焦虑有时会非常强烈，甚至让我们无法应对。被孤立对人类来说本质上是一种创伤。

（4）我们依赖所爱之人在情感上对我们的支持，这种支持会成为我们在世界中冒险、学习和探索时的安全基地。我们越是感觉到彼此之间真切的联结，就越能够保持独立自主。

这四个要素被认为是在不同文化的关系中都会出现的普遍规

律。其基本理念是，与他人建立紧密的联结是人类生存的首要任务。正如鲍尔比所看到的，最好的生活实质上是基于安全关系展开的、对更广阔的不确定世界的一系列探险。

然而，鲍尔比的理论中缺乏实证证据。玛丽·安斯沃斯挺身而出。她设计了一个简单而巧妙的实验，被认为是心理学领域中最重要、最具影响力的实验之一。它对我们理解爱与关系的重要性，就像牛顿展示小石子和大石头以相同速度下落的实验对我们理解重力和物理世界的重要性一样。事实上，如果没有安斯沃斯的实验，鲍尔比的观点可能仍然只是假设。

这个实验被称为"陌生情境实验"，你可以在互联网上看到它的各种变式。一位母亲和她的孩子待在一个陌生的房间里，几分钟后，一名研究员进入这个房间，而母亲则离开，留下孩子一个人独处或与研究员共处。3分钟后，母亲回到房间。大多数孩子在母亲刚刚离开时会感到沮丧，他们会哭泣、扔东西，或者来回走动。但当与母亲重新团聚时，不同的孩子会出现三种不同的行为模式，这些模式是由亲子之间发展的情感联结类型所决定的。

一些孩子有较好的心理弹性，能够在母亲离开后很快平静下来，与母亲团聚后也容易与母亲重新建立联结并继续在房间中探索，他们通常都有温暖、积极回应的母亲。另一些孩子在与母亲团聚后仍然感到沮丧和紧张，或者变得敌对、苛刻和黏人，他们往往有情绪不一致的母亲——这些母亲时而热情，时而冷淡。还有一些孩子在团聚后既没有表现出快乐，也没有痛苦或愤怒，而是与母亲保持着距离，疏远母亲，他们的母亲往往是冷淡而漠然的。鲍尔比和安斯沃斯据此将孩子处理人际关系中情绪的策略或依恋风格分别称为安全型、焦虑型和回避型。

鲍尔比在世时，依恋理论就已经成为西方育儿界的基石。[事实上，依恋式育儿（attachment parenting）（又称"亲密育儿法"）一词已经被如此广泛地接受，以至于儿科医生威廉·西尔斯（William Sears）推荐的一种有强度的育儿形式也被冠上了这个名字。虽然它基于鲍尔比的信条，但它远远超出了他所倡导的东西。在依恋式育儿中，孩子们经常与父母共寝并用母乳喂养，这些孩子会和他们的母亲或父亲长期保持联结。]

如今，没有人怀疑青少年绝对需要与所爱之人保持亲密的情感和身体接触。这种观点就像呼吸一样自然，但仅仅适用于童年时期。我们中的许多人仍然认为这种依赖会在青春期结束，但鲍尔比没有。他坚持认为，与亲密他人保持亲密关系的需求，即依恋的需求，贯穿一生，并且是塑造我们成年爱情关系的力量。正如他写的那样："我们所有人在从摇篮走向坟墓的过程中，最幸福的时候就是从依恋对象建立的安全基地出发，开启一系列或长或短的旅行。"

成人与爱

鲍尔比的部分主张基于他对二战寡妇的观察，他发现，这些寡妇的行为模式与无家可归的孤儿相同。他也清楚地觉察到，哈洛实验中那些被孤立的猴子在成年后容易情绪崩溃，陷入自残、愤怒或淡漠之中，无法与其他猴子相处，也无法交配。但他的观点一次又一次地遭到反驳。在他能够收集到证据来证明他的依恋观点确实适用于成年人及成年爱情关系之前，鲍尔比于1990年去世了。

几年后，在丹佛大学任职的社会心理学家菲尔·谢弗和辛迪·哈赞（Cindy Hazan）接过了火炬。他们最初对人们如何处理悲伤和孤独感兴趣，然后他们开始阅读鲍尔比的研究，寻找为什么孤独感如此具有破坏性的线索。鲍尔比的工作给他们留下了深刻的印象，他们决定做一个关于爱情和关系的小调查，这个调查刊登在《落基山新闻》上。这虽然是一项非科学性的调查，但表明母亲和孩子之间的依恋特征和行为模式在成年人之间也同样存在。当恋人们感到安全时，他们会伸出手与对方保持联系，并轻松地找到双方之间的情感平衡；但是当他们感到不安全时，他们要么变得焦虑、愤怒、苛求，要么变得孤僻和疏远。谢弗和哈赞发起了更多正式研究，他们的工作也启发了其他人来验证鲍尔比的预测。

在鲍尔比去世后的20年里，已经有数百项研究证实了他的观点。研究者们证实，我们对依恋的需求在童年期后依然持续存在，浪漫关系同样是由依恋纽带维系的。在每一个年龄段，人类都习惯性地寻求并保持与至少一个特定而不可替代之人的身体和情感联结。当我们面临压力、感到不确定或焦虑时，就会特别需要这个人。我们天生就是这样。

事实上，有许多心理学家和心理健康专家在一开始断然排斥这种关于成人爱情的观点并不奇怪。首先，它挑战了我们作为成年人所珍视的信念，特别是认为自己是自给自足的个体这一点。[我们每天都受到媒体信息（"爱你自己""你值得自己的爱"）还有一些关于如何自己照顾自己的指导的狂轰滥炸。］鲍尔比的观点也与一种越来越流行的爱情观相悖：爱情本质上是带有性色彩的伴侣关系。但是，那些能蓬勃发展的人，即使独自生活，也会有一个丰富的内心世界，充满着爱与依恋的图景。身而为人就会需要别人，这不是一种缺点或弱点。我们与朋友之间即使有身体上的亲密接触，那种感觉也不同于恋人之间的——我们和朋友的联结没有那么紧密。无论多么亲密，朋友都不能像真正的爱人那样给予我们关心、承诺、信任和安全感。他们不是我们不可替代的重要他人。

在最近的一项实验中，以色列赫兹利亚跨学科研究中心的心理学家马里奥·米库林瑟要求学生说出他们所爱之人与熟人的名字，然后在电脑上完成一个任务。他们需要判断电脑给出的一串字母是否可以组成一个单词或一个名字，如果可以则按某个特定键，如果不可以则按另一个键。在任务期间，屏幕上有时会闪现威胁性的词语，如分离、死亡和失败，但只有几毫秒（对于有意识的处理来说太快了）。米库林瑟发现，在接收到潜意识层面的威胁之后，学生们对他们所爱之人名字的混乱字母进行排序的速度要比对熟人和朋友的名字快得多。

在心理学研究中，识别词语的反应时是衡量一个人思维可及性的常用指标。反应时越短，可及性越高。这项研究表明，当我们接收到任何形式的威胁刺激时，我们会自动而迅速地想起我们所爱之人的名字——他们是我们的避风港。这个实验让我想到了日常生活中的某些场景。当我的丈夫得知体检日期时，他的第一反应是确认我那天是否在家，是否有空陪他。而当我搭乘的飞机在暴风雨中降落时，我也会不由自主地想起丈夫在登机口对我微笑的画面。在下一章中，你会看到在我的实验室里进行的一项功能性磁共振成像研究，在研究中，那些即将受到轻微电击的女性仅仅通过握住丈夫的手就能减少恐惧。

鲍尔比和安斯沃斯认为，孩子与所爱之人之间有三种依恋风格，而成年人也是如此。一个人的基本依恋风格是在童年时期形成的。当我们在成长中相信主要照顾者是可接近的、对我们有所回应的时候，安全型依恋，即最佳的依恋风格，就会自然地形成。我们学会在需要的时候去获取亲密感，并且相信自己会得到安慰和关怀。这种爱的接触就像一枚试金石，在帮助我们平静自己的同时找回情感的平衡。亲密和需要他人的感觉让我们很自在，不用担心自己被背叛或抛弃。我们的行为本质上就是在表达："我知道我需要你，而你也需要我。这是可以的。事实上，这很棒。所以让我们亲密地接近彼此吧。"

然而，有些人的童年照顾者会给出不可预测的、不一致的或忽视性的回应，甚至于以虐待的方式回应。这部分人往往会形成两种所谓的不安全依恋风格中的一种，即焦虑型依恋或回避型依恋。当我们（或我们的伴侣）需要联结时，这些依恋风格会自动启动。如果我们形成了焦虑型的依恋风格，我们的情绪就会变得更加激烈。我们倾向于担心被抛弃，所以习惯去进一步寻求亲密，并要求对方证明我们是被爱着的。就好像我们在说："你在我身边吗？你爱我吗？证明给我看。我不确定。再向我证明一次。"

另一方面，如果我们形成了回避型的依恋风格，就会倾向于压抑自己的情绪，以保护自己免受他人的伤害或对他人产生依赖。我们停止对依恋的渴望，并试图逃避真正的联结。我们倾向于把别人视为危险的来源，而不是安全感或舒适感的来源。我们的态度就像是在说："我不需要你在我身边。不管你做什么，我都很好。"

虽然我们有一个主要的依恋风格，但是我们可以，也确实会，在特定的时间和人群中采取不同的依恋策略。在我与结婚25年的丈夫的相处中，大多数时候我都保持着安全型的依恋风格，但如果我们已经争吵了一段时间，我可能会表现得更加焦虑，要求他给予我回应并安抚我的不安。如果他确实这么做了，我就会继续使用原来的安全型依恋策略。

为了让说明更有趣味，我挑选了我的三个英国亲戚来进一步解释这三种基本的依恋风格。我的父亲，亚瑟，形成了安全型的依恋风格。当我作为他唯一的孩子宣布自己要去加拿大时，他认真聆听了我的计划并告诉我他会有多想我，然后问我还有什么需要的。他给了我期待已久的鼓励，还告诉我，如果生活不顺利，可以随时回家找他。他还说会定期给我写家书。同时，他也慷慨地向其他人提供帮助。作为二战时期驱逐舰上的一名海军工程师，他向其他退伍军人敞开了怀抱，毫不夸张地说，他真的和他们在家庭酒吧后面的房间里抱成一团，为逝去的朋友和被战争毁灭的生命而哭泣。我的父亲也知道如何为自己寻求支持。比如，他会让他最好的朋友陪他去医院做背部手术。

我那瘦削的克洛伊阿姨，长得和大力水手的爱人奥利芙·奥伊尔一模一样，她的依恋风格是高度焦虑的。她认为我那矮胖的、留着猫王般蓬松发型的西里尔叔叔，对其他女人来说有致命的吸引力,甚至他的大肚子也增添了他的性吸引力。西里尔叔叔经常出差,每当克洛伊阿姨谈起这个时,她就会泪流满面,公然怀疑他是不是有她所谓的"混乱的性关系"。西里尔叔叔在家时习惯性的沉默并没有使她安心。在家庭聚会上,她会紧紧抓住他的胳膊,就好像他要蒸发了一样。那个时候,我想如果西里尔叔叔能更开朗和健谈一点,克洛伊阿姨也许就不会那么黏人了。毕竟,他很难让人去了解他,和他在一起时,我也从来没有感受到一种真正的安全感。

粗暴的高个子哈洛德叔叔是个极度回避的人。我住在他家的时候,给自己的玩具泰迪熊吃了泥巴派,导致它变得很脏,然后我不得不用马桶清洁剂给它擦身子,结果它变得四分五裂,我因此崩溃得大哭。哈洛德叔叔却说"别这么多愁善感",然后把我送回了自己的房间。他难以接近,尤其是对小女孩来说。他通常整天待在花园里,在棚子里的折叠床上睡觉。我在场时,他从来没有与他友善开朗的妻子维娜有过肢体接触,他们已经结婚30年了。尽管如此,哈洛德叔叔在妻子生病的时候尽心地照顾她,在她死后3个月选择了自杀。"他只是难以接近,但失去她之后,他也难以独自生活",我的奶奶告诉我。

我们的依恋风格与看待自己和他人的基本方式是一致的。这些"心理模型"塑造了调节情绪的方式,引导了我们在爱情关系中的期望。我们根据这种模型为伴侣的行为赋予意义,为彼此之间的互动提供"如果对方那样做,我就这样做"的模板。安全型依恋的人通常觉得自己有资格且值得被爱,也认为别人是值得信赖和依靠的。他们倾向于认为亲密关系是可控的,并且愿意学习去爱和被爱。相比之下,焦虑型依恋的人倾向于将他人理想化，但对于自己的个人价值和作为伴侣的可接受性却抱有强烈的怀疑，所以他们会疯狂地寻求伴侣的认可和安慰，确保自己是可爱的、不会被拒绝的。而回避型依恋的人认为自己是值得被爱的——至少他们在意识层面是这样认为的，任何的自我怀疑都会被压抑。他们对他人抱有负面的看法，认为他人天生不可靠，也不值得信任。甚至在故事和梦境中，焦虑型依恋的人也倾向于把自己描绘为忧虑和不被爱的人，而回避型依恋的人则把自己描述成冷漠无情的人。

心理学家杰夫·辛普森（Jeff Simpson）正在这一领域进行开创性的研究。杰夫看起来像个典型的美式平头四分卫，在明尼苏达大学的实验室里和我交谈。当他还是个孩子的时候，他就喜欢观察人们之间的互动，特别是在他定期去打过敏针的医疗诊所。他发现当诊所里的人们感到害怕或悲伤的时候，有人想要和别人交谈，有人想要安抚和拥抱，而有人只想要独处——这种差异令他着迷。他还记得，当他还是个大学生时，在牛津大学做过一个研究农场猫咪行为的特别作业。他沉迷于寻找猫咪们互动的模式。所以，杰夫决定成为一名社会心理学家似乎很自然。

然而，当他在20世纪90年代初进入研究生院时，却感到很失望。因为他发现大多数心理学家并不研究面对面的互动，相反，他们通过让成年人填写调查问卷来收集他们脑子里的观点和态度。只有极少数研究人员试图观察压力情境下人与人之间的真实互动，但他们不知道如何解释他们所观察到的东西。当杰夫走进死胡同时，同为研究生的史蒂夫·罗尔斯（Steve Rholes）伸出了援手。他告诉杰夫，约翰·鲍尔比提出的一个理论已经得到了婴幼儿研究的支持，而这一理论可能也适用于成人，它解释了为什么有些人在心烦意乱时选择寻求支持，而另一些人则选择转身离开。喝着咖啡，他们决定进行一项实验，看看处于令人不安的情境下的伴侣会做些什么。噔噔！成人依恋行为的第一个观察实验就这样诞生了。

为了评估伴侣的依恋风格，杰夫和史蒂夫请参加实验的夫妇填写问卷并给关于自己状态的描述打分，如"我相对容易接近他人"。然后，研究人员告诉这些夫妇，女方很快就要去到附近的一个房间里，参与一项没有具体说明的活动，这项活动会让大多数人感到焦虑。研究人员先带他们参观了房间，里面黑漆漆的，到处都是看起来不吉利的设备，接着研究人员让他们在房间外面等待并离开了。在接下来的五分钟里，摄像机秘密地记录下了这些夫妇的行为。研究人员分析了这些录像带，寻找伴侣之间寻求支持和给予支持的行为。

"在看第一对夫妇的视频时，我就知道我们会得到非常有趣的结果，"杰夫告诉我，"在被告知'活动'之前，这个女人一直在和她的丈夫愉快地聊天，但在被告知'活动'之后，当丈夫担心地问她是否还好，并向她伸出手时，她扔下一句'别烦我'就离开了。丈夫追问，'有什么我可以帮你的吗'。结果她的情绪'爆发'了。她先是转身朝丈夫打了一拳，又把椅子推开，抓起一本杂志。当我们回过头来看她的依恋风格测试时，发现她属于极端的回避型依恋。我们已经找到了一种方法，将一个人在与他人互动的经验中产生的依恋风格，与他们对事情的预期和他们处理情绪的方式联系起来，而这些又精确地预测了他们在恋爱关系中面对压力的表现。对我们来说，很明显，这种联系在定义爱情关系的本质方面发挥了重要作用。"

杰夫团队的其他研究也证实，正如鲍尔比所预测的那样，安全型依恋和焦虑型依恋的人倾向于向他们所爱的人寻求安慰，而回避型依恋的人则倾向于退缩。但后来他们发现了一个例外。正如上文提到的实验所示，这个结论在威胁来自关系外部时是正确的。但当威胁来自关系内部时，人们的反应是不同的。安全型和回避型依恋的人在讨论内部冲突时都可以就事论事，并控制自己的情绪（比如说，当一方比另一方想要更多的性生活时）。不过安全型依恋的人仍然会更善于构建解决方案，并更加热情地对待他们的伴侣。但是焦虑型依恋的人在面对内部冲突时，并不会试图沟通，而是会放任情绪失控。他们会将问题灾难化，引入与话题不相关的问题，即使他们的伴侣并未表现出敌意，他们也会展现一种愤怒和对抗的态度。焦虑的伴侣通常一开始就对爱人的承诺感到不安，因此会更消极地看待对方所说或所做的任何事情。被抛弃的阴影困扰着他们，让他们试图控制自己的爱人。

这种面对面的研究标志着我们对爱情关系的理解的巨大转变。在此之前，我们的许多爱情"知识"来自故事和诗歌，或者来自八卦和陈词滥调这些相对古老的信息（这些仍然是广泛流行的关于爱情"智慧"的来源，只是现在它们被传播到了互联网上）。杰夫告诉我："我想让人们知道，心理学现在不仅可以帮助我们理解自己两只耳朵之间的大脑是怎样的，还可以帮助我们理解两个人之间的关系是怎样的。我们可以研究杰克和吉尔互动的过程，并推导出成人关系的结构模型。"

我们与恋人相处时表现的依恋风格往往反映了童年与主要照

顾者相处时的依恋风格。杰夫的团队分析了明尼苏达州风险与适应追踪研究收集的数据。这个项目始于20世纪70年代，由心理学家艾伦·斯劳夫（Alan Sroufe）领导，已经追踪了200多位被试自出生至成年的数据。杰夫的团队发现了一条贯穿人们与母亲、初恋以及之后恋人之间关系的线索：被试在童年时期与母亲之间的依恋关系越牢固，在后期发展阶段与他人之间的依恋关系就越牢固。杰夫指出，被试1岁时与母亲依恋关系的强度预示着他们在21岁时处理情绪问题和解决与恋人之间冲突的能力。

艾伦认为焦虑型依恋人群会更加疯狂，并试图通过提要求和威胁来把伴侣拉回自己身边，这也确实与她的研究发现相符合。与基本上属于安全型依恋的个体相比，焦虑型依恋的伴侣将自己描述得更加困扰和愤怒，并且会做出像破坏财物这样更加具有敌对性、威胁性的行为。他们还说自己会对即将分离的伴侣感到更多的渴求和性欲。这与依恋理论的观点相符，焦虑型依恋的伴侣经常表现出"对拒绝的敏感性"，他们一边预期自己会被拒绝，一边又用越发强烈的攻击来应对这种预期。其他研究人员发现，对拒绝的感知会引发暴力行为，尤其是焦虑型依恋的男性伴侣。

回避型依恋的人会做出某些举动来减少与拒绝自己的伴侣之间的接触，比如搬出他们曾经一起住的地方。在这种情况下，他们会蜷缩起来，只相信和依赖自己。他们不会和朋友交流这些事情，而是试图将自己从对这段关系的回忆中抽离出来，并压抑自己的痛苦。很多回避型依恋者也倾向于避开一段新的关系，而一些焦虑型依恋者则想要立即进入新关系。不过，高度焦虑和回避型依恋的人确实有一个相似之处：相比那些基本上是安全型依恋的人，他们可能经常借助酒精和毒品来应对亲密关系中的剧变。

我在思考这一切的时候，不禁想起了多年前有一个我曾经的恋人擅自闯进我的公寓，到处留下诸如我有多么糟糕、我会永远后悔离开他之类的烦人信息。甚至在我几个月后打开一本书时，一封他写的句句带刺的信飘到地板上，再一次伤害了我。当有些极端的人失去所依赖的人时，感受到的无助和绝望只能通过这样的方式来处理。

讽刺的是，当我们能够与伴侣建立一种更加安全的关系时，我们不仅能够更好地去爱，而且能够更好地处理失去爱的问题。我的来访者告诉我，有时候他们害怕去爱，是因为如果爱人离开，他们就会面临毁灭性的打击。但事实上，安全的关系与失去伴侣后更快的情绪恢复有关，也与更少的悲伤和愤怒有关。从某种意义上来说，当我们与另一个人建立了一种安全的爱的联结时，即使那个人出于某种原因离开了我们的生活，我们依然可以保持这种联结感。我那些比较有安全感的朋友们谈起曾经的恋人时似乎没有敌意，而且对他们在这些关系中的付出和收获保持着积极的态度。

总之，依恋理论和科学为我们提供了一个浪漫爱情的框架。想象自己是一栋房子，第一层和地基是对于舒适、安全、联系、亲密和关心的基本需求，以及快乐、恐惧、悲伤和愤怒等基本情绪，这些都是经过数千年进化所形成的。第二层是处理这些需求和情绪的方式，包括坦然接受并信任它们，摒弃或防御它们，或被它们所控制。第三层则体现了个人对于关系的态度与思考方式，即能够从他人那里获得什么以及有资格获得什么。顶层是你的伴侣和其他亲人看到的那部分——你的真实行为。

从本质上讲，这是一个很好的比喻。然而，我们最终意识到一段关系是一种动态的互动过程。当有另一个人走上舞台时，我更倾向于用舞蹈来比喻恋爱关系的实质。所爱之人如何摇摆、弯腰和回应你的暗示，影响着构成你爱和被爱体验的所有因素，而你也同样影响着对方。

有些依恋风格之间难以相容。例如，两个回避型依恋的人显然难以结为伴侣，因为双方都坚持避免情感上的牵连。两个高度焦虑型的人也不会很相配，因为他们太过不稳定，而且还在被自己的焦虑所困扰。最常见的配对之一就是焦虑型和回避型。这种组合虽然有时会出现问题，但还是可以运作的：回避型的一方有时会做出回应，这至少可以暂时让焦虑型的一方感到安心。如果一个人是安全型的，而另一个人有点儿偏向焦虑或回避型，这种关系也可以是积极的：安全型的一方可以给焦虑型的一方提供安慰和保证，或是对回避型的一方采取宽容的态度。两个安全型的人之间的配对往往是最令人满意和稳定的，因为双方在情感上都是可接近的，也能回应彼此。

过去几年中最迷人的发现之一是，尽管依恋风格是相对稳定的，但它们并非不可改变。个体的依恋风格可以影响伴侣的风格，而同样也会反过来受伴侣的依恋风格的影响。例如，当一个焦虑型女性与一个始终坦诚开放、积极回应的安全型男性恋爱时，她就能够在爱情之舞中学到新舞步。浪漫关系具有改变我们的潜力，在正确地选择合适的伴侣后，我们能够变得更加开放、更有安全感。坠入爱河为我们提供了修正童年依恋模式的机会。

玛西的父亲十分风流，受他的影响，玛西拒绝开始一段浪漫关系，因为她"确信"男人们不可靠。她压抑了对浪漫关系的渴望。但后来当她被吉姆——一个包容而关心她的男人——追求时，他逐渐向她展示了如何承担风险和信任他人；这让玛西逐渐丢弃了回避的策略，转向一种更安全的依恋风格。对于玛西来说，她与吉姆的浪漫关系不仅是幸福的源泉，也是一股改变她的世界和自我的再生力量。

爱的失而复得

我们中的一些幸运儿，由于被父母耳濡目染了安全型的爱与被爱模式，在之后的人生中再现这种依恋风格就更加容易。然而，像玛西这样的人必须寄希望于自己的本能，并在恋人那里重新学习这些。

无论如何，所有关系都会在某个时刻陷入冲突或困境，双方之间的联结随之开始崩解。令我惊讶的是，虽然人们对于爱与联结的理论所知甚少，但依然有许多人最终成功建立了积极健康的关系，还有许多人为修复若即若离的关系而奋斗了那么长的时间，付出了那么大的努力。

有时我们会被自己曾经相信的那个唯一（the one）疏远或惹恼，然后把这个人视为陌生人甚至是敌人，了解依恋的原理能让我们不再由于一无所知而对此疑惑不已。我们会意识到自己正在处理的是分离痛苦（separation distress）带来的恐慌和疼痛，而这种感受与儿童是一样的。当感到被拒绝和被抛弃时，我们和儿童一样，带着相似的愤怒和绝望伸出手紧紧抓住要离开的人。

鲍尔比提醒我们，在爱情关系中，"存在和缺席是相对性的"。他指出，你爱的人可能看起来就在眼前，但情感在缺席。无论是儿童还是成年人，都需要一个随时能接触和给出回应的深爱之人，才能在彼此的联结中感到安全。恋人间的一种常见对话中体现了这一事实："我不是就在这儿吗？我难道什么都没为你做吗？""那为什么我还是感觉这么孤独？"

分离痛苦通常会有四个阶段的表现。第一个阶段表现为愤怒和抗议。4岁的小莎拉要求："妈妈你别走。到这儿来！"32岁的大莎拉攻击丈夫说："彼得，你真要在我被孩子们搞得喘不过气来的时候去看你妈妈吗？你总是在工作，从来不跟我聊天。你太自私了。有时候我觉得你根本不需要我！"在成年人的关系中，表面的愤怒让伴侣很难看到潜在的真正痛苦。对方听到的是批评和敌意，而人们往往会为了保护自己而选择回避。

第二个阶段表现为依附和追求。小莎拉可能会对妈妈说："我想让你来接我。我不想玩儿了，只想坐在你腿上。"大莎拉则对丈夫说："我已经说了一千次要你早点回家了。可现在，现在你甚至都不听我说。你总是说爱我，但从来没有抱过我。我只想要你抱我一下。"然后她哭了。如果莎拉的丈夫此时冷冷地回答："嗯，你提要求的方式真有意思啊。你总是生我的气，谁能一直忍受呢？"莎拉的痛苦会更上一层楼。

第三个阶段表现为抑郁和绝望。这一阶段的大莎拉可能会暴跳如雷，用离开来威胁丈夫，试图让丈夫给出她想要的回应，或者她可能会产生一种无助感，这是抑郁症的主要症状。不管是哪种情况，进入这一阶段的人会像莎拉一样，开始放弃他们对联结的渴求，转向悲痛。

第四个阶段是冷漠。在这个阶段，无论是孩子还是成年人，都认定这段关系不会满足自己的渴望，停止对这段关系的投资，并决定让它死去。在 30 年的咨询实践中，我从未见过一个人从对关系的冷漠中走出来。

我们不能低估分离痛苦的原始力量。经过数千年的进化，这种痛苦已经深深地刻入我们的大脑。失去与保护性依恋对象的联结曾经意味着死亡。华盛顿州立大学的神经学家雅克·潘克塞普（Jaak Panksepp）已经证明，哺乳动物的大脑中有特殊的通道，专门负责记录因与依恋对象分离而产生的"原始恐慌"，即使这种分离只是短暂的也一样。这种恐慌可以由任何被拒绝或被抛弃的威胁引起（我将在下一章详细讨论这个问题）。

在一段积极的关系中，伴侣之间存在一定程度的安全联结，分离痛苦带来的这一系列事件就可以在早期得到阻止。如果莎拉和彼得正在经历一段艰难的时期，那么第一阶段的抗议将会奏效。莎拉可能会说："彼得，我知道最近我对你太挑剔了，但我不是故意的。我知道你工作压力很大，但其实我真的好孤单啊。我们之间的亲密感去哪儿了？你不想念吗？我真的很想回到曾经我们那样亲密无间的时候。就算每天只有一两分钟，能不能把注意力分给我一点儿呢？这样我会知道自己对你来说很重要。可以吗？"为了传达这种抗议，莎拉必须先压制她的愤怒，然后清楚地说出她的恐惧和需求。如果彼得能听到她的心声，并给予安慰和支持，那么他们就能迅速修复裂痕。这只是他们关系中的一个小小刻痕。

然而，本身不那么积极的关系在出现问题时则需要专业人士的帮助。情绪聚焦疗法的关系修复计划建立在依恋理论的基础上。我们协助夫妻理解爱情关系对生命的意义。我们协助夫妻看清触发他们"分离舞步"的所有动作，放慢让他们分离和陷入恐慌的舞步，让他们联合起来，停止这一破坏性的过程（你将在第7章读到更多关于这一点的内容）。

但是，想要修复关系并将其塑造成安全的港湾，我们需要做的不仅仅是阻止渐行渐远的步伐。我们要做安全依恋的双方自然而然会做的事：学会向对方展示自己的恐惧和渴望。诚然，这很难做到，特别是如果我们感到羞愧或无法用语言表达我们的需要。语言可以使情绪和思想变得有序，使它们更加具体且易于工作。情绪聚焦疗法就可以帮助夫妻克服这些障碍。

对我来说，最美好的时刻之一是伴侣们最终展现出自己的担忧与渴望，并温柔而富有同情心地与彼此互动。这种"抱紧我"（Hold Me Tight）式对话（在第8章会讨论）对于伴侣们和我来说都是一种变革性的体验。我们最近完成了一项针对32对夫妻的研究，发现情绪聚焦疗法不仅帮助他们变得对彼此更满意，还改变了他们之间的关系，让他们能更加安全地依恋彼此。这是伴侣治疗首次被证明具有这种效果。

在与夫妻的会谈中，我看到爱正在复活。我看到它在绽放！这些夫妻找到了正确的道路，回到了情感上亲密且彼此之间高度回应的状态，这也是安全型联结的本质。他们已经重新获得或找到了彼此之间全新的安全感和信任感。他们可以一起掌控日常生活中出现的问题，并享受有伴侣作为安全港的未来。

依恋理论和其诞生后 20 年中对成人关系的研究为关于爱情关系的革命性新科学奠定了基础。但许多其他领域的学科也提供了重要见解和贡献,如哲学、生物学、行为学、神经科学,以及像临床心理学这样的社会科学(你将在本书中学习到它们)。它们提供了独特的音符与和声,共同创造出一部新颖的交响乐作品。生物学家爱德华·O. 威尔逊(Edward O. Wilson)在《知识大融通》(Consilience: The Unity of Knowledge)中指出,当他意识到"世界具有秩序,可以用少量的自然法则进行解释"时,他感受到了一种"魔力"。阐明爱与被爱的法则,本身就具有一种魔力,而且这一新学说比我们之前对浪漫爱情的任何想象都更具魔力。

实验 1

回忆一下你的成长时光。你寻求安慰的主要对象是谁?给你提供了一个安全基地让你可以出去探索的是谁?这个人给予你和教会你的最重要的东西是什么?如果你没有这样的关系,你在成长过程中会如何应对挫折?作为一个成年人,你现在还拥有这样的关系吗?

成人依恋研究者已经确定了三种基本的依恋风格,或者说习惯使用的策略。下面哪一种描述最符合你的状态?

(1)安全型:我发现自己很容易亲近他人、依赖他人,也很容易让他人依赖我。我不会担心被抛弃,也不担心有人与我过于亲近。

(2)焦虑型:我发现别人不愿意像我想的那样亲近我。我经常担心我的伴侣不是真的爱我,或者不想和我在一起。我想和我的伴侣非常亲近,而这有时会把别人吓跑。

(3)回避型:和别人亲近让我觉得有点儿不舒服,我发现自己很难完全相信他人和依赖他人。一般来说，别人希望我能和他们更亲密一些，但是当有人和我过于亲密时，我就会感到紧张。

你认为自己的依恋风格——你"如何"与爱人交往的条约——对你的爱情生活有何影响？

实验 2

成人之间的联结比亲子之间更具互惠性。想一件你的伴侣做过的让你感到自己是珍贵的和被爱着的事情。

你是如何回报对方的？或者说，你做了什么让他也有同样的感觉？

你知道具体是什么让你的伴侣感到自己是珍贵的和被爱着的吗？如果不知道，你能问一下他吗？

实验 3

当你面对一个让你感到焦虑的重复性事件时，例如登机、演讲或被老板考核，你脑海中会浮现出过去的哪个所爱之人？

你能否看到这个人的样子，听到他的声音，回忆起一些安慰性的话语？你能否利用这些记忆来安抚自己，恢复情绪的平衡？

你能不能写下这个人传达出的信息，以及它是如何帮助你改变对特殊情境的看法的？

例如，艾米莉亚对看牙医感到紧张。小时候她曾经在牙医的椅子上昏倒过，从那以后她就特别害怕去洗牙。但是她说："我记得爸爸总是告诉我，我特别坚强，即使发生了不好的事情，我也能挺过来，我自己有能力应付。我能看到爸爸脸上的微笑在告诉我他有多信任我。然后我就感觉好多了。我可以忍受去看牙医的恐惧。"

Love Sense

|第二部分|

爱的新科学

第 3 章

情绪

> 情绪不应该与"智力"对立起来,情绪本身是一种更高级的"智力"。
> ——霍巴特·莫尔(O. Hobart Mowrer)

强烈的情绪是爱的本质特征,但同时,它也常常让爱背负骂名。我们不理解强烈的情绪,也不信任它。我们渴望着爱带来的喜悦与欢欣,让我们摆脱平淡乏味的日常生活,感受到自己的存在和意义。但是,我们也憎恶着爱带来的恐惧、愤怒和悲伤,让我们坠入孤寂与绝望的深渊,陷入无助与失控之中。

我的来访者科林告诉我:"起初,第一次热恋时,我感觉自己像是被席卷而去,我深深陶醉于此,兴奋不已。那种激动的情绪是如此高涨,我感到自己充满活力,这就是我一生所渴望的状态。所有那些愚蠢的痴情歌曲突然间变得真实起来。我想都没想,就踏进了这场爱情大冒险。但后来,唐娜的前男友回来了,他们约好一起喝咖啡。尽管我同意了他们的会面，但突然间，一切似乎都变了。当我站在雨中，在餐厅外等她时，我意识到自己的处境很危险，我完全无法掌控正在发生的事情。突然间，我觉得自己是如此脆弱，不知道该逃跑还是该生气。当唐娜回到我身边时，我刻意保持冷静，并告诉她接下来的几周我会很忙，还提前结束了我们的约会。"

正如弗洛伊德（Freud）多年前所说："我们从未像在爱情中那样脆弱。"如果我们不理解爱所引发的强烈情绪，那么爱将永远是一个可怕的命题。值得庆幸的是，人们对情绪及其在爱情关系中的作用有了全新的认识。在20世纪90年代至21世纪前10年的这20年里，几乎每一个我在研究生院里被灌输的关于情绪的"事实"都被推翻了。这在很大程度上归功于技术的进步。我们不再仅仅依赖于对脑部异常或头部严重损伤的患者进行研究，比如19世纪的铁路工头菲尼亚斯·盖奇（Phineas Gage）（在一次爆炸中，一根铁棒穿过脸颊插入他的大脑情绪中枢，此后他的性格发生了剧变）。通过功能性磁共振成像扫描仪，我们可以实时观察到正常大脑中情绪产生和运作的过程。研究的成果令人惊奇。

长期以来，人们一直认为情绪是一种随机的、非理性的冲动，而科技已经证明了这种假设是错误的。我们发现，情绪是一种敏锐且智慧的力量，能够组织和改善我们的生活，将存在转化为体验。马蒂斯（Matisse）观察到："我并不是真的在画那张桌子，而是在画我对它倾注的情感。"情绪让我们把某物视作纪念品，把某事视为灭顶之灾，把某人当作毕生挚爱。情绪也不是所谓的自私和堕落的驱动力，它不会像我最早的老师——天主教修女们——所警告我的那样，必然导致毁灭与罪恶。我们现在已经了解到，情绪实际上是文明社会中关键性的基础要素，它包括了道德判断力和同理心。能够对他人感同身受是给予关爱的根源。

同样令人惊讶的是，新的研究揭示了情绪对亲密关系的影响。有些大众媒体和治疗师所鼓吹的信息是：在求助他人之前，我们应该先完全掌控自己的情绪。先爱自己，然后别人才会爱你。然而新的认识颠覆了这个观点。马萨诸塞大学的心理学家埃德·特罗尼克（Ed Tronick）表示：" 对人类而言，情绪平衡（emotional balance）的维持是双向合作的过程。"换句话说，我们天生就需要与他人一起处理情绪，而不是独自面对。

爱情关系不仅是一段欢乐的旅程，也是恢复和平衡情绪的场所，我们可以在这里平复和调节负面情绪。这有点儿像一句古老的格言，"两颗心胜过一颗心"，事实也确实如此。当我们通过亲近另一个人感受到哈利·哈洛所说的"接触性安慰"时，任何风险或威胁带来的影响都会减少。就像在恐怖电影中，鬼魂或怪物首次现身时，主角总是孤身一人，但最终会在伙伴的帮助下战胜恐惧和邪恶。

事实上，一段关系中的痛苦之所以经常让我们的内心陷入混乱，是因为我们的心脏和大脑被设定了一种机制：需要伴侣来帮助我们在困扰和恐惧中找到平衡。如果他们反而成为一种痛苦的来源，那么我们就会感到双重的失落和脆弱。正如泰瑞对他的妻子说："你居然这样对我，你可是我最信赖的人。我真的很困惑，如果连你都不能信任，我还能信任谁呢？我以为你会支持我，做我的安全港湾，但现在看起来你似乎成了敌人，没有什么地方是安全的了。"而在这枚硬币的另一面,爱情联结是对抗恐惧和痛苦的天然解药。

弗吉尼亚大学的吉姆·科恩(Jim Coan)教授是社会神经科学这一新兴领域中最具创造力的学者之一,他招募了一些婚姻幸福的女性作为被试,在她们眼前闪现小圆圈和字母"x",并用功能性磁共振成像仪拍摄她们的脑部图像。她们被告知,当看到字母"x"时,她们的脚踝处会有20%的概率受到电击。每次被电击后,她们需要用一个简易的量表对感受到的疼痛程度打分。实验在三种情况下进行:有时这些女性独自面对电击的威胁,有时一个陌生人会进入实验室并握着她们的手和她们一起面对,另一些时候由丈夫握着她们的手。

实验结果非常有趣。当她们独自一人面对"x"出现在眼前时,她们的大脑活动就像圣诞树一样"闪亮",充满了警觉,而且受到电击时,她们感到非常痛苦。当陌生人握住她们的手时,她们的大脑对"x"的警觉较少,并认为电击的痛苦程度也降低了。孤立无援会给我们带来创伤,并加剧我们对威胁的感知。但真正值得注意的是,当她们的丈夫握住她们的手时,她们的大脑对"x"几乎没有反应(和有人告诉她们外面正在下雨的反应一样),她们说电击只是让人感到不舒服而已。这就是爱在起作用,爱为我们提供一个安全的港湾,一个可以平息恐惧、找到平衡的地方。

后来,吉姆和我对这项研究做了一些改动,把被试变成受到婚姻困扰且正在接受心理治疗的女性。她们和伴侣都在问卷调查中表示,自己属于不安全型依恋,并正在用情绪聚焦治疗改善与伴侣的关系。在接受治疗之前，这些女性与原研究中的女性反应一样：她们的大脑充满了警觉和痛苦，而且觉得电击真的很疼；被陌生人握住手可以稍微减轻她们的恐惧，但是握住丈夫的手却几乎没有任何效果。在一个不安全且充满困扰的婚姻中，伴侣并不是一个安全线索。

然而，经过 20 次情绪聚焦治疗，这些女性在婚姻中感到更加开心和安全了。当握着丈夫的手看到"x"时，她们的警觉反应几乎消失了，对疼痛的评价也变成了"不舒服"。尤其令人震惊的是，她们的前额叶皮层，也就是调节和控制情绪的地方，竟然没有任何反应。有了联结更加安全的伴侣在场，这些女性不仅能够以不同的方式去应对痛苦，也会以不同的方式应对电击带来的威胁。这一实验首次证明了针对互动模式的系统性干预会对大脑产生影响，同时也意味着，通过合理的治疗，我们能够开始创造一种如同安全港湾一般的关系。

实际上，学习爱与被爱就是在学习理解自己的情绪，这样我们就知道自己需要从另一半那里获得什么，并能够开诚布公地表达这些愿望，以唤起另一半的同情和支持。当这种支持帮助我们平衡情绪时——保持与情绪的联系，但不会被它淹没——我们就能反过来倾听和理解伴侣的情绪，并体贴地回应伴侣。这种互动发生在陌生情境实验中的母亲与安全型依恋孩子之间，也发生在经过治疗修复的关系中。这些时刻，被约翰·鲍尔比称为"有效依赖"：我们可以呼唤他人，也可以更好地回应对方的呼唤，而且彼此之间的联结更强了。一旦我们的情绪回到平衡，我们就能转身拥抱世界，灵活地行动，开放地学习，并能够看到在任何情况下自己所能做出的选择。没有什么比与他人建立有爱的、稳定而长期的关系更能使我们感到强大和快乐。

什么是情绪

长期以来，对情绪的不信任一直是西方文明的标志之一。这至少可以追溯到古希腊时期，当时斯多葛学派的哲学家认为，包括爱情在内的激情是具有破坏性的，必须受到理性和道德的制约。多年来，情绪被视为基本的动物性属性，既粗鲁又感性。毕竟，我们能"感受到"情绪，它是一种本能力量。相比之下，理性可以从身体中分离出来，存在于"头脑中"，被视为一种高级进化的产物，是更高级的精神自我的反映。如果我们要建立一个真正文明的社会，就必须超越情绪。简而言之，正如社会评论家玛丽亚·曼尼斯（Maria Mannes）说的那样："聪明人的标志是他们有能力运用理性来控制情绪。"

反对情绪的理由来自两个要素：其一是它具有不可阻挡的力量，可以在不到一秒钟的时间内掌控我们；其二是它明显地具有随机性且缺乏逻辑性。但现在的研究描绘了一个截然不同的观点：情绪实际上是人性中精巧高效的信息处理和信号系统，目的是为了生存而迅速重组行为。

情绪告诉我们，对我们的幸福至关重要的事情正在发生。我们每分每秒都在受到成千上万个刺激物的轰炸。情绪会自动条件反射般地从纷繁的信息中筛选出重要的那些，并引导我们采取适当的行动。在大大小小的问题上，情绪都指导着我们，告诉我们想要什么、偏爱什么，以及需要什么。例如，在选择冰激淋口味时，由于对开心果味冰激淋有更好的感觉，所以我们会选择开心果味而不是香草味。对脑损伤患者的研究表明，人类没有情绪的引导就像失去了罗盘一样，会迷失方向，在面临多种可能性时无法做出选择。

情绪是一种强大的动力，无论我们是否愿意，它都会对我们产生影响，甚至迫使我们采取行动。emotion（情绪）源于拉丁语"movere"，意为"移动"。当面临直接的人身危险时，情绪的力量变得尤为明显。例如：当我们遭遇狂犬或冲锋中的犀牛袭击时，我们会感到恐惧并受其驱使而向相反的方向逃跑。查尔斯·达尔文是第一位认识到情绪的生存价值的科学家。他常去伦敦动物园的巨蟒栏前站着，他知道与巨蟒保持目光接触会激怒它，同时作为理性人士他也清楚，自己站在玻璃后会安全无虞。达尔文盯着它，决心不退缩，然而无论以此方式测试自己多少次，在被巨蟒攻击时，他都会本能地向后退缩。

即使在生存不是当务之急的情况下，情绪仍能促使我们采取行动。在"9·11"事件中，当第一架飞机撞击了世贸中心北塔时，一位名叫朱莉的女士正在世贸中心南塔工作，尽管喇叭里的指示要求她和同事们留在位于第80层的办公室内，但恐惧感压倒了她，促使她直接跑下楼梯。当第二架飞机撞到她所在的大楼时，她已经到达了第61层，并最后安全返回家中。当然，正如达尔文所证明的那样，情绪并非一个完全可靠的警报系统。朱莉也可能冒着热浪焦虑地跑了80层楼梯而未能得救，但是，在生存问题上，误认为有问题总比误认为没有问题更有价值。因此，最好重视情绪的预警而不是忽视它。正如乔治·桑塔亚那（George Santayana）所说，通常"相信内心才是明智之举"。

情绪也是重要的沟通媒介，无论我们是否愿意，它都在我们内心中流转并把信号传递给他人。它激发我们的行为，并与他人互相传达彼此最深切的需求。在爱情关系中，情绪同样至关重要，伴侣是我们安全感的核心，如果他们都不知道我们所恐惧、所渴望的是什么，又如何能成为我们的庇护所呢？情绪就像伴侣跳舞时的伴奏，它指引着我们脚步落地的位置，并告诉对方应该将脚放在哪里。

我们主要通过面部表情和声调来传达情绪，而且能够在瞬间就理解和领会这些信号。我们的大脑仅需100毫秒就能察觉到他人面部微小的变化，再花费300毫秒即可感知到这种变化带给自己身体的感受——映照出我们所观察到的变化（下一章将详述该反应过程）。情绪也具有传染性，我们的确可以"捕捉"彼此的情绪，共鸣对方的感受，这构成了共情的基础。

为情绪命名

多萝西·帕克（Dorothy Parker）曾对凯瑟琳·赫本（Katharine Hepburn）在一出戏中的表演进行了著名的点评，指出其"从A到B的情绪表达丰富多彩"。然而我们知道，情绪的类型远不止这些——大多数人都认为还有更多的情绪类型。但究竟存在着多少种情绪呢？我曾阅读过一本为治疗师撰写的书籍，书中声称存在39种基本情绪。然而，现在的大部分社会科学家普遍认同只有六种天生且普遍存在的情绪：恐惧、愤怒、快乐（喜悦）、悲伤、惊讶和羞愧（某些理论家将羞愧分为厌恶和内疚）。每一种情绪都自然地导向某种特定行为。当我们感到愤怒时，我们会发起挑战或直面挫折；当我们感到惊讶时，我们会集中注意并积极探索；当我们感到恐惧时，则会僵在原地或转身逃跑。在这一串情绪中，负面情绪占据了主导地位，这一事实说明了情绪存在的意义。就生存而言（正如记者们所了解的），坏消息和负面情绪更加重要。你可能已经注意到，在基本情绪列表中没有爱这一项，在稍后我会详述原因。

这一列表源自美国心理学家保罗·艾克曼（Paul Ekman）对面部表情的开创性研究。达尔文认为，情绪表达是由生物性因素决定的，而且在不同社会普遍存在。然而，在20世纪50年代，另一种观点占了上风：情绪的表现受到文化的影响，是习得的结果。哪种观点是正确的？艾克曼的证据支持了达尔文的观点：他发现，来自西方和东方文化的个体对面部表情所表达的情绪有着共识性的理解。事实上，来自世界各地的人们都能读懂某些关键的情绪表达，并赋予它们相同的含义。

艾克曼在20世纪60年代前往新几内亚高地，见到了一个叫作福尔（Fore）的土著部落。他们与世隔绝，没有书面语言，也没有看过电影或电视。艾克曼向他们展示西方人表达各种情绪的面部图片，并通过翻译询问他们："这个人身上发生了什么，接下来可能发生什么？"令人惊讶的是，艾克曼发现他们能够准确辨别西方人的情绪状态，也能预测他们的潜在意图。随后，艾克曼再次访问该部落，向他们讲述了一些故事，然后要求他们将每个故事与图片中描绘的面部表情相匹配，他们毫不费力地完成了这项任务。此外，艾克曼拍摄了部落成员的各种面部表情照片，回到美国后，他将这些照片展示给美国的大学生，让他们解释其传达的情绪内容。学生们也能够识别出部落成员的情绪，以及这些情绪与他们的意图之间的联系。

艾克曼的同事们在研究其他土著群体时也证实了他的发现。他们得出的共同结论是：六种基本情绪的表达以及赋予每种情绪具体含义的能力具有跨文化的一致性。换句话说，存在一种关于情绪的通用语言。比如人在生气时，眼睛会睁大并盯着某处看，眉毛紧锁，嘴唇紧闭。这些表情不需要学习，先天失明的人也能表现出来。然而，文化对于我们会更关注哪个部分的面部特征有着重要影响。例如，如果人们来自西方，会更关注嘴和眉毛；如果人们来自东方，则会更关注眼睛的状态。

仅仅是意识到存在每个人都能感受和识别的基本情绪，也会对日常生活产生很大的影响。加州大学洛杉矶分校的心理学家马修·利伯曼（Matthew Lieberman）已经证明，通过给一种情绪命名这个简单的行为就可以使大脑中负责情绪处理的区域平静下来。在一项功能性磁共振成像研究中，利伯曼向人们展示了带有消极表情的面部图像，例如一张怒气冲冲的面容，当要求被试识别图像中的人物性别时，他们与情绪相关的脑区保持着高度活跃。但当要求被试在图片下方的两个词语中选择一个给所感受到的情绪命名时，他们的相关脑区得以平静下来。为情绪命名的行为启动了调节和反思该情绪的过程。

在治疗过程中，我观察到了同样的情况。伯尼斯告诉我："如果我能够集中注意力而不是让大脑陷入混乱，我能够察觉到我丈夫现在很悲伤。通常情况下，这种觉察让我感到惊恐——我变得困惑、犹豫不决。说来奇怪，但意识到他的悲伤会让我感觉好一点儿，这有点儿像将一切确定下来一样。他所传达的东西和我的内心反应都变得明朗起来，一切都似乎更加清晰、更容易掌控。上次我们没有保持沉默，我能够告诉他'当你如此悲伤时，我不知道该怎么办，这让我很害怕。我认为你可能再次陷入抑郁之中了'。"我们给某物命名后就可以驾驭它。当我们赋予某物以意义时，我们就可以忍受它，甚至改变它对我们的影响。

那么，爱呢？为什么它不在基本情绪列表上？我的一些同事说它应该在，但我不这么认为。爱没有明确的面部表现，它不是一种单一的情绪，不是一个单独的音符。它是各种感觉的混合，是一个大杂烩。事实上，它是一种存在状态，包含了所有基本情绪。当我们爱的时候，我们可以快乐、悲伤、愤怒、恐惧、惊讶或羞愧——它们经常会同时出现。作家杰弗里·尤金尼德斯（Jeffrey Eugenides）说得好："根据我的经验，爱很难由单个词语诠释，我不认为单单'悲伤''快乐'或'后悔'就可以代表爱的全部……这把爱过于简单化了。我希望自己能支配复杂的混合情感，就像德国列车车厢的结构，比如说，'灾难后的幸福'，或者'与幻想同眠的失望'。"

情绪的生成

如今，我们不仅能够识别主要的情绪类型，还明白了它们产生和运作的方式。首先，有一个触发点或线索，比如美丽的夕阳或爱人皱起的眉头。这个线索被大脑深处的丘脑接收，它会快速识别出你需要表现哪种情绪，并准备好让身体做出相应的反应，而后信息会被传递下去。如果最初粗略的评估结果是需要立即采取行动，比如当你被持刀者攻击、生命岌岌可危时，那信息将直接到达杏仁核（位于颞叶之间）。如果不是特别紧急的事件，信息会采用一个迂回路线进行传递，也就是先从丘脑到达额叶皮层再到达杏仁核。额叶皮层是大脑负责思考的部分，它可以评估刺激的含义和重要性，但在紧急情况下由于速度太慢而没什么用处。最后，大脑决定了必要的行动，并让身体做出反应。就如愤怒时血液会流向手臂以准备战斗，恐惧时血液流向足底以准备逃跑。整个过程在不知不觉中进行，迅速而合乎逻辑。

情绪也包含理性，这个观点会让大多数人感到惊讶。过去，人们认为情绪完全起源于右脑（"感性"的一边），而思维则起源于左脑（"理性"的一边）。正如一位科学家所写的那样，强烈的情绪涉及"大脑控制的完全丧失"，其中不包含任何"意识的痕迹"。如今，我们对此有一个更加细致入微、综合全面的理解。有证据表明，当我们的情绪（如愤怒）被高度唤醒时，右脑会更加活跃。但现在我们知道，无论情绪是积极的还是消极的，大脑两边的相应结构都会被激活，而曾经被认为是理性专属区域的额叶皮层，也会处理情绪线索。

将大脑分成若干部分，或者将情感与理智分开，都是不切实际的。一个正常运作的大脑是一个整体，所有部分会一起工作，共同创造我们的体验。相互连接和相互依赖是这种游戏的名字——在大脑和人际关系中都是如此。

在西方世界，崇尚独立的潜移默化的影响之一为，我们被教导压抑负面情绪是一种有效的甚至是最佳的与人相处的策略。我记得早年学过一句格言："如果你不能说好话，那就什么也别说。"我的来访者告诉我，当他们的伴侣让他们心烦意乱时，他们会努力克制自己。但是现在我们发现,这往往只会加剧人际关系中的困难。此外,压抑情绪还会带来巨大的心理伤害。

斯坦福大学的心理学家詹姆斯·格罗斯(James Gross)指导了一系列功能性磁共振成像实验,用来比较情绪抑制策略与情绪重评策略的效果。其中最有趣的实验之一是要求 17 名女性(女性被认为比男性更具情感表达能力)观看 15 秒的电影片段,这些片段要么是情感中立的自然场景,要么是"令人反感"的事件,包括呕吐、外科手术和动物屠宰。她们被要求要么努力压制她们对令人反感的片段的反应("保持脸部不动"),要么试图以更宏观的视角重新评估这些事件,就像一名专业医务人员观看这些片段时那样。

结果显示,情绪抑制实际上增加了大脑中的"恐惧中枢"杏仁核的活跃度。抑制情绪反应带来了一定的负面效应:由于抑制情绪,女性变得非常紧张,这反而加剧了负面情绪的影响。相比之下,情绪重评策略减少了女性对相关片段的负面情绪体验。结果还显示,这一策略可以激活负责调节情绪的前额叶皮层,并降低杏仁核的活跃度。

为什么重新评估是一种更有效的策略?一方面,反应性情绪闪现得非常快,重新评估相当于在情绪产生时就进行干预,从而能够修改和塑造情绪。另一方面,情绪抑制策略发生在情绪进入大脑之后,我们必须非常努力地压制强烈的情绪,我们的心率会加快,压力性的化学物质倾泻而出。想象一下给一座即将爆发的火山盖上盖子的情形:被压抑的力量会使最终的爆发更加强烈。这就是为什么我们看到人们抑制、抑制、抑制,然后大爆发!

情绪抑制不仅不利于我们自己，也不利于我们的恋爱关系。这种努力令人筋疲力尽，也分散了我们对伴侣情绪的注意力，削弱了我们的反应能力。詹姆斯·格罗斯还表示，由情绪抑制所产生的紧张感具有传染性：我们的伴侣也会感到紧张，变得充满压力。

在恋爱关系中，调节困难情绪最有效的方法就是分享它们。我们知道，倾诉有助于重新组织我们的想法和反应，弄清楚什么对我们来说更重要，使我们能够接收新的信息和反馈，感受到内心的舒适和平静。然而，问题的复杂之处在于，我们与之分享的伴侣经常是我们坏情绪的始作俑者。

恐惧和爱

大多数人倾向于把爱与快乐的情绪联系起来。当研究人员给人们一些单词列表并要求他们把单词分门别类时，他们通常把爱放在"快乐"一栏里。但是对研究爱情关系的科学家来说，最吸引人的情绪是恐惧，恐惧是所有情绪中最具能量的。这并不奇怪，因为恐惧是我们基本的生存机制，当威胁来临时，它会发出警报，并促使我们逃跑。

心理学家马里奥·米库林瑟可能是世界上最多产的依恋研究者，他在赫兹利亚的实验室里用柔和、悦耳的声音对我说："我是犹太人，出于我们民族的历史性原因，我开始着迷于研究人们如何应对恐惧、无助和失控感。曾经我们从对儿童及其照顾者的研究中得知，安全型依恋会增加一个人的掌控感，这有助于调节其负面情绪，因此我们决定研究依恋风格是如何影响我们对死亡的恐惧的。我们发现，安全型依恋者似乎不那么害怕死亡。焦虑型依恋者的恐惧集中在害怕自己不再对任何人具有重要性以及他人的离开上。回避型依恋者的恐惧集中在对死亡本质的未知上。我对此非常着迷，我意识到，与他人的联结不仅是我们最重要的活力源泉，也是我们最强大的防御系统。突然间，我意识到我正在研究爱的力量！"

当我们的依恋关系，即我们情感支持和安慰的主要来源似乎处于危险之中时，恐惧的警报也会响起。越来越多的证据表明，社交大脑的纽带是杏仁核，它主要处理恐惧情绪。华盛顿州立大学的雅克·潘克塞普已经研究老鼠的大脑 30 年了。在结构上，啮齿动物的大脑与人类的惊人相似。潘克塞普的研究表明，那些与配偶联结紧密并用心抚养后代的老鼠，在杏仁核中有一条特殊的神经通路。当它们突然与配偶失去联结，比如当它们的配偶暂时离开它们身边时，这条神经通路会自动启动。潘克塞普已经证明，这种分离使老鼠陷入了他所谓的"原始恐慌"之中。

潘克塞普认为，在所有会与同类建立密切联系的哺乳动物的大脑中都存在类似通路，包括人类。这一点我也深信不疑。"当米歇尔转身把我拒之门外，好像我对她一点儿也不重要似的时，我就会感到崩溃，"达伦在我的办公室里说，"这是否意味着我疯了？"

"不，"我向他保证，"如果你突然间感觉到联结感的缺乏，这说明你是一只陷入爱河的哺乳动物，你的大脑把这当成了危险的暗示，将其视为对你安全和幸福的威胁。"

当处在恐惧状态中时，我们的肌肉会变得紧张，压力激素释放出来，血液急速流动。我们会感到痛苦并出现其他伤害性的想法，会僵住或者产生逃离的冲动。构成这一体验的每个元素都是不可避免的，并且会按照预期逐一展开。每个元素都会不可逆转地引发下一个元素，且这一过程在神经回路中出现的次数越多，就像在雪地里被反复碾压出来的轨迹一样，整个序列也会越自动化。

安德鲁被阴晴不定、虐待成性的父母养大，对很响的声音非常敏感。因此，当他的妻子艾米大声讲话时，他会比那些在平静的、相互支持的家庭中长大的人更快地陷入恐惧，感受也会更强烈。"在内心深处，我是那么小心翼翼，那么脆弱，"安德鲁在伴侣治疗中向艾米坦白道，"我随时准备逃跑。对我来说，让你走进我的内心太难了，因为我总是假设当时的情况是最坏的那种。我想我需要很多你确实想和我在一起的保证，并在我学习信任的过程中保持耐心。"

不幸福的伴侣通常会表现出明显的愤怒，但相比愤怒，恐惧感通常才是内心更深处的第一体验。艾玛提醒蒂姆，他们周末有一场庆祝九周年纪念日的重要约会。蒂姆耸了耸肩，说他们需要调整安排，因为他答应和老板一起参加一个聚会，艾玛对此勃然大怒。但如果把这个场景定格下来，我们就会看到当蒂姆宣布取消约会时，艾玛的第一反应是害怕。如果她能够慢下来，关注她的恐惧感受——一种担心丈夫越来越不重视她的感受——那么她的行为可能会大不相同。她可能会要求丈夫安慰自己，而不是大发雷霆。但艾玛并没有流露出这种恐惧。当她在办公室里谈到他们之间的争吵时，她看起来很生气，并不断指责蒂姆的自私。艾玛的爆发反过来又引发了她丈夫对失败和被拒绝的恐惧感，这使他变得沉默不语。不幸的是，蒂姆的表现又反过来加剧了艾玛的恐惧。他们处理情绪的不同方式成了婚姻中的一个脚本，或者说一种模式。如果他们一直按照这一脚本经营婚姻,那么他们的关系就有麻烦了。

广义上来说,我们调节和处理情绪的方式会成为我们传递信息以及与他人交往的习惯性方式,最终变成我们社会生活的脚本。脚本关注的视角越狭隘,我们与他人共舞的方式就越有限。

爱的痛苦

后来,当艾玛在关系中感觉更加安全时,他们重新讨论了之前的事情。艾玛能够拓宽自己的关注范围,探索自己的情绪体验,并承认她所表现出来的"坚硬"情绪并非她的全部体验。实际上,在他们的冲突中,"柔软"的、受伤的感觉才是主旋律。有些人建议将受伤列入基本情绪之中。但我们现在从各种研究中了解到,这种受伤的感觉是一种复合情绪:在表层情绪上呈现为愤怒,更深层次是害怕被他人无视的失落和悲伤,最深层次则是对被拒绝和被抛弃的恐惧。当艾玛表达出自己的受伤感时,她与丈夫之间原有的关系互动脚本便改变了。艾玛的举动唤起了丈夫内心的柔情,并让他确信妻子是非常珍视他的。

正如我们还不了解恐惧在爱情中所扮演的角色一样,我们目前只能理解社会或关系痛苦的有形本质。直到 21 世纪初,情感痛苦(如拒绝)和生理痛苦(如手臂烧伤)之间的相似之处仍被认为纯粹是由交叠的心理困扰而非共同的感觉处理系统所致的。实际上,我们经常通过与"真正"的生理伤害进行比较来淡化他人受到的情感伤害。阿曼达对罗伊说:"你好像因为我有点儿挑剔就表现得像我真的拿刀刺伤你了一样,难道你不觉得自己有点儿太情绪化了吗?"

但现在显而易见的是,我们在处理和体验情感痛苦与生理痛苦时,使用的神经通路有明显的重叠。加州大学洛杉矶分校心理学家内奥米·艾森伯格(Naomi Eisenberger)的实验证明,这两种痛苦都是一种警觉系统,旨在吸引我们的注意力,集中我们的资源来减少威胁。受伤感中的威胁是一种情感上的损失和分离,往往由被爱人拒绝等触发因素引起。在哺乳动物中,也许是因为它们需要长期的母爱,被孤立成了一个明显的危险信号:它被理解为对生存的一种生理性威胁。

艾森伯格和她的同事安排被试躺在脑部扫描仪下玩"网络掷球"(一种虚拟的投球游戏),被试会认为自己是在和另外两个玩家一起玩游戏。但事实上,他们是在和一台经过编程的电脑玩儿,电脑会表现得好像其他玩家故意不给他们球一样。被试报告说在游戏中感觉被其他玩家排斥和忽视了,而他们的脑部扫描显示前扣带回皮层(anterior cingulate cortex,ACC)有明显的活动,这正是记录生理疼痛感的区域。

正如研究人员发现的那样,这种神经通路的重叠解释了为什么泰诺可以减少受伤的感觉,为什么情感支持可以减轻生理疼痛(包括分娩、癌症治疗和心脏手术)。我们与他人联结的需求塑造了我们的神经系统与情感生活的结构。

塑造关系

从最初的依恋关系中,我们学习情感的本质以及如何去处理它。如果我们足够幸运的话，在与那些对我们体贴入微的亲人进行数千次互动的过程中，我们能学会关注、整理和信任自己与他人的情感。我们也会根据最亲近之人的支持性反应来塑造和调整自己的情感反应。童年时期良好的关系并不总是意味着我们的情感生活会始终如一地保持积极，但它确实意味着我们更有可能觉察自身负面情绪的可操作性和有效性，以及积极情绪的可信任性和给人的愉悦感。

好消息是，即使我们在童年时期经历了"情感饥饿"，成年时期的爱人也会给予我们第二次机会，让我们学习用新的、更有效的方法来处理情感、表达渴望。在情绪聚焦治疗的结尾，玛丽恩，一个在童年时期被她所依赖的人进行身体和性虐待的女孩告诉我："这是一件奇怪的事情，这些年来，我的内心一直住着一群恶魔，它们是关于我对自身的恐惧，我永远不能冒险让任何人了解我。如果真的有人靠近我，我就会被恐惧袭击。如果我信任他们而又一次被伤害……但现在，和特里在一起，我可以触摸我的羞耻和恐惧，并向他求助。当他帮助我时，我会平静下来，觉得很安心，而且不知道为什么，我感觉自己变得更加完整了。这就像一个循环——更安全的联结会给内心带来更多的安全感，反之亦然。"更安全的联结教会我们如何容忍、处理和使用我们的情绪，同时，能够管理好情绪反过来又会帮助我们更好地适应和与人联结。

一段安全的关系可以提升我们的情商。当我们对自己的感受有困惑和不确定时，比如当我们感知到的太少或太多时，相爱的伴侣会帮助我们。当我们感知到的太少时，我们会说："我不知道我感觉怎么样，也许我感到悲伤，但我不知道为什么。"有时我们无法将自己的经历组织成一个连贯的整体，有时我们无法在情感中找到方向，有时感到"平淡"或与自己的情感完全隔绝。无法触摸或命名情感让我们没有目标感，没有一个内在的罗盘来引导我们走向我们需要的所在。无法表达自己的情感也让我们的爱人感到非常莫名其妙。没有情绪的信号，没有情绪的乐曲，没有情绪的舞蹈，就没有彼此间的联系。

另外，过多地陷入情绪之中也会使人无所适从、心烦意乱。我仍然记得母亲突然离世时，悲伤充斥了我的身心和整个世界，我为此感到震惊。正如一位来访者曾对我说："悲伤就像在无底的深海中溺水。"此时此刻，我们都会意识到自己是多么脆弱。人们试图借助具象的画面来捕捉那些强烈的情感体验。例如，我的来访者可能会使用以下表达："面对某人的恐惧犹如穿越火海""他的愤怒如同一辆卡车撞击着我，我被撞倒了，被碾压了""羞愧宛如寒风吹袭——冰冷而残酷，突然间我感到极其无助，唯有屈身低头，消失于虚空之中"。我们似乎能够通过这些画面最大限度地捕捉到这些情感体验。它所涉及的元素包括：情绪的触发因素、感觉、意义，以及采取行动的冲动。

如果我们发现自己在很多情况下和关系中陷入了感知过多或过少的模式，那么我们很可能存在情感平衡和情绪调节的问题。这种平衡情感的能力是我们从早期依恋对象那里学到的最基础的课程。（也可能不是！）那些即使只与父母中的一方有过积极互动关系的人也会获得一种优势：他们获得了如何保持情绪平衡以及如何与他人建立联系的流程图。保持情绪平衡可以让我们轻松地往多个方向探索，从而有更多的方式来回应他人和与他人共舞。

当我们情绪稳定时——要么因为这是一种个人风格，要么因为我们与另一个人关系紧密——我们很少被激怒。对于任何由微小的轻蔑和伤害引起的有关拒绝或背叛的恐惧感，我们不会紧抓不放或将事态扩大。如果我们确实感到受伤，我们也有信心去分享这些感受，相信爱人会用治愈的方式对自己做出回应。我们不会淹没在身体发出的警觉信号之中，或被灾难性想法所吞没。我们能够倾听自己的渴望，并冒险向外求助来恢复情感平衡。这些都表明，我们越有安全感，就越能够相对容易地调节情绪。安全感是持续促进个人成长、保持情感平衡和建立爱的联结的基础。能够安全地依恋他人是一份持续终身的礼物！

幸福

我们倾向于关注消极情绪，因为与生存有关的线索会被我们的思维和身体优先考虑。然而积极情绪也是一股强大的力量，毕竟，生活就是不断地探寻积极感受！现在的研究表明，幸福不仅是繁盛的标志，同时也驱使着人们创造福利。就像阳光促进花园里的植物生长一样，快乐使我们拥有更多的活力和冒险精神。它推动着我们向前和向外探索，探索那些新奇的事物和地方，并与亲人及陌生人交往。在心理学术语中，积极情绪引导我们采取"趋近"(approach)行为——它相较于愤怒来说更温和、更好奇，而愤怒具有坚定且强硬的特质。消极情绪如愤怒和恐惧会限制我们的注意力范围。相反地，积极情绪扩展了思考的领域并激发了玩耍与实验的欲望。

当我们看到孩子们在公园里玩耍时，我们很容易观察到这一点。同样，当我看到那些修复了关系并准备结束治疗的伴侣时，我观察到一张由微笑、感动和喜悦织成的新网把他们连接在一起，他们准备好并渴望对彼此更加开放。安妮微笑着对乔希说："你真有趣，我以前从未意识到这一点。一定是因为爱我——它让你的大脑发育了。"乔希，一个古板、内向的人，用拇指轻敲鼻子，眯着眼睛咯咯笑着。"你说对了，"他说，"更多的大脑神经元出现了，因为我确实爱你。"她的眼睛充满了幸福的泪水。

那么，抛开快乐的明显优势不谈：如果我们坚持严谨的科学视角，快乐除了让我们感觉良好之外，还能为我们做什么呢？密歇根大学的心理学家芭芭拉·弗雷德里克森（Barbara Frederickson）要求被试观看三种类型的电影片段，这些片段分别描绘了充满喜悦的情景、充满恐惧和愤怒的情景、中性情感基调的情景。她告诉被试要想象自己身处其中。放映结束后，被试被问到"你现在想做什么"时，观看喜悦片段的被试给出了更多的想法，也就是说，他们有一个更广泛的"想法-行动"组合。即使是喜悦的温和版本——满足——也激发他们想出了更多的答案。积极的情绪激发了好奇心和参与探索的欲望，让我们变得更开放和更具有学习能力。例如，快乐总是激励我们前行。

但这并不是积极情绪的全部作用——它们还能消除消极情绪。我们都知道，在说出一句无心的、伤人的话之后，如果想办法逗笑伴侣，便可以缓解对方难过的感觉，并使彼此轻松地回到和谐的状态中。伟大的文学作品中充满了这种例子：饱受战争摧残的英雄悲痛欲绝，却在偶然中走进教堂，被唱诗班的歌声所鼓舞，因此下定决心重新面对生活。积极情绪会在这些时刻提醒我们，痛苦和不确定性并不是生活的全部。积极情绪和信念为生命的复原提供动力，帮助人们从逆境中恢复过来，甚至能以一种螺旋上升的方式产生更多的积极情绪。

这当然是爱的力量之一。爱，总是尽力为生命带来美好的感受：快乐和满足、安全和信任、强烈的兴趣和投入、好奇和开放的心态。

如果说科学在情绪方面给了我们什么启示的话，那就是我们绝不能低估情绪的力量和价值。它向我们展示了情绪是如何影响并塑造我们最亲密的关系的。它还教会我们利用这些关系来缓解自己的消极情绪，减弱其负面影响，并在积极情绪的激励下，向他人和世界伸出援手。在《人生中必要的失去》(The Wise Heart)这本书中，杰克·康菲尔德(Jack Kornfield)形象化地描述了对情绪的理解："我们可以让自己徜徉在情感之河中——因为我们知道如何游泳。"

实　验

你越善于倾听、越善于萃取自己的情绪并发出清晰的情绪信号，你的人际关系就越好。科学是训练有素的观察过程——形成假设并进行检验，就像你每天都在做的一样。

静静地坐一会儿，面前放上纸笔，然后想想这个问题：你能否准确地指出这样一个时刻——无论是在你现在的恋情中，还是在过去的恋情中，一个在与伴侣相处中让你感到受伤或害怕的时刻？

看看你是否能够将这些感觉具象化：是什么触动了你？是对方脸上的表情、对方所使用的语言，还是你从彼此的互动中得出的某些结论？把这些写下来。

看看你是否能找到触发点：身体的感觉，对你自己或这段关系的灾难性想法，以及随之出现的行动冲动。你是想逃跑、转身反抗，还是钻到地毯下？写下任何你能命名的想法。

当时你做了什么？这个问题很难回答。试着只关注行为，使用动词，忽略为自己辩护或证明你的伴侣错了的欲望。

你能找到一个新的或"完美的"词语来描绘你的情感体验吗？（最近的一项功能性磁共振成像研究发现，只要能够把感觉用语言表达出来，似乎就能平息我们痛苦和难过的情绪。）

你认为当时你的伴侣看到了什么？他明白你内心深处真正的感受吗，还是只看到了外表的恼怒或漠然？你是表达了自己真实的情感，还是为了保护自己而戴上了面具？

如果你现在就告诉你的伴侣你的深层感受，你认为会发生什么？你内心的答案说明你们的关系处于什么样的状态？

你的答案可能取决于你有多么惊慌。如果你非常担忧，情绪线索会快速到达你的杏仁核，也就是恐惧的处理中心，这可能让你很难思考，但你或许能够做出直觉性的反应。如果没有那么惊慌和危急，这些信息会选择更长的通路：先通过你的大脑皮层，在那里情绪被仔细评估，然后再到达你的杏仁核。这条通路会使你更明确自己的反应。

留意自己在与伴侣互动时的情绪展现方式可以揭示出重要的伴侣互动模式。一旦你识别出这一模式，你就可以更好地控制自己的反应，并向你的伴侣提供指导：你需要以及想要从对方那里得到什么。例如，莎莉告诉约翰："当你感觉很累，不想和我亲近的时候，这没关系，我可以理解。但如果你背对着我，立马睡着了，我就会不由自主地陷入一连串恐惧念头的循环——'我是不存在的，他会离开我，就像其他人一样，这只是时间问题。你这个傻瓜，不要相信他'。一旦这种念头出现,第二天我就会很生气,我不想陷入这种恐慌之中。"约翰回应莎莉,以后当他累了时,他会主动抱着她,这样他们就可以一起入睡。莎莉也同意下次她再有类似的念头时会告诉约翰。

第 4 章

大脑

> 对我来说，我自己的大脑是最难理解的机器——它总是嗡嗡作响、翱翔、咆哮、俯冲，然后被泥土掩埋。为什么？这种激情是为了什么？
>
> ——弗吉尼亚·伍尔夫（Virginia Woolf）

你走进一个房间——他也在那里。他转过身，发现了你，对你咧嘴一笑。你高兴起来，心跳加速，手指发麻，你也对他回以一笑。你感到没有威胁，事实上，你反而感到一种奇怪的安全感。他的脸让你想起了你亲爱的父亲，他们有着同样的笑容，而且他看起来像你的父亲一样善良而风趣。他也有点儿像你仰慕已久的电影明星，那个有着蓝眼睛、宽肩膀和健美腹肌的电影明星。他很性感。你向他走去，他也向你走来，你们握了握手，然后开始站在一起聊天。过了一会儿，你开始模仿他的站姿和手部动作，当他把重心移到左脚时，你把重心移到右脚。当他弯曲手臂放在臀部时，你也很快把手臂放到了臀部。当他提到工作中的烦恼时，你能理解他的感受。突然，你感到你们彼此亲近，彼此联结，你们坠入了爱河。

我们常说我们从皮肤和心里感受爱。但是，正如新科学逐渐揭示的那样，爱真正的发源地是大脑。这会让古人震惊，因为他们几乎一致地看不起大脑。埃及人在制作死者的木乃伊时，会小心翼翼地保存心脏和其他器官，以备来世之用，但对大脑无动于衷，他们通常会把大脑挖出来扔掉。希腊人也普遍对大脑不屑一顾。亚里士多德认为大脑是"一个次要的器官"，它的职责是冷却血液。几百年后笛卡尔得出的结论则是，大脑是一根用来连通精神与身体的天线。

如今，由于新研究技术的发展，我们在20世纪90年代到21世纪前10年的这20年里对大脑的了解比过去几个世纪的还要多。我们还知道，头骨里那三磅[①]重、皱巴巴的胶状物质是与他人"热舞"过程中不可或缺的一部分。事实上，大脑是一个深奥的社会性器官，旨在建立和管理与他人的联系。从生命早期起，我们的大脑就随着我们爱的关系而生长和发展。随着我们逐渐成熟，大脑积极地让我们与所爱之人紧密相连。的确，日内瓦大学的心理学家丹·斯特恩（Dan Stern）说，大脑是如此具有关系性，以至于我们的神经系统实际上"被他人的神经系统所俘获，因此我们可以像感知自己的皮肤一样，通过他人的皮肤体验到他人的感受"。

⊖　1磅约等于0.45千克。

爱塑造大脑

从出生的那天起，我们的大脑就随着社会性联结而发育。我们的早期关系确实塑造了我们的大脑。在生命的头 4 年里，我们的大脑以非常快的速度生长，与慈爱的父母或照顾者的情感互动引发了一系列生化过程，这促进了神经的生长和连接。头骨里的胶状组织实际上是 1000 亿个神经元或神经细胞的集合，每个神经元都向附近的同伴伸出小卷须，这些小卷须被称为树突。神经元通过在它们的缝隙间或突触部位发射电化学脉冲来实现彼此的交流。想象一下邻居们隔着后院的篱笆聊天，你就会有一个大致的概念。

然而，与邻居们之间的聊天不同，神经信号几乎是瞬间发出的，我们甚至都意识不到。此外，神经元之间的聊天可以说是无休止的。如果一个神经元落单了，它就会死亡，如果只是偶尔给它一个信号，它就会萎缩。这种持续的交流构建了我们的大脑。神经元之间的交流越频繁，它们之间的联系就变得越容易、越牢固。活跃的交流促生了总体结构。神经科学里有句俗话："相互放电，才会彼此联结。"

情感互动促进了大脑的发育，缺乏情感互动则会产生相反的效果——树突不会分叉，传递信号的卷须发育不良、数量减少，化学递质也会变少。与母亲或替代照顾者隔离的猴子幼崽在大脑的多个区域都表现出明显的缺陷，包括那些涉及情感处理的区域，如海马。猴子幼崽会表现出刻板的行为，如重复摇晃和撞击头部，而且这些幼崽几乎都更容易感染疾病。与世隔绝的人类婴儿也表现出类似的情况：许多由机构抚养的婴儿在年幼时就患病并死亡，幸存者长大后往往也会出现注意力、认知和语言方面的缺陷。

不用说，所有这些都会影响到个体未来形成和维持社会关系的能力。具体来说，爱的接触对于一种特定类型的神经细胞——镜像神经元的生长至关重要，这种神经元与同理心有关（稍后再详细说明）。正如佩珀代因大学的心理学家路易斯·科佐利诺（Louis Cozolino）所观察到的那样："没有刺激性的互动，神经元和人都会萎缩和死亡。在神经元中，这个过程被称为细胞凋亡，而对于人类，它被称为依附性抑郁（anaclitic depression）。"

除了刺激大脑的整体发育，与亲人的早期互动对右脑的组织也至关重要。右脑是处理情感的中心，对非语言信号的反应尤其灵敏，比如面部表情和语调。发展心理学家认为，在婴儿四个月大的时候，右脑就开始传递信号，这构成了亲子之间最初的也是最基本的语言。爱丁堡大学儿童心理学教授科尔温·特雷瓦森（Colwyn Trevarthen）把这些互动称为"原始对话"（proto conversation）。

如果这些最初的接触是积极的，那么它们会塑造婴儿的神经通路，引导他们进行有效的沟通以表达自己的需求，从而获得满意的回应。婴儿会掌握吸引母亲注意的能力，并在母亲未能察觉或误解他们的暗示时重新获得其注意，这是调谐、失调谐和再调谐的基本过程。他们通过注视母亲的脸并长时间保持不动，学会了注意母亲发出的信号，以及从中解读出母亲的要求。总之，这些早期的互动决定了我们是否能够依靠他人爱的回应来保持情绪平衡。此外，这些互动还使我们获得了初步的洞察力，使我们了解他人如何看待自己，并逐渐形成有关自我的概念。

如果幸运的话，最初的照顾者会对我们表达喜悦，并告诉我们，和我们的相处确实是令人愉快的。开放的回应会让我们明白，自己是被关心和被重视的。如果不幸的话——也许我们的母亲处于压力之中或患有临床意义上的抑郁症——我们就得不到持续的情感安慰和养育，我们可能会觉得没有人爱自己，自己是没有价值的，会认为自己在情感上是孤立无援的。随着这些信息的不断重复，它们被烙进我们的大脑，并形成一种贯穿于童年、青春期及成年期亲密关系中的神经模板——一种"如果这样，那么就会那样"的指导——积极的童年关系模式往往会增强我们塑造成人浪漫依恋的能力，而消极的则恰恰相反。我在陷入痛苦的夫妻身上看到了这一点。我问马库斯："当你的妻子静静地坐在那里，悄悄地告诉你'我非常需要你，我爱你'时，你会怎么做？你会咬着嘴唇把头转过去吗？"马库斯向我眨眨眼，慢慢地回答："我会感到战战兢兢，我脑子里没有关于如何处理这种情况的信息。如果她流泪并告诉我她需要什么，我会僵住。她的眼泪是一种控诉，我一定是搞砸了什么。如果她愤怒起来，我会被她晾在一边。此刻，我什么也做不了。"

在马库斯的家里，母亲的失望或眼泪总是她愤怒爆发的前奏。他记得小时候，每当母亲发脾气时，他就被送回自己的房间，独自一人待好几个小时。他认为别人的沮丧意味着自己的错误，意味着自己不讨人喜欢，甚至即将被抛弃。作为一个青少年，他的解决办法很简单，那就是远离家人，独自在房间里玩电子游戏。现在，对于妻子的情绪，他也没有明显有效的解决方案，他知道他做的每件事都会让她更加生气和不安。

一些心理学家认为，一个人处理情绪和与他人交往的方式主要取决于基因，也就是由天性决定的，而不是后天培养的。天生的气质可能或多或少会使个体变得坚韧不拔或反复无常。但越来越多的证据表明，早期与照顾者之间反复发生的互动模式产生的影响非常强大，它可以塑造我们终身对负面情绪和压力的反应。蒙特利尔麦吉尔大学的心理学家迈克尔·米尼（Michael Meaney）发现，在老鼠身上，母亲对幼崽的悉心呵护，包括梳理毛发和舔舐，足以影响它的后代在成年后面对危险时调节恐惧和采取适应性行动的能力。

这些被悉心养育的老鼠即使受到严格的限制或面临巨大的压力，也能保持镇静，比如研究人员把它们放进装满水的罐子里，想看看它们是会游泳还是下沉时。我的脑海中浮现出这样的画面：那些备受宠爱的小啮齿动物懒洋洋地躺在水面上，手里拿着杜松子酒和奎宁水，哼唱着一首名为"我妈妈爱我，没有什么不好的事情会发生"的曲子，它们快乐地漂浮着。另外，它们缺少关爱的表亲们正在拼命地划水，尖叫着："你怎么能这样对我……我会淹死的！"（不，迈克尔·米尼没有让缺乏安全感的老鼠淹死；事实上，心理学家是一群多愁善感的人。）与接受较少护理的老鼠相比，被悉心养育的老鼠也表现出较低的压力水平。

进化论倾向于"适者生存"这一广为流传的公理，它通常被认为是最具侵略性的生存理念。今天，在心理学会议上，我们听到的更多是"被最用心养育者"生存。我们发现投入的养育可以克服基因遗传的影响，甚至能逆转它，这适用于进化阶梯上的每一步。

心理学家斯蒂芬·索米（Stephen Suomi）曾协助哈利·哈洛进行恒河猴实验，他现在是马里兰州贝塞斯达国家儿童健康与人类发展研究所一个主要研究实验室的负责人。他发现，极度活跃的猴子，即基因意义上的"坏"男孩和"坏"女孩，在格外细心的母亲的照顾下，也会成为熟练的领导者和全能的好公民。总的来说，我们现在了解到，不管你的遗传基因是什么，决定这些基因是否开启的因素是后天的重复经历。被拥抱和被悉心养育的经历似乎会关闭大脑对压力激素敏感的基因，并开启保持镇静机制的基因。

这种研究后来扩展到对所谓的"蒲公英"和"兰花"儿童的研究上。亚利桑那大学的发展心理学家布鲁斯·埃利斯（Bruce Ellis）和加州大学伯克利分校的托马斯·博伊斯（Thomas Boyce）称，"蒲公英儿童"有能力在任何环境中茁壮成长。相比之下，"兰花儿童"对他们的生活环境高度敏感，尤其是对父母养育的质量。如果被忽视，他们就会"枯萎"；如果被悉心照顾，他们则会"绽放"得无比绚丽。

弗吉尼亚联邦大学遗传学家丹尼尔·迪克（Danielle Dick）领导了一项实验，从出生起就开始追踪400名青少年的DNA信息。研究者分析了一种特定基因CHRM2的变异，这种基因与酒精依赖、反社会行为及抑郁症有关。他们发现，那些与父母接触较少、关系较疏远的基因变异儿童常常表现出不受欢迎的行为举止，如对他人的身体攻击，甚至犯罪。但那些被悉心照顾、与父母关系较好的基因变异儿童的结果要好得多。他们有更少的行为问题，抑郁和焦虑的风险也显著降低——这些都是未来问题的风险因素。这表明了安全联结的力量，它能让我们所有人表现出最好的一面。

早期的悉心养育会让大脑在多年后更有能力调节压力、与他人联系、合作解决问题，当然，还能跳更厉害的探戈。父母给孩子最好的礼物，以及爱人给彼此最好的礼物，就是情感上的关注和及时的回应。有证据表明，最初的情感关系是我们整个生命历程的脚手架，它帮助我们找到情感平衡，学会与他人建立联系。如果母亲在每晚哄孩子入睡时，会低声唱歌，轻轻抚摸孩子的脸颊，那么孩子会安静下来，心率也逐渐放慢。孩子知道歌声和抚摸会让自己平静，最终他也学会了通过回忆母亲的歌声和抚摸来安抚自己。就这样，我们逐渐发展出自动管理情绪的方法，并把这种方法带入成年的爱情关系中。这个过程也使人们产生了与爱人共度情绪化时刻的期望。

大卫的母亲要么在嗑止痛药，要么就又暴躁又粗鲁，他在一次治疗中告诉我："我无法克服胸口的灼热感，我想逃走，似乎每当这种强烈的感觉出现时，我都想逃走。我不知道你说的'舒适'是什么意思。我唯一知道的情绪是愤怒。当我谈论我的恐惧时，莫琳说她真的爱我，但我永远不会让任何人来关爱我。当她对我满怀柔情时，我不知所措。情绪是我自己的，需要自己来处理。如果她知道我的感觉会怎么样呢？她会怎么做呢？"大卫的反应符合我们对大脑的研究结果。研究发现，缺乏安全感的成年人对任何不确定性或心理压力都有强烈的生理反应，特别是回避者——像大卫一样——往往在解读伴侣的信号时会有更多的误解，即使是温柔、充满爱的提议。他们还没有学会信任这样的信号，因此无法用它们来平息自己的恐惧。

好消息是，我们不必固守消极的神经通路。正如我们在本章的后面会讨论的，大脑具有惊人的可塑性，我们可以创造新的神经通路，改变在与所爱之人相处时感知和传达情感的方式，并修正自己对他们如何回应的预期。

爱的神经化学

几乎在每种文化中都有"爱情药水"的概念，即一种可以开启爱情的物质。许多由草药、昆虫、动物器官、宝石和珊瑚制成的调制物都被吹捧过，但它们并没有什么用。然而，确实存在一种由我们自身制造的强效配方，它叫催产素（这个名字听起来更像洗涤剂而不是一种令人愉悦的字眼）。催产素只存在于哺乳动物中，既是一种与大脑和神经系统沟通的神经递质，又是一种激素，这意味着它也与器官系统沟通。催产素早在1909年就被发现了，但仅仅是在21世纪初的10年中，对这种化学物质的研究才出现爆炸式的增长。在谷歌上，"催产素"一词的搜索量自2004年以来已经飙升了500%。

科学家们将催产素称为"拥抱激素"（cuddle hormone），因为它能促进母婴之间以及成年恋人之间的联结。它也被称为"一夫一妻制分子"（更多内容见第5章）。但最准确的描述是，它是产生社会联结的主要化学物质。两性大脑中都有催产素受体，但女性的催产素水平通常更高。男性的抗利尿激素水平更高，它与催产素非常相似（仅有两个氨基酸不同），它们具有相同的联结性作用，但不同之处在于抗利尿激素会直接激发攻击行为，如守护配偶。我们早就知道，人类在哺乳和性高潮时会释放催产素，但通过更精准的检测，现在我们发现，只要我们靠近所爱之人，大脑就会释放少量的拥抱激素。事实上，只要想到所爱之人，就会引发这种激素的涌动。

这种化学物质具有强大的力量。一丁点儿催产素都会增加我们信任他人的倾向，并使我们以一种更低防御性、更富同情心的方式与他人交往。奥地利因斯布鲁克大学的临床心理学家安娜·布赫海姆（Anna Buchheim）和她的同事邀请了26名依恋问卷的结果为不安全型依恋的男学生进入实验室，并给他们注射了一剂催产素。在另一个时段，这些学生被注射了安慰剂。当他们被注射了催产素后，69%的学生对一系列描述丧亲或与爱人分离等事件的图片做出了更安全、更具亲和力的反应。他们从赞同"我会分散注意力，自己处理这件事"的说法转变为赞同"我会与他人分享，寻求支持"的说法。这种向安全型反应的转变在焦虑型依恋的男性中尤为明显。

催产素关闭了我们的威胁探测器——杏仁核，以及下丘脑－垂体－肾上腺轴——它是神经系统"迎接挑战"的部分，并打开了使人镇定，即"放松，一切都好"的副交感神经系统。其效果是减少恐惧和焦虑，以及压力激素的产生。在一项实验中，男性和女性在使用了一剂催产素后，甚至认为陌生人也比之前更值得信任，更有吸引力。在另一项研究中，47对夫妇在讨论他们关系中的一个冲突之前，分别使用安慰剂或催产素。结果，那些使用催产素的人在讨论后，主要压力激素皮质醇的水平显著降低，积极行为相对于消极行为的比值也显著提高。伴侣之间表现出更频繁的眼神交流，他们更加认同彼此，并较少去挑衅和责备对方。

我在伴侣治疗中看到，当一个人经历小小的情绪风险，而另一个人学会如何回应他时，他们便会"重新调谐"彼此的神经系统，使其达到更平静的状态，这增加了他们的信任感和灵活性。这正是我们第一次坠入爱河时发生的事情。"坠入爱河"是一个准确的短语，它是一场冒险、接触、彼此承诺的舞蹈。催产素似乎会促使我们抓住机会，当在伴侣的臂弯中获得承诺时，它会以满足感回报我们。伴随着催产素的释放，我们与伴侣共同经历脆弱和修复的时刻，这正是爱情真正的样子。

很多研究结果都支持约翰·鲍尔比的观点，即爱的纽带是一种安全和生存机制，它的主要作用之一是使生活不那么可怕。而且，与大多数核心生存过程一样，它有一个反馈循环：催产素的释放产生信任，信任产生亲密感和性吸引，性高潮又刺激催产素的释放，如此循环。甚至有人在网上售卖一种名为"信任液体"（Liquid Trust）的、号称含有催产素的鼻腔或身体喷雾。然而，请记住，我们聪明的大脑往往会根据情况进行调整，喷洒这种激素可能不会让你感到一个你已经不信任的人变得更可爱了。

虽说如此，催产素的社会效应仍然令人难以置信。当我们使用催产素时，会更多地关注他人，更长时间地盯着他们的眼睛。科学家们认为，这可能就是催产素能帮助我们更好地解读他人面部表情并正确理解其意图的原因。让我们面对现实吧——爱情关系中的大多数信号都是微妙或模糊的，需要进行解码。如果你不这么认为，试着解释一下"我今晚太累了，不想和你亲近了"这句话。我们得揣摩它的意思：是"我累了""我厌倦你了"，还是

"你的性生活永远结束了"。

在德国罗斯托克大学的心理学家格雷戈尔·多姆斯（Gregor Domes）和他的同事进行的一项研究中，年龄在21～30岁之间的年轻男性被要求在不同时间使用催产素或安慰剂，然后观看人类眼睛的照片。他们被要求从一个列表中选出最能反映他们所看到的情绪和精神状态的词语。在服用催产素后，即使在表情微妙而模糊的情况下，被试的解读也要准确得多。多姆斯指出，海马是大脑中提取记忆的关键区域，它富含催产素受体。他认为催产素可能有助于提取储存的表情图像，帮助人们解释他们在特定时刻看到的东西。当涉及浪漫时，这种化学刺激的适应性优势是显而易见的。对非语言信号的准确解读使我们能够与舞伴保持一致并有效地协调步调，从而创造出和谐的舞蹈。

似乎还不仅如此，大脑的伏隔核中也有大量的催产素受体，伏隔核对多巴胺的产生至关重要，而多巴胺是一种让我们感到兴奋和愉悦的神经递质。研究人员认为，催产素会增加多巴胺的释放，进一步增强伴侣之间的依恋。我们倾向于和让我们感到快乐的人待在一起。

由于多巴胺激活的神经回路与可卡因和海洛因一样，一些科学家想知道爱情是否可以被视为一种成瘾。两者确有相似之处：当我们被迷住时，与所爱之人接触会产生积极的感觉，产生一种与对方接触的"渴望"。当这种渴望得不到满足时，就会感到痛苦。但成瘾是一种消极的、昂贵的、难以抑制的行为，它限制了一个人的生活和行为。爱情则不同，积极浪漫的爱情扩展了我们的世界，它使我们更自信、更灵活、更开放。此外，安全的情感联结似乎不会让我们上瘾。杜克大学的一项研究表明，经常被母亲触摸的老鼠幼崽大脑中白细胞介素-10的水平更高，白细胞介素-10是一种抑制对吗啡的渴望的分子。同样，一夫一妻制的草原田鼠之间的联结似乎降低了安非他命在大脑中的奖励作用。

爱的神经元

当某些研究人员正在关注大脑的化学物质时，其他研究人员则专注于各种类型的脑细胞，描述这些脑细胞在恋爱关系中的作用。这些发现进一步强调了人天生具有联结性。我们是一种比个人主义社会认知中更具社会性的动物。作为该领域的专家研究员，加州大学洛杉矶分校大卫·格芬医学院的马可·亚科博尼（Marco Iacoboni）断言："我们并不孤独，生物构造和进化设计都使我们注定要成为彼此深深联结的生物。"

目前最令人兴奋的探索领域之一是对镜像神经元的研究，这个名字来源于20世纪90年代意大利帕尔马大学神经生理学家贾科莫·里佐拉蒂（Giacomo Rizzolatti）实验室中一个非凡的偶然发现。他的团队成员之一——维托里奥·加莱塞（Vittorio Gallese）或利奥·福加西（Leo Fogassi），目前无法确定——在实验室里走来走去，一只脑部装有电极的雌性猕猴安静地坐在椅子上，等待着运动控制实验的下一个任务。研究人员无所事事地拿起某样东西——花生或冰激凌，没有人确定是哪种。突然，记录猴子大脑活动的计算机发出一阵声音。尽管这只雌性猕猴什么都没做，它的大脑却兴奋起来，就像它拿起了食物一样！

研究人员偶然发现了一个谜题的答案，这个谜题困扰了哲学家好几个世纪：我们如何知道别人在想什么？答案就是镜像神经元。它们把我们放进别人的身体里，让我们真正地感同身受。镜像神经元解释了为什么当我们看到《猛鬼街》(*A Nightmare on Elm Street*)中的角色突然受到弗雷迪·克鲁格的袭击时，会害怕地缩回座位上。为什么当《E.T.外星人》(*E.T. the Extra-Terrestrial*)中的年轻骑手飞向蓝天时，我们也会高兴地"飞"起来。当看到一个孩子从秋千上摔倒在地时，我们会皱起眉头。当朋友因为我们带的巨大生日蛋糕而眼前一亮时，我们也会咧嘴微笑起来。

这种进入他人体验的能力在恋爱关系中尤其重要，因为在恋爱关系中，敏锐地回应伴侣的需求是关系的核心。当看到伴侣嘴角下垂或眼眶湿润时，我们的大脑会模仿这种体验。在某种意义上，我们从生理上尝试体验这种感觉。我们和伴侣之间的界限变得模糊，我们会自动地、无意识地做出反应或进行深思熟虑，感觉到并理解对方的难过。这对于帮助伴侣双方保持情感协调，建立亲密、安全和信任的爱的纽带至关重要。

我们从两岁左右便开始拥有这种敏锐的感知能力，开始能够从镜子里认出自己。"认识自己"和"认识他人"是相互联系的，就像一枚硬币的两面。那么，我们如何区分自己的感受和他人的感受呢？这也依靠镜像神经元。这些脑细胞的一个子集，超级镜像神经元，对自身的经历反应更快，对他人的经历反应更慢。大脑是一个完美的社交装置，在支持自我意识的同时，也能让我们顺利地与他人联结。

镜像神经元不仅会反映所观察到的他人的行为，也能给我们提供理解其意图的线索。如果我们看到某人漫无目的地做手势或假装没什么目的，镜像神经元就不会被激活。例如，如果某人表现得好像拿着笔，但实际上并没有笔，我们的镜像神经元就会仍然处于休眠状态。但当镜像神经元感觉到一个目标的存在时，即使目标还没有被完成或略有修改，它们也会被激活。在某种意义上，它们会进行预测和预期，填补未知的部分。比如说，某人本来要捡一支笔，但他分心停了下来，然后他伸出手去捡了钳子。镜像神经元会在那个人伸手的时候被激活，因为这与捡起一个物体的意图仍然是一样的。镜像神经元是我们的"意图雷达"，它即时协调了我们与他人的互补性反应。

在恋爱关系中，镜像神经元使我们自动"知道"所爱之人将会做什么。玛丽的痛苦已经在她丈夫西蒙身上显现出来，他的脸上弥漫着悲伤和忧虑。玛丽看到了这一点，她自己的面部肌肉也复制了她所看到的。西蒙伸出了手，玛丽知道他要抚摸自己的手臂，便弯腰向他靠拢。西蒙笑着说："也许我只是想拿酒杯。"

"不，"玛丽回答，"你是为了靠近我。"西蒙微笑着拥她入怀，他们拥抱在一起。这短短的一刻竟发生了这么多事，而且是如此容易。

镜像神经元颠覆了人们对如何解读彼此意图的假设。我们过去认为玛丽是用自己的头脑推断西蒙会做什么。但如今我们知道，通过一种不那么理性的方式，我们就可以理解彼此的意图。一瞬间，西蒙感受到了玛丽的感受，玛丽也感受到了西蒙的感受——她明白了西蒙的意图。这种彼此联结的时刻是爱情的命脉。

当我为治疗师做培训时，我经常会用一对与我刚刚认识的夫妇做示范。大家都对我如此快速、轻易地调谐每个伴侣的深层情绪感到困惑。他们问我怎么知道伴侣的感受，是否有一种情感算法，一份"如果这样，那么那样"的清单？我确实有，但通常它不会在我的大脑中启动和运行，这并不需要有意识地努力，如果我保持冷静，注意伴侣的手势、语调和面部表情，我就能感受到他们的感受，即使他们无法说出什么。甚至在其中一人说"我认为谈论这个没用"之前，我就能看到他们恐惧和逃避咨询的意图。

天生的共情者

对大脑的研究热潮不仅为我们呈现了一种截然不同的爱情观，也呈现了一种截然不同的人性观。西方社会长期以来一直持有一种相当悲观的观点：我们本质上是孤立的、自私的生物，需要规则和约束来迫使我们为他人着想。今天，我们正在描绘一幅截然相反的画像：人类从生理上就是善于联结他人且无私的生物，可以对他人的需求做出反应。我们似乎应该被称为天生的共情者。

共情是感知和认同他人情绪状态的能力。empathy（共情）在20世纪被创造出来，源于希腊语empatheia，原意是"情感"和"痛苦"。但是这个概念是由19世纪的德国哲学家们首先提出的，他们给它取了一个名字——Einfühlung，意思是"感觉到"。高等哺乳动物的共情能力很可能由于灵活的、适应性的育儿需要而得到进化，这样可以确保幼崽的生存，并在防卫和狩猎中与人合作以确保群体或部落的存续。一项又一项的研究都证明了人类共情能力的强大。

或许最吸引人的地方在于，研究表明，仅仅想象或想到另一个人，特别是自己爱的人，正在经历痛苦，就会使我们有所反应，就好像我们正在经历完全相同的事一样。在一项实验中，苏黎世大学的神经学家塔尼亚·辛格（Tania Singer）和她的同事们发现，当一名妇女的手背受到轻微的电击时，她旁边没有受到电击的另一名妇女的反应就好像她也受到了电击一样。两名妇女大脑中相同的区域被激活了，同样的疼痛通路也被激活了。我们确实会为别人而痛苦。

大体上，共情作用发生的方式是：你看到我或者甚至只是想象我——像上面的实验一样——正经历一种强烈的感觉，也许是痛苦或厌恶，你就会在大脑中反映我的反应，用身体模仿我（你的脸皱得和我的一模一样），在情感上回应我，并对我产生共情的关切，你会帮助我。当我们模仿别人时，我们也在与他们交流，并向他们展示我们的共情，这创造了即时性联结。在俄勒冈州立大学心理学家弗兰克·伯尼里（Frank Bernieri）的研究中，要求年轻夫妇相互教对方虚构的词语，那些表现出最大互动同步性的夫妇，也就是那些互相模仿得最接近的夫妇，彼此之间有着最强烈的情感融合。在我对宽恕的研究中，几乎每个受伤的伴侣都会对自己的爱人有这样的表达："我不能原谅你，除非我看到你感受到我的痛苦，除非我知道我的痛苦也伤害了你。"

共情并不仅仅是人类的专利。灵长类动物学家弗兰斯·德瓦尔在他的《共情时代》（*The Age of Empathy*）一书中，清楚地阐述了所有拥有镜像神经元和自我意识（也就是说，能够在镜子里认出自己）的物种，包括人类、海豚、猿类和大象，在同类死亡时，都会对彼此的痛苦和悲伤做出反应。换句话说，它们表现出了情感联结和共情的全部迹象。例如，如果拉动给予食物的链子会导致隔壁笼子的伙伴被电击，那么猕猴会拒绝做这个动作，选择让自己挨饿，以避免给另一个伙伴造成痛苦。大象会步行数英里[①]到一个族群成员的坟墓前哀悼。黑猩猩会为被族群中年长成员打败而受挫的亲属提供安慰，拥抱它或梳理它的毛发，并和它对话。

看到别人（尤其是我们熟悉的人）痛苦，也会让我们感到痛苦。那么为什么我们有时不会共情我们所爱之人呢？从名为伴侣治疗的日常实验中，我们发现了三个可能的原因。第一，一个人的镜像神经元可能会发育不全或功能不良，镜像神经元系统的不健全使得人们无法与他人产生情感共鸣，比如自闭症患者。第二，压力或抑郁可能会耗尽一个人的精神资源，使他在情感上表现得麻木。抑郁和压力激素，如皮质醇，已被证明会阻碍大脑的发育，甚至损害大脑处理社交及情绪的核心区域。早期被虐待的经历往往会使海马萎缩，海马是大脑中将片断经验整理成连贯的情感记忆的区域。因此，被虐待者的大脑会对情感压力变得更加敏感，比如产生分离焦虑，但用来克制这种焦虑的神经网络更不发达。

第三个原因是最常见的，那便是我们处于心烦意乱之中。一些处于主导地位的情绪，比如烦恼或对失去伴侣的压倒性恐惧，阻碍了我们关注他人痛苦的能力。当你花费所有精力让自己冷静下来时，你就很难把注意力集中在别人身上。当我乘坐的飞机在

[①] 1英里约等于1.6千米。

3万英尺的高空中，正在经历一场可怕的风暴带来的颠簸时，所有的共情训练都付诸东流了。当坐在我旁边的大个子突然说"我感觉我要惊恐发作了"时，我听见自己在说："不，你不是，别再这样了。"直到我们安全降落在停机坪上时，我才感到有点儿内疚。

处理自己情绪的能力会极大地影响共情他人的能力。平衡情绪的能力使我们能够参与、感受和回应他人的关切，安全的依恋会进一步提升这种平衡能力。堪萨斯大学的心理学家奥姆里·吉拉斯（Omri Gillath）观察了不同依恋风格的女性在处理困难情绪时大脑的动态变化。研究人员首先让被试想象情绪中立事件，比如和伴侣一起购物，然后让她们想象日常争吵的场景，最后让她们回忆关系中的痛苦场景，比如伴侣另有所爱或伴侣去世。最后，研究人员会指导她们停止思考这些事情。

他发现，当想到痛苦的情景时，焦虑型依恋的女性的大脑反应比其他组更加情绪化。特别是负责评估事件情绪意义（尤其是悲伤情绪）的前颞极，会表现得非常忙碌。同时，调节情绪的眶额皮质会打个盹儿。没有了刹车机制，女性的大脑只会不断地思考痛苦的事情。回避型依恋的女性也不能很好地抑制她们的想法和感受，她们大脑的关键情绪区域会持续活跃。这与马里奥·米库林瑟之前的研究相似，他发现回避型依恋者抑制情绪的能力是不完整的，他们很容易被各种类型的心理任务打断，例如被要求记住一个七位数的数字。即使在很小的压力下，他们思想和情绪的回弹性以及平衡情绪的能力也容易被干扰。

吉拉斯的脑部扫描研究证实了许多其他研究的结果。这些研究表明，依恋风格更安全的人在处理困难情绪方面表现得更好。他们通常能更好地容忍情绪，也能更有效地调节情绪。他们不太可能被自己的情绪所淹没或一直受其困扰，也不会过度地否认自己的感受。无论是被负面情绪所淹没，还是不断地麻木自己，都会不可避免地分散我们与他人的情感交流，分散我们对他人感受和需求的关注。在能够敏锐而关切地回应别人的需求之前，首先自身要有内在的平静和安全感。

皮特由于童年受虐的经历而患有创伤后应激障碍，他只知道一种安全关系，那就是他和妻子莎莉的关系。他是如此害怕失去她，以至于当她对自己生气时，即使是由最微不足道的事情所导致的，他也会担心失去这份感情。他不能领会莎莉的情绪线索。"这些东西对我而言就像一门外语，"他告诉我，"我不能理解和加工这些信息。"经过几次治疗，我们努力让他在专注于莎莉的面部时保持冷静，他似乎开始能更好地与她的情绪产生共鸣。当莎莉哭泣时，他看起来很伤心，当莎莉抱怨时，他坐立不安，但他总是被自己强烈的生理恐慌感转移注意。我问他："你在莎莉的脸上看到了什么？"他回答说："我只知道她很生气。我只想让她不再那么生气，想挽回她。我在想所有的出路，但它们太多、太乱了，所以我反而不知道该怎么办。"他连调谐自己的情绪或为情绪取个名字都做不到，更不用说容忍自己或莎莉的情绪了。

也许他的大脑就像那些被收留的罗马尼亚孤儿一样，还没有发育出健全的神经通路，让他能够活在当下，并对妻子感同身受。也许仅仅是感到恐惧就会让我们只想专注于自身，它阻碍了我们对他人的持续关注，也阻止了我们对他人信号的解码。也许对像皮特这样，小时候从未体验过安全依恋关系，因而对威胁极其敏感的人，只能用低效的方法来平息他的依恋恐慌。在皮特的大脑中，恐惧和失落的神经通路是最发达、最常见的，也是最容易使用的。当他陷入依恋恐慌并试图通过逃避来处理这种情绪时，他就会自动感知到来自伴侣的负面反馈。皮特的镜像神经元状态不佳，所以他无从得知自己对莎莉产生的影响，也不知道他是如何在互动中一次次"证实"自己最糟糕的恐惧的。

然而，当一段舞蹈出现问题时，它并不是只由其中一位舞者的大脑模式、情感风格、习惯或期望所决定，舞伴是否有所回应以及回应的情况也总是起着重要的作用。伊利诺斯大学的心理学家阿曼达·维卡莉（Amanda Vicary）和克里斯·弗雷利（Chris Fraley）要求被试想象自己身处一个恋爱故事中，并在 20 个预先确定的时间点上描述他们下一步要做什么选择。例如，被试被告知他们的伴侣一直在和前任通电话后，可以选择"我很高兴你还能和前任好好相处"或"你们俩之间还有什么瓜葛吗"，这些选择本质上是在迫使被试解读自己对伴侣行为意图的预期。

在研究的第一阶段，随着故事的进行，被试给出的任何选择，无论积极或消极，都不会影响假想伴侣的反应，伴侣会对被试的反应表现得无动于衷。结果，不安全依恋者就会不断选择表明自己不信任伴侣的语句。在第二阶段，研究人员重新对故事进行了设定，让故事中的伴侣偶尔给予支持。这种关心的表现足以慢慢改变不安全依恋者对假想伴侣的态度。他们开始更倾向于仔细判断伴侣的意图，并在预定的时间点上选择更积极的陈述。与温暖的伴侣互动会让每个人，无论是有安全感还是缺乏安全感的人，都变得更加积极。正如维持消极模式的可能性存在一样，改变的可能性也同样存在。

可塑的大脑

一种改变我们行为的方法是改变大脑。过去,科学家们一直坚信,我们出生时脑细胞的数量是有限的,如果哪一个被破坏了,我们就倒霉了。但事实证明,大脑的可塑性比我们想象得要强得多。在我们的一生中,随着新体验的增加,我们会生长出新的神经元,神经元之间的连接也会增加。那么,在伴侣治疗中,能通过塑造新体验来塑造皮特的大脑吗?也许可以。每一次体验都会在某种程度上改变我们的大脑。一种塑造新的神经通路的方法是阻断常用的行为方式。例如,如果我们一直戴着眼罩,那么视觉皮层就会在两天内转而开始处理触觉和听觉信号。

因此,或许我们可以帮助皮特用"告诉莎莉恐惧是什么感觉"的反应来代替他"僵住"的反应。一旦他更擅长调节自己的恐惧,我们就可以帮助他更关切地看待和回应莎莉的痛苦。我们可以问他:"你现在在莎莉的脸上看到了什么?""你能在你的身体里感受到她的感受吗?"我们可以帮助莎莉向皮特发出更清晰的情绪信号。我们也可以通过让伴侣认识到彼此的渴望和脆弱来促进共情,即让伴侣感知到彼此的熟悉性和相似性。最后,我们可以帮助他们表达自己的共情。在第12次治疗中,我们看到了治疗取得的进展。皮特对莎莉说:"我现在开始意识到我们都很害怕,你也很脆弱,我从你的眼睛里看到了恐惧,看到了恐惧对你的伤害。我不想让你感到害怕,虽然我不知道该怎么办,但我想安慰你。"

我们的神经元时刻准备着唱响与他人的联结之歌。随着我们爱与被爱经历的增加，似乎在整个成年期，大脑都有可能生长出新的神经元和神经网络。加州大学伯克利分校神经科学教授沃尔特·弗里曼（Walter Freeman）对此表示赞同。他从对人类终身学习的调查中总结出，有两种主要事件会自然地大规模重塑神经：一个是与伴侣坠入爱河并建立联结，另一个则是开始为人父母。（任何当过父母的人都会说最初照顾宝宝的那几个月绝对重塑了大脑！）弗里曼认为，催产素是一种关键的"神经调节剂"，它可以增强或减弱神经细胞互相联系的整体效果。

因为从根本上来说大脑是一个社会化器官，所以当大脑迅速适应新环境时，它的高度可塑性是可以理解的。与爱人之间崭新的联结也会塑造我们，让我们焕然一新。新的神经连接、新的情感、新的彼此理解、新的爱情舞步，这些都能给予我们一个全新的世界和全新的自我认知。在最后一次治疗中，皮特告诉莎莉："现在我知道该如何接近你了，我和以前不一样了。现在我更加豁达，更加放松。我们之间新的相处方式正在改变我。似乎现在我可以探索更多的体验，抓住更多的机会。"

我想到了佩珀代因大学的心理学家路易斯·科佐利诺的《人际关系的神经科学》（The Neuroscience of Human Relationships）一书中的章节，他指出，早期关系能够优化我们大脑的关键部位（如前额叶皮层），使我们能够"更好地看待自己、信任他人、调节情绪、保持积极的期望，并利用智力和情商来解决问题"。现在，我们知道了这种影响绝不仅仅发生在早期的关系中。

如今我们了解了关于爱情化学反应的关键构成因素，比如拥抱激素和催产素的功能,以及产生人与人之间联结的神经通路的工作原理。我们开始发现,关键神经细胞,也就是镜像神经元的放电构成了爱情"火花"的一部分,它将我们与他人联系起来。但更重要的发现是,不仅生理因素塑造了爱情关系,爱情关系也反过来塑造和调节着我们的生理机能。一个吻可以带来大量的催产素和多巴胺,从而抑制压力激素的分泌,降低我们的心率,并提升大脑读懂爱人表情的能力。

这种科学解释了为什么大脑本身被认为是社会化器官。牛津大学的进化心理学教授罗宾·邓巴(Robin Dunbar)指出,对于人类为何会进化出如此大的脑部,现有的解释是不充分的。就维持大脑运转所需的能量而言,这样的大脑非常昂贵,而大多数动物的大脑要小得多,但它们也能活得很好。邓巴认为,人类大脑的大小与其说是为了掌握解决问题的技能,比如创造工具或住所,不如说是我们必须与他人交往才能生存和发展的结果。社交互动是一场复杂的国际象棋比赛:我们必须预测他人的行动以及自身行动对他人的影响,这需要大量的脑力。因此,我们的大脑变得越来越大,并且越来越为人际联结而设计。

莎士比亚问道:"告诉我,爱情萌发在何方?在脑海还是在心房?"科学家们坚定地回答:"在头脑里。"但是有一些人会把爱情的主要来源低级化。"爱情是感官的诗歌。"巴尔扎克这样狂热地写道。美国作家哈伦·埃里森(Harlan Ellison)则说得更直白:"爱(love)不过是拼错了的性(sex)。"那这可是一个严重的拼写错误啊!我们在下一章中会讨论这个问题。

实验 1

留出 30 分钟，让你和你的爱人安静地待在一起。选择一个双方都感到放松的时间，也就是说，不要在争吵之后。再选择一个不会被打扰的地方。

现在，试着开始关注彼此。与对方面对面，脚趾对脚趾站着，但不要接触到对方，看着对方的胸部。然后，同步你们的呼吸，找到一个稳定的节奏。

然后，你们中的一个人需要加快呼吸节奏，而另一个则试着跟上节奏。一旦你们再次达到同步状态，就互换角色。但这一次，"领导者"要放慢呼吸节奏。继续呼吸练习，直到完成三次角色互换。现在开始在练习中添加一个新元素——将重心从一只脚转移到另一只脚。你们双方的呼吸要保持一致，和对方变化同样的脚，一旦这个动作变得流畅又简单，高个子的人就开始轻轻地向右或向左转动自己的肩膀，然后再回到中间，另一个人跟着做，努力跟上对方的节奏和动作。

过一会儿，变换领导者。

一旦你们再次进入节奏，便开始转动肩膀，直到你们都开始失去平衡。"跟随者"需要将手放在领导者的手臂上，稍稍用力，来帮助彼此恢复平衡。这样做五次，然后变换领导者，再做五次。

结束后，坐下来谈谈身体上的同步是否会让你觉得和爱人的情感联结更紧密了。如果确实是这样，描述一下你的感受，这样对方就能理解你；如果没有，看看你是否能发现阻碍你们达到更和谐的状态的是什么。

实验 2

这个实验将探索你的共情水平和读懂伴侣意图的能力。

场景 A　想象一下，你想和你的伴侣谈谈你几个小时前参加的面试。你很担心，但对方似乎心不在焉。你开始谈论面试中发生的事情，而伴侣开始给你一些建议，说你在面试开始时应该做些什么来给人留下好印象。

你会说什么呢？

1. "也许你不想和我谈这个，那我们现在要不干脆别谈了？"
2. "我真的很担心我的表现，我只是需要一些安慰。"
3. "你一直在指出我的错误，你甚至没有在听我说话，你根本就没有听进去。"

在这三种可能的回答中，哪一种最能增进感情，最有可能引发伴侣的共鸣和充满爱的回应？

现在想象一下，无论你怎么回答，你的伴侣都说："哦，对不起。也许我没有真正理解你，你可能只是想让我支持你，这个面试真的很难。"

接下来你会说什么？

即使你的伴侣最初让你失望了，接下来你会对伴侣给出的关切做出积极的回应吗？和你的伴侣讨论一下，当他尝试修复你们断联的关系时，你觉得接受他所做的修复有多容易或有多困难？

场景 B　你的伴侣承认自己忘记了安排下周某个生意伙伴的拜访事宜，而这件事你已经强调过了。你的伴侣叹着气喃喃自语道："今天好像生活中的一切都出了问题，我好沮丧。"

你会说：

1. "这真让我担心。我本来指望你会说到做到的。但你看起来确实有点儿沮丧。也许你该开始去健身房了。你会感觉好些的。"

2. "约见商人是需要花费时间的，我认为你应该尽快打个电话。"

3. "你看起来有些难过。出什么问题了吗？你想聊聊吗？看起来你真的很沮丧。"

如果你不能给出最富共情力的回应——你明明知道哪一个是恰当的——反思一下，是什么让你难以做出合适的回应。

让我们假设你的镜像神经元被激活了。是你没有与神经元发送的信息产生情感联结吗？还是你被自己的感受所困而分散了注意力，无法专注于伴侣给出的情绪线索？是否有一种信念或判断，比如"无论你有什么感受，都要完成任务"妨碍了你？当你的伴侣在表达一种脆弱的感觉时，你是否感到焦虑或不确定该说什么？

没有人能一直富有共情力，但如果我们想要建立一种爱的联结，我们确实需要知道是什么阻碍了我们的共情，并需要学习如何调整情绪和更好地回应他人。

第 5 章

身体

> 性是运动的情绪。
>
> ——梅·韦斯特（Mae West）

谁会相信梅·韦斯特，这个以讲俏皮话和双关语而闻名的明星会道出性的真谛呢？正是情绪，或者说我们与另一个人的关系质量，定义了我们所拥有的性关系类型和从中获得的满足感，以及性生活对爱情关系产生的影响。实际上，依恋决定了我们在性生活内外的行为方式。

这是一个激进的观念。多年来，性一直是我们关于成人爱情的核心信念。这一信念始于弗洛伊德的理论，他认为我们在童年时期从异性父母的养育和拥抱中获得的身体快感是一种情欲纽带，这种纽带成为我们成年后爱情关系的模板。

后来的研究者，如阿尔弗雷德·金赛（Alfred Kinsey）、威廉·马斯特斯（William Masters）和弗吉尼亚·约翰逊（Virginia Johnson），通过对性体验、作用机制和生物学特性的研究，将性的意义推往了更深的层次。妇女解放运动无意中支持了这一观点，它宣布妇女有权像男人一样享受性生活，并从中获得同样多的快乐，而且避孕药也允许她们这样做，因为妇女可以摆脱对怀孕的恐惧。近年来，生物进化论者和心理学家将性放在了更加突出的位置，他们的理论认为，爱情只是一种大自然的把戏，是一种诱导我们进行性行为的方式，从而确保人类物种的延续。

因此，西方世界的人们开始相信性迷恋和爱是同义词，而性是成人爱情的本质。简单地说，性就是爱——好的性就是好的爱。今天，有些人痴迷于如何拥有更好的性和达到性高潮。一些两性杂志、图书以及成人用品公司提供的各种提升性生活质量的建议、方法和工具很好地证实了这一点。正如纽约大学医学院心理学家莱奥诺尔·蒂费尔（Leonore Tiefer）所暗示的那样，性似乎被描绘成一个类似于消化的过程，而不再是它本来的样子——一种互惠的舞蹈。

把性行为吹嘘得如此重要，已经扭曲了它在人际关系中的作用，这产生了有害的后果。那些对性的强调并没有拉近人与人之间的距离，而是将我们分离得越来越远。

可悲的事实是，我们一直在将性孤立出来，断章取义地理解它。的确，性是爱情关系的一个重要方面，但绝不是全部，更不是最终目的。对于像我这样的研究者来说，成人之爱包含了三个要素：性、关爱（关注和共情的融合）和依恋。最后一个要素是迄今为止最重要的，我们首先需要在情感上有所联结，然后才能在性上有所联结。

与伴侣亲近的自在程度和安全程度会导向有着不同做法和目标的性生活方式，甚至指导着我们的性幻想。我们的性生活可能只停留在肉体的感觉上，而与心灵、与情感生活相隔绝。我们也可能进行以获得情感安慰为主的性生活，侧重于安慰和缓解恐惧。或者，我们也可能拥有同步、亲密、与我们最深层的情感需求融为一体的性生活。

这个观点是我最近才想到的，尽管是在一个完全与之不相关的情境下。那是在周五晚上的米隆加舞会上，一个为跳阿根廷探戈的人准备的社交聚会。随着班多钮琴和小提琴的旋律响起，大厅里的男男女女走上了舞池，踏着舞步摇摆起来。我由于脚疼，所以坐在外围看着。我想起朋友们说过，探戈是一种非常性感的舞蹈，他们确实是对的。但究竟是什么让探戈如此性感呢？是舞伴亲密拥抱时紧紧相贴的头和身体？是腿和脚的爱抚和纠缠？还是让女人的腿似乎永远保持伸展的细高跟鞋？

是的，这些都是。但并不是所有的舞者都能给我们带来激情。究竟是为什么？是什么让一对舞者看起来勾人心魄、激情四射，而另一对却不是？我想出了一个小实验：当我的舞者朋友们（有业余舞者也有专业舞者）从我身边经过时，我会对他们的"火热"程度进行评级。我会先闭上眼睛，再随机地睁眼，然后给出现在我面前的那对舞者打分。

我看到的第一对舞者是新到镇上的，他们两人身材苗条，穿着时髦，男人穿着合身的西装和双色鞋，女人则穿着紧身红裙和四英寸⊖高的黑色绒面凉鞋。他们技巧娴熟，舞姿优雅。他旋转臀部，在她身边划出一道弧线，跳出了高超的莫里内特舞；她左脚旋转，右脚高高踢起，跳出了令人惊叹的波利奥舞。他们的表演令人印象深刻，但也仅仅是表演而已。他们是在为观众而舞，而不是为彼此而舞。我虽然钦佩他们的技艺，但无法被他们打动。

再次睁开眼时，一对穿着平常的年轻舞者映入了我的眼帘。舞者跟着节拍舞动，变换着重心，迈着复杂的舞步，但有一种尴尬的感觉。那个年轻女人似乎很紧张，她正在非常努力地跟上舞伴的脚步。当他伸出脚时，她犹豫了一下才跨过去，然后抬起头，好像在问："怎么样？"我在他们之间看不到激情。他们在表演舞步，努力地按照对方的要求去做，但并不是真正地在跳舞。

当我第三次睁开眼时，我看到我的一个朋友，穿着素色连衣裙和平底练习鞋，和一个穿着灰色T恤和蓝色牛仔裤的矮胖男士在跳舞。他们跳着缓慢而简单的舞步，但他们令我着迷。我无法把目光从他们身上移开，他们的舞蹈就好像在亲密地谈话。他转过肩膀，邀请她进入他所创造的空间；她接受了，他们相拥在一起，共同旋转。音乐慢了下来，他体贴地等着她转完圈，跨过他的脚，再投入他的怀抱。他用脚勾住她的脚，滑到她身后，然后她勾住他的脚，把它移了回去。他们在嬉闹！他们完全专注于彼此，品味着舞蹈的每一个步子和每一个瞬间。他们的动作简单、协调，且性感至极。

⊖　1英寸约等于2.54厘米。

性跟在联结之后

我们的文化支持这样一种观点,即性会带来情感依恋,它能创造出将伴侣联系在一起的纽带。简而言之,先性后爱。但由爱至性的变化其实更为重要。大量研究展示了三种依恋风格——安全型依恋、焦虑型依恋和回避型依恋——会如何影响我们的性动机、性表现和性满意度,以及性如何影响我们的爱情关系。

回避型依恋者,也就是说,对情感上的亲密和依赖他人感到不舒服的人,很有可能倾向于拥有我所说的"封闭式性关系"(sealed-off sex)。这种性关系的焦点是自己的感受。性是自我中心和自我肯定的,它是一种为了达到高潮和证明自己性技能的表演。封闭式性关系推崇技术,唾弃开放和脆弱的表露。这种性关系很少有前戏,比如亲吻或温柔地抚摸,事后也没有拥抱——一旦性行为结束,就什么也没有了。伴侣的感受被认为是微不足道的,而且很容易被忽视。

没有情感参与的快感是肤浅而短暂的,因此封闭式性关系需要通过持续不断的刺激来保持兴奋。新的技术和新的性伴侣能暂时增加兴奋度,但不断的"性试验"可能会导致不安全性行为的发生,并对不愿参与的伴侣施加强制性压力。

封闭式性关系在男性中更常见[詹姆斯·邦德(James Bond)是其中的典型]。40岁的健身教练亨利告诉我:"性和爱绝对是分开的。浪漫的爱情是一种骗局、一种幻象。"当我问及他的性生活时,他说他经常手淫。"这比和我妻子过性生活要容易多了。我很沮丧,因为她知道什么能让我兴奋,但她就是不会这么做。"他非常详细地介绍了那些能唤起他性欲和让他满足的动作。他补充说:"我想她还在对我出差时的艳遇感到生气。"

艾莉森是一位50岁出头的优雅职业女性,她告诉丈夫迈克尔:"我晚上很累,如若我们过性生活,我不想在事后有那么多的拥抱和亲吻。坦白地说,我不太享受它,我只想达到高潮,然后就去睡觉。"但后来她转向我说:"如果我们过性生活了,吵架就会更少。我们不会花很长时间在关系的讨论上,他总是想要在这种讨论里控制一切。所以性是有用的。但是你知道,它并不会真的有用。第二天,我们就回到了原样,我们的关系并没有真的得到改善。"

封闭式性关系是单向的,会让伴侣双方产生隔阂,逐渐侵蚀情感的纽带。最终,性关系本身也会变得不再那么令人满意。研究表明,封闭式性关系实际上降低了性唤起和性高潮的频率。在一段没有情感联结或无法融入情感音乐的舞蹈中,每个舞步都伴随着无聊和空虚。

相比之下,焦虑型依恋的人更倾向于"慰藉式性关系"(solace sex),也就是说,用性关系来证明他们被爱的程度。这其中有情感的投入,但最主要的感觉是焦虑。对于这类人来说,他们对拒绝的暗示表现出高度的警惕和敏感,性是他们被重视和被渴望的保证。对男性来说,通常是性行为本身带来了安慰;对女性来说,带来安慰的则是性生活前后的亲吻和拥抱。

55岁的里昂是一名很有能力的律师,他每天早晨和晚上都想和妻子乔琳过性生活。他解释说,他性欲强烈是因为他的睾丸激素水平特别高。不过,当他单独与我进行咨询时,他补充说,他总是很害怕妻子并不是真的爱或渴望他。尽管没有证据,但他还是执着地认为妻子可能在他们 30 年婚姻期间的某个时候有过婚外情。他说:"乔琳疏远了我。如果她更多地想要我,那么我们的婚姻就是好的,那样的话,我就可以'放心'了。"

当乔琳提醒里昂他们上周的性生活很棒时,他是认可的,但他立即固执地提及了此前的一周,当时她拒绝了他。他说:"我知道,在某种程度上,我是在逼迫她,而且要求有点儿苛刻了。但我只是想和她更亲近,更确定她对我的爱。当我们过性生活时,就像太阳出来了,我开始感到真正地被爱。但当她累了,不想过性生活时,我就忍不住认为这是因为我做错了什么,我所有的恐惧都加剧了。"和其他焦虑型依恋的人一样,里昂对任何指向其婚姻关系的威胁都如此敏感,以至于在性或其他方面一旦出现令人失望的迹象,他都倾向于得出灾难性的结论。

38 岁的克莱尔是一名身材娇小的高中教师,她坦承,当她的伴侣特里想要过性生活时,她从不拒绝。"我只是努力去取悦他。但我想我一直对性有自相矛盾的想法,真的。我很难放松下来,但我又喜欢那种亲密感,那种互相拥抱的感觉。浪漫是很重要的,在那一刻我才知道他是爱我的。你知道吗?我一直不确定他为什么觉得我有魅力,我不这么看自己。他问我在床上想要什么,但实际上我并不知道。我想要可以取悦他的东西。我担心自己对他来说还不够性感。"克莱尔正在考虑做一次眼部提拉和抽脂来提升她的外貌和吸引力。寻求容貌的改善在焦虑型依恋的女性中是相当普遍的。

对亲密和脆弱的基本舒适感影响着我们如何表达和体验性,这是完全合理的。我们天然要把安全放在第一位。如果我们必须不断地监控伴侣爱我们的程度，我们的注意力就会被分散，忽视美好性关系所需要的和谐与回应。我们无法保持灵活，协调自己的反应，也会失去领导或配合性关系的能力。

依恋的主要目标和视角也影响着人们私下的性幻想。我们可以在不安全型依恋者身上很清楚地看到这一点。以色列巴伊兰大学的心理学家古里特·伯恩鲍姆（Gurit Birnbaum）和她的同事们要求48对伴侣填写依恋问卷，并用日记记录他们21天的性想法和幻想。更焦虑型的男男女女幻想着他们的伴侣在性行为中非常深情，这反映了他们的性生活弥漫着对爱和承诺的渴望。极度焦虑的玛丽这样描述她的幻想："我和男朋友在一个僻静的海滩上，他告诉我他有多爱我，温柔地爱抚我，我感觉自己已经融化在他的怀抱里。我希望这永远不会结束。"那些更回避型的人则幻想自己或他人表现出疏远和有攻击性的行为。

在报告伴侣关系发生冲突或批评的日子里，焦虑型依恋的伴侣将自己描绘成受到羞辱和感到无助的人。然而，回避型的伴侣把自己描绘成冷漠、疏离、对他人带来的危险无动于衷的人。

当然，依恋风格也会对性行为影响我们关系的方式产生或好或坏的影响。这一点尤其重要，因为我们都不可避免经历性方面的挫败与失望，如何理解这些将在一定程度上定义我们与伴侣的整体关系。伯恩鲍姆的研究还考察了前一晚的性行为是如何影响关系行为和满意度的。

焦虑型依恋的人似乎放大了性行为的影响，无论其好坏。这符合凯特在我的办公室里对我说的话："即使真正好的性生活并不那么频繁，但当我拥有的时候，它也会暂时恢复我对关系的信心,我会相信他很爱我。然后我也会更有感情地投入。但如果过性生活令人生厌,或者他并没有真的兴奋——你知道的,如果我们都累了或有其他什么事——我就会变得很烦恼。之后的一整天我都会想着这个,感到很紧张。我会强迫他关注我,而我所有的担忧都是关于他并不是真的爱我,这一切最终通常是以争吵收场。"

另外,回避型依恋的人似乎抑制了身体亲密的效果。前一天的性生活和第二天对伴侣的态度是无关的,我在我的工作实践中看到了这一点。汤姆严厉批评他的妻子阿娜贝尔:"我不知道你为什么把周末过性生活看成一件大事。是的,它很棒,但那又怎样?这难道意味着我要一连几天都抱着你吗?有时候它不怎么样,我就忘了。性就只是性。"汤姆否认了性的依恋意义,并在这个过程中疏远了他的妻子。

焦虑型依恋者和回避型依恋者的性满足都会受到限制:焦虑型的伴侣专注于被爱,回避型的伴侣则决心保持距离。担心和分心不能带来丰富而充实的性关系。封闭式性关系往往充满情欲但空洞无物,而慰藉式性关系则令人舒畅但缺乏情趣。最令人满意和容易产生性高潮的性行为,我称之为"同步式性关系"(synchrony sex),发生在伴侣被彼此安全地依恋的时候。

一个安全的情感纽带以在性生活内外都能保持情感开放和相互回应为特征。这会带来更好的沟通和更投入、更专注的关注,进而带来更多的兴奋、愉悦和满足。这才是最有价值的性关系。

有安全感的伴侣能够表达他们的需求和偏好。但从电视屏幕和电影的画面中,你永远不会知道交流也是性关系的一部分。在屏幕中，美好的性关系几乎总是一种梦幻般的体验，伴侣从不说话，似乎本能地知道该做什么。但在现实世界中，美妙的性关系往往充满了喋喋不休和欢声笑语。

现在，许多研究都证明了这样一个事实，因为安全型依恋的伴侣会感受到与爱人之间的安全联结，所以他们可以充分享受丰富的性生活。被保护的感觉给予他们探索的自由和冒险的勇气。想想看，如果你相信你的伴侣会一直陪伴自己，那么你就会放松下来，而不用害怕尴尬或被拒绝。安全感会让人愿意尝试和冒险，并完全沉浸在性关系中。性关系变得更加自然、充满激情和令人愉快。

在修复关系的伴侣治疗的最后，伊丽莎白说："你知道，我不敢相信治疗给我们的性生活带来的改变，我甚至都没指望过会这样。我是一个特别害羞的人，但现在我特别信任彼得，我简直不敢相信自己会冒这么大的风险。"她咯咯地笑着，然后接着说，"他似乎一点儿也不介意。对我来说，能够这样做就好像打开了新世界的大门，也许我比想象中的自己更有激情！"

与没有安全感的伴侣不同，有安全感的伴侣往往对自己的身体吸引力、性吸引力和性技巧充满信心。研究表明，你越有安全感，你就越相信自己能控制性体验的质量——这取决于自身，而不是你的伴侣或在何时何地过性生活这样的因素。这种效能感会增强你的能力，并转化为更积极、更灵活的反应。

与人际关系的其他方面一样，依恋科学让我们清楚地了解到一段健康的性关系是怎样的。这为我们提供了一个方向。正如尤吉·贝拉（Yogi Berra）所说："如果你不知道自己要去哪里，你就会迷失在别的地方。"安全型依恋的人称,他们更喜欢在一段忠诚的关系中发生性关系,感情和爱的表达是他们性体验的关键部分。安全型依恋的人报告了更富激情、更加愉悦和双方主动的性关系。情感的开放性和表达爱的欲望与性生活的快感是相辅相成的。

性:胶水还是溶剂

在新的关系科学中,单向的因果关系已经过时了。所以,我们不能简单地认为依恋单方面塑造了性。事实上,它们是一个循环,其中一方加强或削弱了另一方。牢固的情感纽带会带来良好的性关系,而良好的性关系很快又会反过来加强情感纽带。反之亦然,薄弱的联结往往会导致令人不满意的性关系,而令人不满意的性关系也会反过来削弱情感联结。

这可能就是为什么在已建立的关系中,不幸福的伴侣会如此迅速地把性作为他们痛苦的主要成因。据华盛顿特区美国大学的性教育工作者巴里(Barry)和艾米丽·麦卡锡(Emily McCarthy)称,受困扰的伴侣将高达70%的痛苦归咎于性生活问题。相比之下,只有不到1/4的伴侣将他们的幸福归功于良好的性生活。对性的不满实际上只是一个风向标,是一种问题的表面迹象。而爱情关系中真正出现的问题是情感纽带的断裂。

对于更具有安全感的人来说,良好的性关系可以帮助他们克服轻微的失调谐甚至更严重的困难。情感基础、信任和安全感是日积月累建立起来的,是稳固的;同步式性关系也有助于黏合任何正在破碎边缘的亲密关系。没有安全感的人就没那么幸运了。

对于回避型依恋者来说，情感基础本就是不存在的，封闭式性关系也永远不允许被建立。而对焦虑型依恋者来说，他们感知到的情感基础是脆弱的。理想的慰藉式性关系可以帮助掩盖裂缝和嫌隙，使关系暂时保持稳定，但糟糕的慰藉式性关系只会扩大裂隙，直到整个爱情大厦坍塌。

当不同依恋风格相遇时

除了自慰以外，性生活总会涉及另一个有自己依恋风格的人。最容易破坏关系的互动发生在两个习惯于回避情感接触的人之间。性变成了一种毫无人情味的交易，一个讨价还价的过程。当我问这样的夫妇："你们平时过性生活吗？"他们的答案是："过的。我们安排好了，两周一次，在周日晚上 7 点。"在这种情况下，性生活只是在隔靴搔痒，并不会促进情感上的亲密，因为夫妻双方都只专注于满足自己的性需求。

其他的依恋风格组合只会稍微成功一点儿。例如，一个回避型依恋的男性和一个焦虑型依恋的女性。在研究中，回避型依恋的男性报告称，当他们的伴侣表现出更多的焦虑和需求时，他们反而会做得更少。当伴侣想要用更多的性生活来作为被爱的保证时，回避型依恋的男性变得比平时更加谨慎，甚至会逃得更远。结果就是夫妻双方的性生活更少，满意度也更低了。

两个焦虑型依恋的人在一起可能会有很多性行为，因为他们都试图减轻自己的恐惧。但他们也都被自己的担忧所禁锢，以至于双方都不能以对方想要的方式做出回应，最终他们反而不那么信任彼此，甚至更加怀疑对方是否还爱自己。她说："如果你爱我,你就会在和我过性生活的时候说些甜蜜的话。"他说:"我对自己过性生活时的表现感到很紧张,而且你可能会拒绝我,所以我什么也不敢说。"

当伴侣的需求互补时,性关系能最大限度地促进亲密关系。因此,两个安全型依恋的人就能很好地相互结合。一个安全型依恋的人和一个焦虑型依恋的人也可以。例如,彼得在一个有爱的农场大家庭中长大,在那里,动物交配和繁殖是很自然、很常见的。玛丽,一对年迈父母的独生女,是一个安静而害羞的年轻女人,性经验有限。两人在当地的一所社区大学相识,很快就坠入了爱河。彼得用他的自信和温暖给了玛丽一个安全的避风港,让她能够在性关系中尽情绽放。随着玛丽变得更加自信、更有安全感,她也给了彼得他所渴望的爱意和顽皮的性关系。认识到依恋会塑造我们的性行为,会改变我们对许多问题的看法。一旦我们理解了爱,这些问题的答案就变得清晰起来。

抛弃其他的一切?

今天,媒体、脱口秀节目和学术期刊都在热议我们是否有可能与一个人相守一生。大众的共识似乎是,尽管这是一个理想的目标(根据最近的一项调查,90%的美国青少年希望结婚并与同一配偶"至死不渝")但这似乎是不可能实现的。人们用悲观的统计数据证明了这一点:各种调查发现,近一半的美国婚姻以离婚告终,近一半的美国男性和女性都有出轨行为。

观察者们列举了无数说明长期实行一夫一妻制并不现实的理由。许多人际关系专家说,熟悉感会滋生厌倦。夏威夷大学的心理学家伊莱恩·哈特菲尔德（Elaine Hatfield）解释说："激情之爱能让人兴奋，但你不可能永远保持兴奋。"根据人类学家的研究，一夫多妻制在世界上的许多文化中曾经占主导地位。自然学家指出，一夫一妻制是违背自然规律的——只有7%的哺乳动物是一夫一妻制的。进化生物学家提出的理论则称，在人类中，男性天然具有传播他们基因的倾向，这是为了确保物种的生存。鉴于这一切，难道我们都应该变得成熟一点儿，接受滥交是自然现象，而浪漫爱情终有期限吗？

当然不是！我们可能不会注定只有一段持续终身的关系，但我们天生就是一夫一妻制。是的，没错，天生的一夫一妻制。每当我这么说时，我都会听到观众倒吸气的声音，但证据是确凿的：我们天生更喜欢与一个伴侣长期相伴并维持亲密联结。多配偶制和短期性行为并不是大多数人的选择，无论男女。

悲观主义者的观点是什么？如果我们仔细审视这些观点，就会发现它们并没有多少分量。实际上，50岁以下的人的离婚率正在下降（在美国以外的国家，比如加拿大，离婚率一直较低）。有关出轨的数据往往是基于不可靠的研究，而且被过分夸大了；可靠的研究表明，只有大约25%的男性和11%的女性实际上会有出轨行为。一夫多妻制存在于更原始的文化中，主要是因为男性很少，而且女性缺乏教育、平等和机会，无法独自养活自己和孩子。至于自然界，90%的鸟类都是一夫一妻制。虽然只有少数哺乳动物属于一夫一妻制，但一夫一妻制往往是那些必须投入时间和精力以确保后代和整个物种生存的哺乳动物的规则，其中包括加利福尼亚小鼠、侏儒狨猴、海狸、灰狼和人类。这些哺乳动物在生物学上都与互相依赖的伴侣紧密联结。

这些物种也会产生催产素，一种促进亲子关系和伴侣关系的神经递质和激素（见第4章）。在人类中，催产素的分泌会在情感联结增强的时刻激增，比如母乳喂养和性高潮时。最近的证据表明，我们的伴侣甚至不需要在场，就能刺激我们的大脑分泌大量的催产素，我们只需要想到伴侣，就会被催产素淹没。这种激素还能抑制压力化学物质的释放，让我们感到平静和幸福，进一步加强伴侣之间的联结。正如我之前所提到的，催产素常常被称为拥抱激素，但科学家们为它起了另一个名字：一夫一妻制分子。

对草原田鼠和山地田鼠的研究最清楚地证明了催产素在促进忠诚方面的作用。这两种小啮齿动物有一个主要的不同之处：草原田鼠的大脑中有催产素受体，而山地田鼠没有。山地田鼠伴侣在交配生下幼崽几天后就会抛弃幼崽，分道扬镳。相反，草原田鼠伴侣生儿育女后会和伴侣一辈子待在一起。当研究人员给这种忠实的啮齿动物注射催产素时，它们会疯狂地依偎在一起，不停地为对方梳理毛发。而当催产素被阻断时，这些忠诚的动物虽然会交配，但彼此之间不会产生情感联结，就像它们的山地田鼠表亲一样。

一系列实验为此提供了明显的证据。研究人员将一对交配过的草原田鼠放在笼子里，拴住雌性田鼠。然后，他们打开了一扇通往另一个笼子的门，一只陌生的雌鼠在那里窜来窜去。草原田鼠丈夫会不会跑去和隔壁的雌鼠玩耍呢？它没有。它一直陪伴着妻子。然后，研究人员给它注射了一种可以关闭大脑中催产素受体的化学物质——这只草原雄鼠变得和它的山地田鼠表亲一样无耻，不加选择地与情妇和原配交配。

最近的一项研究首次证明了催产素对男性的一夫一妻制效应。德国波恩大学的神经生物学家勒内·赫勒曼（René Hurlemann）和他的同事们给一组健康的男性使用了催产素鼻腔喷雾剂，45分钟后，他们把这些男性介绍给一位在房间里走动的陌生漂亮女性。每位男性都要告诉研究人员，什么时候他对这位女性的靠近感到不舒服，什么时候她处于理想的距离。众所周知，催产素能促进信任，研究人员预期所有男性允许女性靠近的距离是相同的。但事实并非如此，处于忠诚伴侣关系中的男性与女性的距离比单身男性要远10~15厘米！

由于催产素和性行为有关，人们天然地倾向于通过性来建立联结，并且倾向于建立长期的关系。催产素还有另一种支持忠诚的效果：它否定了"与同一个伴侣间的性关系会不可避免地变得乏味"的论点。事实上，在对可卡因成瘾的研究中，催产素已被证明会与大脑奖赏中心里的多巴胺受体相互作用，积极地阻止习惯化，避免快感减少。这似乎是进化的一种方式，以确保母婴和成年恋人发现他们之间的互动，包括性关系，会带来无限和持续性的回报。

当然，自然界中很少有绝对和完全一致的东西。催产素并不能保证性关系的专一性，所以即使是一夫一妻制的草原田鼠先生偶尔也会和另一位女士交配。但它会赶回家为伴侣梳理毛发、陪伴侣入睡并保护伴侣。我们是否应该认为这意味着偶尔的艳遇有其生物学上的合理性——它支持了"出轨并不意味着什么"的老论点？不，我们偶尔会被伴侣以外的人挑起性欲，但这并不意味着我们不适合一夫一妻制。我们比啮齿动物要复杂得多。

来自堪萨斯大学的心理学教授奥姆里·吉拉斯及其团队最近的研究进一步支持了人类将生理交配和情感纽带联系在一起的观点。在一项实验中，他让181名年龄在18~40岁之间的男女分别坐在电脑屏幕前，看20对描述家具的词，例如"桌子-电视"和"柜子-椅子"。表面上，他们的任务是：按下一个介于1~7之间的数字，表示这对家具的不同或相似程度。但在屏幕上出现每一个词对之前，都会有一个仅持续30毫秒或50毫秒的闪光，比眨眼还快，被试并没有意识到自己看到了这些闪光。这些潜意识闪光中有一半是中性的抽象图片，另一半则是色情图片，例如，给男性被试呈现一个裸体女人，给女性被试呈现一个裸体男人。

然后，吉拉斯让被试填写了一份调查问卷，询问他们在某些情况下通常会如何回应他们的伴侣。那些被潜移默化地"激发"了情欲的人更有可能选择与亲密相关的陈述（"我觉得我和我的伴侣非常亲近"）和解决冲突的积极方法（"我尝试与伴侣合作，找到一个我们双方都能接受的解决方案"）。男性被试还勾选了表明愿意做出牺牲的回应，例如，为了维持关系而放弃见家人或朋友，或放弃沉迷于业余爱好和娱乐活动。吉拉斯的结论是什么？即使是情欲，最轻微的简单性唤起，也会自动触发依恋或亲密反应。

这个事实，连同催产素，解释了为什么出轨、胡乱性交和多配偶制最终都行不通。出轨者可能会告诉他们的伴侣，"这不意味着什么，这只是性"，多配偶制的夫妇可能会为双方与其他人的交往设定界限和规则（"不许亲吻或拥抱，在规定时间之外不许见面"），但这样的保证和限制就像是在泰坦尼克号的甲板上移动椅子一样。在性关系中,很有可能会有这样一个时刻,双方开始在情感上产生联结——因为我们就是这样被安排好的。大自然设计了我们,身体上的亲密很容易也不可避免地转换成了情感联结和关怀。性将我们拉进了恋爱关系之中。

事实上,有些人之所以出轨和有外遇,并不是因为他们天生就倾向于拥有多个伴侣,而是因为他们与伴侣之间的纽带要么本就薄弱,要么已经恶化到无法忍受的地步,让他们感到孤独。他们不懂爱,也不知道如何修复爱。因此,在这个似乎把性作为关系的全部和终极目标大肆推销的西方世界里,他们感到困惑和迷茫,唯一显而易见的"解决办法"就是寻找新的伴侣,试图建立渴望已久的联系。

关于激情不可能经年累月地维持下去的观点呢?如果我们不知道如何经营有安全感的联结,或者只知道进行封闭、回避的性行为,那么这将是事实。如果仅仅把身体感觉和表现作为性关系的重点,就需要越来越多的新奇事物来维持双方的注意力,熟悉感自然就成了激情性关系的丧钟。然而,严谨的研究和调查表明,对于安全型依恋的伴侣来说,这种兴奋可以无限期地持续下去。这种兴奋不是初恋时的爆炸性欲望,而是一种因深刻了解某人而产生的更深层次的兴奋。当我询问我的来访者杰瑞(他的婚姻生活已经幸福地持续30年了)有关性生活方面的问题时,他回答说:"你是指'哦,天哪!这太有趣了,这表明她喜欢我,我们很有激情'的那种?就像刚开始恋爱时那样?还是指我们现在所拥有的真正融入对方——我称之为'灵魂交融'的那种?后者仍然充满激情,但这是一种完全不同的热度。这种性关系就像早晨的太阳一样温暖。"

安全型依恋的伴侣在整段关系中都有嬉闹和冒险的能力，最近的一项研究证实了这一点：芝加哥大学的研究人员对美国人的性生活进行了调查，发现男女的性满意度和兴奋度随着情感承诺和排他性的增加而增加。这一切使我想起了我的朋友玛丽，她跳探戈，而且最喜欢和结婚 30 年的丈夫一起跳。她告诉我："有时候我喜欢和其他舞伴一起跳舞，但马蒂和我有 30 年的合作经验。我们知道如何帮助彼此保持平衡，如何协调，如何嬉闹。和他一起跳舞是一种享受。他知道我是怎么跳舞的，而且和他在一起的感觉是其他社交舞伴无法企及的。"

如果你能全身心地投入其中，即使你的舞伴始终如一，你们跳的每一支舞也都是不同的。所以同样，即使伴侣不变，每一次的性生活也都是不同的。

女性和性欲

新科学和依恋视角也引发了我们对男女性行为看法的重大修正。当今一个巨大的性问题是性欲缺乏。大约 30% 的女性说她们即使是和一个忠诚的、有爱的伴侣在一起，也很少或根本没有性欲。相比之下，只有 15% 的男性表示自己没有性欲。研究表明，我们还没有理解女性欲望的本质以及女性性行为与男性有何巨大差异。

对男性来说，缺乏性欲几乎总是与疾病有关，比如心脏病或糖尿病。但对大多数女性来说，并没有明显的生理性解释。事实上，研究表明女性经常表现出生理上的兴奋——她们的阴道会充血并分泌天然的润滑剂——但这种兴奋从未浮现到意识层面，成为能够感觉到的欲望。这方面解释的匮乏让许多女性感到羞愧和内疚("我的脑子一定出了什么问题"),也让男性感到困惑和沮丧("我不知道怎么帮你""我能做什么")。

28岁的劳拉和30岁的安迪是一对住在纽约的新婚夫妇。虽然安迪总是迫不及待地想过性生活,但劳拉却几乎提不起热情,哪怕是一个月一次的性生活。两人都很痛苦,现在他们开始争吵了。"我去看医生,医生告诉我我有性方面的问题,"劳拉告诉我,"他说这对新婚女性来说是不正常的。如果我爱安迪,我就会经常对他产生这种强烈的欲望。我越为这一切感到羞愧和焦虑,就越不想和安迪交谈。他知道我十几岁的时候有过一些糟糕的性经历,但他说这件事现在应该过去了,是我自己出了问题。现在我越避免过性生活,安迪就越坚持,我们过性生活的时间就越短。"

这是怎么回事呢?多年来,我们一直用一个简单的模型来解释性功能和性功能障碍:性是以生殖器为中心,从欲望到性唤起到高潮再到满足的线性过程。这个模型确实适用于男性,对他们来说,性唤起主要是由视觉线索引发的生理体验。男性看到穿着高跟鞋和紧身短裙的女性,血液就会涌入阴茎。感受到勃起后,他就对自己说:"我被唤起了。我想过性生活。"但现在看来,这种模式在女性身上是完全错误的。对她们来说,性是一种更复杂的生理和情感体验。新的研究表明,安全感,是迄今为止尚未被意识到的产生性欲的必要条件之一。

奥姆里·吉拉斯和他的同事梅勒妮·坎特伯里(Melanie Canterberry)进行的一项令人兴奋的实验似乎确实证明了这一

点。他们对 20 名女大学生和 19 名男大学生进行了脑部扫描，要求他们看一系列抽象图片并评价他们对每张图片的喜欢程度。学生们还被告知，他们可能会下意识地或有意识地看到其他图片，其中一些图片可能是性感的。当暴露在性感的"启动"图片——异性的裸照前时，男性和女性的大脑都会噼啪作响。在潜意识层面上，男性和女性大脑中最活跃的部分只有一些非常微小的差异，但迄今为止最令人着迷的发现是：只有女性会在有意识和无意识看到性感图片时，都出现前额叶皮层及其他与判断和决策有关脑区的激活。

"女性的大脑对性暗示的反应明显不同——她们大脑的控制区域总是会对性暗示做出反应，"吉拉斯说，"她们似乎天生就倾向于将安全问题与情欲联系在一起。她们对安全问题如此在意，这是有道理的——性关系对她们来说风险更大。"性关系总是把女人置于一个非常脆弱的位置：她们比男人更娇小、更柔弱，她们必须克服由这种无助地位所引起的自然恐惧。她们似乎会不自觉地问自己："我对这个人有多放心？我能信任他吗？"

女性对怀孕也可能有一种天生的恐惧，因此往往更加警惕。吉拉斯指出："与男性相比，女性对潜在后代的生物性投资更多。"他认为，女性大脑中催产素受体比男性多的原因之一是她们需要更多能减少压力的化学物质："也许她们需要大量的催产素来消除恐惧，从而才能够唤起性欲和进行性生活。"

与男性相比，女性的性欲似乎更多地取决于关系的质量，而不是皮肤感觉的强度。"女性的性欲自然地与依恋和能作为避风港的爱情关系联系在一起，"吉拉斯说，"这有助于我们理解为什么女性，即使在避孕药和女权主义出现之后，仍然倾向于成为性关系的守门人，而让男性担任发起者。"

英属哥伦比亚大学的精神病学家罗斯玛丽·巴森（Rosemary Basson）提出了一种新的女性性行为模式，以取代旧有的线性生殖模式。女性性行为模式是一个反馈循环，包括关系满意度、情感亲密度和以前的性行为等因素，所有这些都会影响其性反应。"女性的感受在开始性生活时通常是中性的，"她观察到，"然后随着伴侣的性暗示而产生欲望和性唤起。她们的性行为往往是反应性的，而不是能动性的。它是对伴侣性兴趣的一种反应。"

意识到有关安全依恋的线索是女性性唤起的基础，这就为新的治疗方法开辟了道路。以往的医学疗法在这方面都失败了。例如，伟哥（Viagra）对女性的作用就不是很好，可能是因为它只增加了生殖器的血流量，而不是真正让人产生欲望。性欲低的女性似乎特别需要更多感官的、挑逗的前戏来巩固她们的安全感，并让她们意识到自己的欲望和性唤起。

对男性来说，这意味着他们要彻底改变对女性性欲的看法，调整自己的言语和肢体动作方式，让对方明显感觉到他们的渴望，而不仅仅是为了达到性高潮。这会让女性感到安心。凯里在一次治疗时告诉我："我想不明白，我读那些性生活技巧手册简直是浪费时间。她喜欢我跟她说话。我不想这么老套，但分享我的感受似乎能让她兴奋。这很神奇。我以前总是问她'你想乱来吗'，我不知道这对她来说是多大的打击。我希望她一开始就表现出热情。现在我明白了，她想要的是注视和耳语，然后让我慢慢地进入她的身体。这才是有效的！"他的妻子吉尔低声说着"当然"并笑了起来。吉尔说她并不总是需要高潮才能在性生活中感到满足。虽然这让凯里感到困惑，但这种情况并不罕见。

无论是否新婚，女性都比男性需要更长的时间来唤起性欲，她们需要先获得安全感并得到抚慰，这对于劳拉的丈夫安迪来说是一个全新的认识。他生活在对性痴迷却缺乏关系意识的文化中。在这里，回避式性关系被视为一种规范，甚至是一种理想范式。在我们的治疗中，当妻子没有按照他想要的方式回应他的性需求时，我帮助安迪停止对妻子进行批评和施压，并分享他自己的焦虑。当他这样做之后，也鼓励劳拉走出自己的壳，清楚地说出她想要什么，不想要什么，在过性生活前和过性生活时都是如此。"请不要按住我，也不要把舌头伸进我嘴里，"她对安迪说，"那会让我立刻警觉起来，我只想离开你。我首先需要你温柔地对我。"一旦她能够提出自己的需求，他们的性生活就会进行得很顺利。

尽管男性的性行为更为直接，但他们也需要情感上的亲密。在治疗中，他们告诉我，没有情感联结的性关系是"空虚的"，而有了情感上的亲密，性关系会变得更好。首先，他们可以分享他们对自己表现的担忧，并得到对方的安慰。事实上，近60%的男性在第一次服用伟哥后就停止使用了，这说明性关系是一种复杂的关系和情感体验。

所有这些都与我们在情绪聚焦治疗中的发现相符。当夫妻关系变得更加安全和令人满意时，即使我们不直接解决性问题，性生活也会自动得到改善。当出现具体的性问题时，我们仍然会从夫妻关系的质量入手。一个安全基地能为伴侣双方（尤其是女性）

创造安全感，从而能够让其拥有投入而富于灵活性的性生活。

今天的科学让我们对性有了新的认识：成熟的性行为源于对他人的安全依恋，并在这种依恋中蓬勃发展。正如演员彼得·乌斯蒂诺夫（Peter Ustinov）打趣的那样："性是一种通过其他方式进行的对话。"如果在性行为中没有对话，没有情感联结，那么后果将不堪设想。当我们把依恋和性关系结合在一起时，那是再好不过的了，这让爱情变得完美。

―――――――――――― **实验 1** ――――――――――――

著名的性研究者马斯特斯和约翰逊说，性行为有一个简单的生物学动机："对性高潮的天生冲动"。事实上，我们过性生活的理由有很多，而我们的依恋风格塑造了这些动机。

试着想象你自己过性生活的动机。假设你现在不是想要孩子，想象一下你最近几次主动提出过性生活或对挑逗做出回应的情形。

在1~10分的范围内，1分代表完全不正确，5分代表比较正确，10分代表完全正确，请评价这些因素在你性生活中的重要性。

我想要亲近我的爱人，感受和爱人的联结。
我想要得到抚摸和性关系带来的兴奋、刺激和快感。
我想要缓解紧张感，而性关系能帮助我释放压力。
我想让伴侣觉得我是特别的，想被对方关心。
我想表达自己的爱，让我的伴侣感到自己是特别的，是被关心的。
我想要让自己感觉良好，证明自己的性能力。

这些动机是最常见的。不过也许你会有并不在上述简易清单中的特殊过性生活理由。

山姆正在努力走出妻子出轨的阴影，他说："我想过性生活，因为这样我就知道她是我的了。就像我们约会的时候一样，她成了我的女人。就像我正在占有她。那样我才会觉得安全。"

与伴侣讨论你过性生活的动机。对双方来说，健康的性关系融合了上述的所有因素。如果你发现你和你的伴侣只关注某一个目标，或者你们有着不同的目标，请一起探索一下。

实验 2

安全的依恋能够让我们全身心地投入性关系中。要想考察自己的安全感情况，你可以安静地坐着，说出两三个你觉得自己真的被人爱着的瞬间，然后想象自己在性关系中感受到完全的安全、珍惜和接纳。

问问自己："当我有这样的感觉时，我会做什么或要求什么与平常的性生活不同的事？"另一种思考这个问题的方式是："如果我可以在情感上和身体上与爱人坦诚相对，我会做什么不同的事情？"用简要的句子陈述这个"发现"，并与你的伴侣分享。

L ove
Sense

| 第三部分 |

爱的行动

第 6 章

跨越时空的爱

> 爱不像石头一样一成不变,它是被制造出来的,就像面包;爱要不断被重塑,从而变得焕然一新。
>
> ——厄休拉·勒古恩(Ursula K. Le Guin)

拥抱、亲吻、转为平淡。除了极少数例外,大多数浪漫电影和电视上的约会真人秀的结尾都会出现欣喜若狂的拥抱(你看过《单身汉》或《单身女郎》吗)。这一刻暗示着这对情侣从此过上了幸福的生活。当然,这只是幻想。(电视上的"真爱"情侣通常在几个月内就会分手。)

我们普遍喜欢幻想把关系固定在最美好的时刻,但我们更清楚,关系不是静态、冻结在时间里的;它们是活生生的有机体,日复一日、年复一年地对外界和内在的动力做出反应。

关系会不断经历考验。我们非常清楚意外(例如疾病)或故意的伤人行为（例如不忠）所带来的考验。但较少被认识到的是，即使是人们最渴望和最期待的事件，也会带来深刻的挑战。一项革命性的新研究告诉我们，长期的关系会经历不同的阶段——一个启动阶段和三个主要的后续阶段，而在每个阶段中，都会出现关键的转变，这些转变会动摇每一对夫妻，即使是关系最稳固、最平静的夫妻也不例外。

每段关系的前奏都是我所说的"迷恋"阶段，在这一阶段，两个人开始迷恋对方，并且这种迷恋逐渐加深。当两个人之间的互动转变为更明确的依赖和承诺时，他们就进入了关系的第一阶段，我称之为正式结合。这通常发生在约会一到两年之间。第二个阶段是为人父母，主要是围绕着夫妻双方第一个孩子的出现。这对女性来说是一个特别艰难的时期，她们中的许多人会变得非常不开心，甚至出现产后抑郁症。通常当最后一个孩子准备离开家时，夫妻就进入了第三个阶段——成熟之爱。另一个压力因素，夫妻中一方的退休，可能同时或稍后出现。

这些都是关键的过渡时期，随着新挑战和不同需求的出现，夫妻的生活发生了巨大且不可预测的变化。平坦、熟悉的道路突然变得崎岖和陌生。夫妻可能会体验到强烈的喜悦、自豪和兴奋，但同时也会面临巨大的压力和不确定性。夫妻在这种时候往往会动摇。通常的解释是，生活转变带来的压力普遍太过沉重，但这其中还包含了许多人过去尚未了解的原因。

这些关系的转变实际上是潜在的联结危机，我们对联结的需求以及联结的本质是核心问题。夫妻间的情感平衡发生了动摇，伴侣间的信心和信任经常受到彼此的质疑。在这种时候，关系必须重塑和更新,否则它可能经受不住变化后的现实和对彼此的新预期,在重压下破裂。我们越了解这些阶段和转折点,以及由此产生的关系需求,就越有能力应对它们。

迷恋

在爱情的最初阶段,会有迷恋和执念。我们倾向于认为这完全是性欲的结果,但从一开始,其实就有情感的渴望。正如得克萨斯大学奥斯汀分校的心理学家保罗·伊斯特威克(Paul Eastwick)所说,激情的最佳定义是性联结和依恋渴望的结合。

一段刚刚萌芽的恋情充满了紧张和焦虑。我们会低声问自己:"这个人爱我吗?我会被拒绝吗?"渴望和不安促使我们去冒险,去接触,去靠近。当我们从对方那里得到积极的回应时,我们的焦虑得到了缓解,渐渐地,他变成了约翰·鲍尔比所说的"不可替代之人"。从感到焦虑和脆弱,到发现另一个人能够且会做出回应的过程,就是爱的基本组成部分。

在电影中,主人公往往在初见时互相看不惯,但一旦他们一起杀了几条龙,在彼此身上找到了安慰和保护,就会意识到他们相爱了。弗吉尼亚大学夏洛茨维尔分校的心理学家莱恩·贝克斯(Lane Beckes)发现,事实上,任何形式的威胁都会自动开启依恋系统,唤起我们对安慰的需求,并使可能提供这种安慰的人变得更具吸引力。贝克斯评估了48名学生的依恋安全水平,然后要求他们在电脑屏幕上观看四个有男女微笑面孔的简短片段,这些片段与中性物体(如擀面杖)或令人不安的图片(如一条引人注目的蛇)配对,并以学生们无法意识到的速度闪过。然后,学生们需要在屏幕上闪烁的字母能组成一个单词时按键。

研究人员发现，学生们在看到蛇的形象后，更容易辨认出与依恋相关的词，如抚育、安慰和信任。此外，那些被评估为缺乏安全感的学生更善于识别拒绝和脆弱等词。在看到可怕的图片后，学生们会认为人脸图片更有吸引力、更温暖、更讨人喜欢。

焦虑和威胁会自动唤起我们对安慰的需求，并促使我们在他人身上寻找安全感。如果在脆弱的时刻有人在身边，我们就会开始建立联结，此后我们共同面对的每一次风险都会加强联结感。

正式关系

当一方开始问"你会一直在我身边吗"却得不到明确的答案时，许多情侣就分手了。接受你正在进行一场偶然的爱情冒险是一回事，面对另一个人抓住了你的心是另一回事。之后你会怀疑自己能在多大程度上真正依赖那个人，对方又有多么忠诚。许多情侣都希望能够做出明确的承诺，而这种承诺往往是以结婚的意愿为形式的。

但是，正式缔结婚约真的是如此重大的转变，如此感人的事件吗？许多人可能会觉得这是一个愚蠢的问题，因为如今有如此多的夫妻在婚前同居。如今，约41%的美国夫妻在婚前同居，而1980年这一比例仅为16%。那么，正式婚礼之后会有多大的变化呢？研究人员发现，变化很大。

同居生活可能会让你完全了解一个人的日常习惯和好恶——他会把脏衣服扔在地板上还是篮子里，她想睡在床的左边还是右边——但这往往无法建立起完整的情感联结。这就像在跳水板上蹦蹦跳跳，却没有一头扎进去。此外，同居似乎有后遗症。数据显示，同居过的夫妻更容易对婚姻不满，也更容易离婚。为什么会出现这种情况尚不清楚，但可能是因为同居的夫妻对婚姻有更多的保留意见，对长期承诺有更多的矛盾心理。

婚姻可以通过两种方式实现全面的情感承诺：它正式将依恋从父母转移到伴侣身上；缓解对依恋的焦虑，为长期关系纽带的发展奠定基础。正如一位同事对我说的："站在所有亲密的家人和朋友面前，为彼此戴上戒指，就是宣誓你要成为这个人的爱人和家人。"

对于几乎所有的新人来说，婚姻的最初几个月都是情绪摇摆不定的。婚礼本身往往就像坐过山车，时高时低。新娘沉浸在市场营销人员巧妙标榜的"一生中最重要的一天"的准备工作中——寻找礼服和场地，选择伴娘和她们的礼服，订购食物和蛋糕。这还是在父母、亲戚和朋友的情感需求纷至沓来之前需要做的事。留给新郎的精力所剩无几。新郎常常会觉得自己被推到一边，被忽视了，只是婚礼的附注。电视剧《人人都爱雷蒙德》(*Everybody Loves Raymond*)中有一集完美地捕捉到了这种感觉，黛布拉在订婚时拿出了一本几英寸厚的相簿，这是她从12岁起就开始准备的婚礼策划书。"但你直到22岁才遇到我。"雷震惊地说。黛布拉说："嗯，你是最后一块拼图。"

一旦剧烈的动荡过去，夫妻间的情感就会发生更微妙但更可怕的变化。在20世纪，维系婚姻的规则是相当明确的。丈夫是养家糊口的人，妻子是家庭主妇。我记得奶奶在我很小的时候就告诉我，长大后我必须告诉男人他有多聪明，并把家里收拾得干干净净，知道怎么做好吃的牛排。"但我想要冒险，"我回答，"我不想把屋子收拾得干干净净，我也不喜欢牛排。"我没有学会做牛排，但我确实学会了告诉男人他很聪明，我也结了婚，也许是因为规则变了！

我们往往会忘记人们对婚姻的期望已经发生了多大的变化。不久前，婚姻还被认为是一种旨在加强防御、保护财富和实现经济安全的联盟。现在，婚姻主要被视为一种情感冒险，一种建立特殊纽带的承诺。事实上，根据华盛顿皮尤研究中心的一项调查，在美国，"情感支持"和"情谊"已取代养家糊口成为婚姻的核心动机。

因此，任何扰乱情感关系的因素都是很重要的。奥马哈克赖顿大学婚姻与家庭中心 2000 年的一项调查发现，现代新婚夫妇反映的首要问题是平衡工作与家庭，其次是性生活的频率。然而，研究表明，尽管婚后最初几年伴侣对婚姻关系的满意度会有所下降，但安全感会增加。伴侣们不再那么担心被抛弃，而是更愿意依赖配偶。

29 岁的塞缪尔已经结婚 3 年了，他承认："现在的生活并不像我们约会时那样充满玫瑰和钟声。我们比以前分居时吵得更凶，有时我们对丈夫或妻子应该做什么有不同的看法。但对我来说，我比以往任何时候都更清楚她是我想要相伴终身的人，即使我们正面临一些问题，我也相信我们可以一起克服。她是我的妻子。我们彼此依靠。我们现在只是经历了一段艰难的时期。"

印第安纳州波尔州立大学心理学家斯科特·霍尔（Scott

Hall）的一项研究表明，新婚夫妻更加包容。他们倾向于将问题和焦虑最小化，并用"他不是故意那么说的"或"也许我太敏感了"等说法为苛刻的言行开脱。这些夫妻会把注意力集中在新环境的积极方面。

许多研究的一个共同发现是，越是缺乏安全感的人，重要关系往往持续得越短，离婚的可能性也越大。这与得克萨斯大学教授泰德·休斯顿（Ted Huston）对结婚5年的夫妻进行的具有里程碑意义的研究不谋而合。他发现，预测婚姻破裂的最重要因素不是冲突的数量，而是夫妻间情感回应的缺乏。情感回应是安全型依恋的典型表现。

父母阶段

当两个人变成三个人时，来自情感上的冲击会更大。自20世纪80年代以来进行的大量研究表明，当第一个孩子出生时，夫妻关系的质量会急剧下降。2007年，华盛顿大学西雅图分校的心理学家约翰·戈特曼（John Gottman）对130个新家庭进行的研究发现，在孩子出生后的三年里，2/3的夫妻对婚姻的满意度大幅下降。

这是为什么呢？对于夫妻双方来说，钱少了，睡眠少了，任务多了，在如何养育子女的问题上的冲突也多了：新妈妈和新爸爸的争吵次数是没有孩子的夫妻的8倍。父母突然发现自己的角色发生了转变。男性可能会开始觉得自己要为扩大后的家庭承担巨大的经济责任，并因此投入工作。根据巴尔的摩大学人口、性别和社会不平等研究中心的研究，女性成了婴儿的主要照顾者，且发现自己的家务负担增加了两倍。新爸爸们说:"我必须升职。"他们在办公室投入更多的时间,而此时他们的妻子却要求他们:"我需要你五点钟回家给我换班。全职在家带孩子我都快疯了。"而且外援也没有了。过去,夫妻俩住在亲戚家附近,而现在他们往往住在州外。爷爷和奶奶只是偶尔来访,而不是随时待命。

新手父母很快就会感到彼此孤立。夫妻关系满意度的最大下降似乎发生在第一个孩子出生后一年左右。伴侣们发现,他们几乎没有精力投入到亲密关系和性生活中。他们不同步。新妈妈们似乎满足于每隔几周进行一次性生活,而新爸爸们则希望一周三次。这其中部分可能是女性激素波动的结果;在哺乳期,催产素激增,使母亲和孩子结合在一起,而睾丸激素和其他激发欲望的激素则急剧下降。

35岁的特里是一名餐厅经理,非常想当爸爸,但是他现在对妻子陈说:"听着,我很难开口,因为我觉得自己很窝囊,但你迷恋上了孩子!我也爱孩子,但你每天都用好几个小时哺乳和依偎他。我们在性生活中的那种亲密感已经消失了;对你来说,性好像成了一件苦差事。我不禁觉得自己被冷落了,有种被剥夺的感觉。也许这很荒唐,但我看着我兄弟的婚姻在孩子出生后分崩离析,我发现自己正在变得焦虑和怨恨。我不希望我们也这样。我在工作上也更加努力了,因为我突然觉得自己是家庭的支柱。我不想给你压力。你是个好妈妈。"

据皮尤研究中心报道,现在多数人都了解为人父母的压力,只有约40%的美国人认为孩子对成功的婚姻至关重要。有孩子的夫妻在婚后头7年离婚的概率要高于无孩子的夫妻。

婴儿出生后，婚姻满意度的下降幅度大约是20世纪60年代和70年代新手父母的两倍，这反映了情感联结的新中心地位。时间和亲密关系的丧失更令人担忧了，因为它们如今更受重视。人们不再期望对方仅仅是可靠的队友，还必须是亲密的、充满爱的灵魂伴侣。

"你以为当父母就是一个月换一次尿布，"辛迪指责丹说，"你把所有事都丢给我，当我筋疲力尽时，你却想要过性生活。"

"你说得对，"丹回答，"作为父亲，我可能做得还不够，但我仍在纠结我们是如何改变的。现在还能有'我们'吗？"

依恋的作用

在婴儿出生后遇到困难的新手父母，往往是那些在建立安全型依恋方面本就存在困难的父母。杰克和内奥米从一开始就很挣扎。内奥米是个焦虑的依恋者，她的第一段婚姻饱受虐待，不愿意相信任何后来的爱人。她坚持要杰克证明他的爱，搬到遥远的地方和她在一起。经过一番争论，他同意了，但随后又投入到工作中，试图重新获得曾被迫放弃的成功。

他们之间的隔阂在产房里显现出来。医生、助产师和催乳师陪同在内奥米身边。在宫缩的过程中，她对杰克说："我想让你过来搂着我。"杰克转过身去，一口回绝："不。"内奥米感到自己完全被抛弃了。"我觉得自己被取代了，"杰克解释道，"有那么多人照顾她。我觉得自己是多余的、无能的、没必要的。我知道无论我做什么都是错的，我只会碍事而已。我想我被吓到了——生产并不顺利，我什么也做不了。"

杰克和内奥米的孤独感和被排斥感并没有减轻。三年后，他们仍在为产房里发生的事情争吵，也在为此后发生的事情争吵。有一次，内奥米非常担心她刚出生的儿子因呕吐过多而生病。杰克在互联网上搜索了相关信息，并向她提供了一些统计数据，这些数据显示这种情况在婴儿中很常见。他说她的焦虑"荒谬"，但她并不放心。他们之间的距离扩大了，冲突升级了。

如果这对夫妻在成为父母之前建立了安全型依恋，他们就能更好地治愈最初的伤害，并容忍彼此以不同的方式处理与婴儿有关的焦虑以及杰克的冷淡。当人们面临挑战时，不安全型依恋的影响总是变得更加明显。

回避型依恋的父母很可能一开始就对为人父母感到矛盾。他们往往不是主动选择成为父母的，而是为了安抚伴侣才同意这样做，或者是因为避孕失败或没有避孕。当照顾孩子影响到他们的个人兴趣和活动时，他们会感到不满和沮丧。他们的抱怨并不是因为伴侣缺乏支持——在大多数情况下，他们都会忽视自己对支持的需求——而是因为自己的烦躁和不适。卡尔抗议说："我以前每天都去健身房。现在我却足不出户。"

西尔维娅抱怨说："以前，我们会在周日出去吃早午餐，或者一时兴起和朋友去看电影，现在我们总是带着孩子在公园散步。我们只有在计划周密的情况下才能见朋友，也就是说几乎根本不可能。"

正如数百项关于父母与婴儿互动的研究所表明的，回避型的人对伴侣的支持和回应都较少，对孩子也是如此。脆弱的亲子关系会让夫妻在过渡期变得特别困难，也会让父母的养育方式变得不那么有效，从而对成长中的孩子产生不利影响。

安全型依恋的夫妻在生活转型期也难免遇到困难。他们会因为挑战而感到不知所措，错过彼此寻求帮助和安慰的信号，陷入消极的循环，例如，习惯性地责备，然后防御性地退缩。但是，当伴侣的情感反应不可避免地降低时，他们能够更好地容忍彼此并从这种情况中恢复过来。他们相信伴侣的爱，相信伴侣有能力在机会来临时重新建立联系。他们甚至会创造机会。约翰·戈特曼把这种灵活的伴侣称为向父母过渡的"大师级夫妻"。

比如，辛迪听到丹说他需要她的关心。她告诉他，如果他能安排每周有几天提前回家照顾孩子，她就可以不洗衣服，而是睡个午觉。这样，孩子睡着后，她已经休息好，精神饱满，两个人就可以一起享受晚餐和聊天了。

产后抑郁症

伴侣关系问题在多大程度上与新妈妈临床抑郁症的增加有关？据估计，7%~15%的女性会患上产后抑郁症，30%~50%的女性会感到不那么严重但仍然令人痛苦的"忧郁"。35岁的莎拉告诉我："我这辈子从来没有这么不知所措。我很害怕不能成为一个完美的母亲，我太累了，而各种要求又无时无刻不在向我逼近。格里似乎并不理解。就在我需要感到真正亲近的时候，却感觉与他更加疏远了。"

传统上，新妈妈的抑郁症被认为是生育和分娩过程中激素发生强烈变化的结果，即纯粹的生理医学问题。直到最近，研究人员才开始考虑伴侣间的依恋关系的影响。约翰·鲍尔比本人曾指出，不确定性和压力会让我们更需要"像安全避风港一样、有安全基地的关系"，而感觉到被抛弃和拒绝，甚至在最需要的时候没能得到安慰和支持，自然会产生抑郁和绝望。

我们现在有确凿的证据表明，尽管激素的变化可能会起到一定作用，但关系的焦虑和痛苦加深和延续了抑郁症。对于焦虑型依恋的女性来说尤其如此，她们往往对伴侣的行为高度敏感，因此更容易认为自己的支持需求没有得到满足。与回避型或安全型依恋的同龄人相比，她们报告的痛苦和愤怒更多，产后抑郁症的发病概率也更高。研究表明，其中许多女性在怀孕和成为母亲之前也可能患有抑郁症。此外，焦虑的女性认为自己能力较差，这也影响了她们适应母亲这个新角色的能力。

在婴儿出生后，高度回避的女性比焦虑的女性更少患抑郁症。她们往往不喜欢照顾孩子，因此作为母亲更加疏离。与其他依恋类型的母亲相比，她们赞同更严厉的管教方法，并期望孩子更早地独立。

当"忧郁"或"抑郁"袭来时，那些与伴侣关系牢固的女性表现最好。她们在直接寻求支持和关爱时不会那么犹豫，而且恢复得更快。即使在抑郁的时候，这些母亲也能有效而敏感地养育孩子。加州大学伯克利分校的心理学家卡洛琳·考恩（Carolyn Cowan）和菲利普·考恩（Philip Cowan）对 96 对夫妻从怀孕到孩子上幼儿园及之后的整个过程进行了追踪研究。结果发现，只有当母亲感到自己的婚姻也岌岌可危时，抑郁症才会严重影响她对孩子的热情和回应能力。安全的亲子关系能在压力引发负面情绪时，保护我们和我们的后代免受影响。

婴儿出生后的抑郁不仅发生在女性身上，男性也会经历，不过这种情况较少被人发现。这可能是因为它在男性中的出现延迟了。女性几乎会即刻陷入忧郁，而男性通常在两到三年后发病。与女性不同的是，男性不会经历激素波动，他们体验到的完全是一种情绪问题。研究人员现在将其与夫妻关系中的痛苦联系起来。这就形成了一个有害的反馈回路：脆弱的联结导致冲突，冲突又导致抑郁，抑郁进一步削弱了联结，如此循环往复。

治疗通常集中在父母中的一人身上，通常是母亲，但新的研究表明，伴侣治疗更有效。英属哥伦比亚大学精神病学和产科学系临床教授谢拉·米斯里（Shaila Misri）对29对夫妻进行了研究，其中的新妈妈都被诊断出产后抑郁症。一半的母亲单独与咨询师进行了四次会面，讨论如何应对新生儿的问题。另一半母亲则与孩子的父亲一起参加治疗。在那里，他们被鼓励讨论如何照顾婴儿和处理家务，以及如何就这些问题相互交流。在干预结束时，母亲单独参加治疗的夫妻对关系的满意度有所下降。相比之下，"在一起"组的幸福感有所提高，母亲的抑郁症状（如哭泣和过度敏感）也有所减轻。

心理学家约翰·戈特曼和茱莉·戈特曼（Julie Gottman）开发的另一个项目"把宝宝带回家"也取得了类似的结果。在为期两天的课程中，夫妻双方会进行沟通练习，并观看演示如何照顾婴儿和与婴儿玩耍的视频。与没有参加该课程的夫妻相比，参加该课程的夫妻对他们的关系更加满意，抑郁的迹象也更少。

加强伴侣之间的联结是轻松向为人父母过渡的最佳方式。安全型依恋的关系不仅能让伴侣感到安全，还能让他们对各自的能力充满信心。当我们的关系和生活进入一个新阶段时，这种信心对于提高我们的应对能力非常有效。

在我们的最后一次咨询中，伊莱恩告诉她的丈夫马克："我习惯了在工作中对自己充满自信。但突然间，当乔伊出生时，我一点儿信心都没有了。当他不睡觉时，我感到不知所措，而且很难安抚他。我不知道该怎么做——对这个所有女人都应该熟记于心的事情。我不是个合格的母亲，但你给了我情感上的支持。你没告诉我该怎么做。你告诉我，你知道这一切有多累人，你有时也不知道如何做一个好父亲。最重要的是，你告诉我，你认为我是一个伟大的母亲。你感谢我在乔伊不肯好好喝奶的时候，还那么努力地想办法安慰他，你为能娶到我并让我成为你儿子的母亲而感到幸运。你告诉我，你知道我能做到，我们会一起想办法。这句话改变了我的一切。当我一个人在家，筋疲力尽，还要面对哭泣的乔伊时，我就会想起你说的这句话。"

当然，这不仅会影响双方关系的质量。一对夫妻如何处理成为父母的问题，如何作为一个提供照料的团队发挥作用，不可避免地会影响到子女的情绪和心理健康。易怒和退缩都是抑郁症的表现，它们会威胁到孩子的安全感。抑郁症，尤其是母亲的抑郁症，是儿童和青少年出现情绪和心理问题最有力的预测因素之一。因此，一对夫妻如何度过为人父母的转变期，影响着我们的后代和整个社会。事实上，在许多其他具体方面也是如此，浪漫关系的力量影响着我们所有人。

成熟的爱

随着年龄的增长，我们的关系必须适应各种严峻的挑战：子女离家、配偶的退休和年老体衰。一个更安全的联结能提高我们应对这些转变的能力，并更新和发展我们的关系。

空巢

当然，孩子们最终会离开家。对有些父母来说，这种转变是无痛的，甚至是积极的。他们可以把这种转变当作第二次蜜月的开始，一个庆祝他们感情的机会。玛尔塔和肯得知他们的最后一个孩子选择到一个遥远的城市去做他的第一份工作，感到很伤心，但他们认为这是一个审视他们关系的机会，甚至计划在路边的教堂里重温他们的誓言，他们 30 年前就是在那里结婚的。

但对其他人来说，进入这个阶段的爱情充满了悲伤、失落、抑郁和婚姻冲突，以至于许多夫妻最终离婚。空巢综合征，就像它的名字一样，通常被归因于父母（通常是母亲）对后代的过度投入和过度参与。然而，依恋的视角揭示了一种新的解释：孩子们飞出了爱巢，暴露出伴侣之间巨大的情感鸿沟。

对于许多夫妻来说，孩子是他们婚姻中跨越依恋深渊的桥梁。多年来，他们共同养育孩子，但在其他方面并无太多交集。一旦孩子的缓冲作用消失，他们之间缺乏联结的问题就会变得明显而不可避免。他们发现自己无法向对方寻求支持，以应对失去养育孩子的角色和与孩子的日常亲密关系。他们不是彼此的避风港。

54 岁的卡莉正在考虑与结婚 30 年的丈夫分居。"从一开始,我们就有很多问题,"她说,"我总觉得自己不如弗兰克,所以我会躲起来,退缩。但当我们有了孩子后,我们才真正走到了一起。我们是一个很棒的团队,我想这就是我们亲密无间的基础。我们是 24 小时的父母。"

"我把母亲这一角色放在首位,但后来我们最小的孩子去上大学了,突然间我不知道该怎么办,也不知道该对弗兰克说什么。我们之间的关系空荡荡的。我感到非常孤独,我意识到我是多么依赖与孩子们的亲密关系,"卡莉向她的丈夫寻求帮助,希望他能帮她解决这种身份和联系的缺失,但他毫无反应,"我需要倾诉。我需要他的帮助,但他离开了,回到了他的事业中。然后我就很生气。"

像卡莉这样的女性不仅在孩子身上寄托了情感,以弥补从配偶身上得不到的滋养,她们还常常刻意压抑自己的痛苦,以便为孩子维持家庭的完整。经过多年的压抑,当最后一个孩子离开时,她们就会爆发。即使在最好的时候,为了孩子勉强在一起也是很难的,一旦孩子离开了,维系关系就不可能了。

配偶之间建立了安全的联结,就不会受到失去养育子女角色的威胁,也就能更好地应对失去养育子女角色的情况。他们能够寻求伴侣的支持,并对伴侣的需求做出回应。他们可以作为夫妻共同经历这一转变。对他们来说,这一时期不仅是确认他们之间的联结的机会,也将他们的联结作为一个安全基地,在此基础上让他们有机会投入新生活,培养自己的新兴趣。

53 岁的克莱尔是 3 个儿子的母亲,她很有魅力,但很害羞,她的丈夫西蒙 55 岁，是一名忙碌的律师。孩子们都有学习障碍，克莱尔让他们在家里接受教育。她最小的儿子托德最近去海军服役了。父亲西蒙欣喜若狂。对他来说，这件事标志着作为父母的成功和新的自由，但他担心托德的离开会影响到他的妻子。在我的办公室里，他们讨论了正在发生的事情。

西　　蒙："我很担心你。你整天闷闷不乐，在不需要整理的时候收拾房子。我不知道你怎么了，但你似乎很疏远我，我们似乎不能分享或拥抱。我想帮你应对孩子们的离开。这一定很艰难。我觉得你应该开始去健身房。我想帮你。"

克莱尔："我不想去健身房，我很好。（她听起来很生气，所以我询问了她的感受。）我想我没事。我有很多矛盾的感觉，我一直期待着不再做一个事必躬亲的妈妈，但现在这个时刻来了，我又觉得很失落。而你（她指着西蒙）一直试图管理我，让我振作起来，告诉我一切都很好，我们现在可以去旅行了。每个人都跟我说托德进了海军，我的孩子们都有所成就，我应该感到很高兴。也许我应该这样。所以我保持沉默。"

我问西蒙对克莱尔的沉默有何感想。

西　　蒙："我不喜欢你的安静。你想念孩子们，但我想念我的妻子。我想你。我不知道你到底怎么了。所以我建议你去健身房。你却对我很恼火。已经好几周了。你在哪里，克莱尔？你去哪儿了？"

克莱尔："（她一边笑一边哭。）我只是需要伤心一下，而我的感觉是，你听不到，因为终于只有我们俩了，你能松一口气了。所以我就自己一个人伤心去了。我喜欢当妈妈，即使很辛苦。（她哭了。）现在他们不需要我了，这让我很难过，我知道我还可以做别的事，翻过新的一页，但现在……"

西　蒙："（他向前倾，露出柔软的表情。）亲爱的，你是个好妈妈。你的孩子总是会向你求助。我很欣慰，我也很想念他们。我不想让你感到悲伤。这让我很担心。"

克莱尔："我想我只是需要你的安慰和一些时间。我不能转身就重新开始我的生活。我在这里感觉有点儿生疏。我不知道自己现在想成为什么样的人。我需要有人帮我排解悲伤。我不能装作什么都没发生过。"

西　蒙："（他伸手去握她的手。）我会帮忙的。无论你需要什么。如果'去健身房'的想法不对，请原谅我。我只是想帮忙。我想你需要在这里悲伤一下。我会在这里。（长时间的沉默之后。）我希望有一天你会愿意接受就我们夫妻两个一起生活，并为此感到幸福。你觉得呢？"

克莱尔："（她笑了。）哦，是的。你不必担心。我们会没事的。"

她看着我。我感觉到她对我的沉默感到奇怪。我告诉她，他们根本不需要我。他们可以互相帮助，找到自己的位置，一起迈向新的舞步。

几个月后,克莱尔回到学校兼职,并开始学习摄影,以便在她和西蒙计划的旅行中拍照。她告诉我,她又爱上了27年前与她结婚的那个男人,这很奇怪,但很好。

退休

披头士乐队的歌曲《当我64岁时》强调了我们现在才开始了解的另一种转变:变老。现今,我们的预期寿命延长了:我们中的许多人将活到80多岁甚至90多岁,有些人将活到100岁或更长。在这些年里,我们都需要爱和被爱。

传统上,研究人员认为婚姻满意度呈U形曲线:起初较高,在养育子女的岁月里有所下降,一旦养育子女和工作的需求减少,夫妻有更多的时间陪伴对方,婚姻满意度就会回升。有证据表明,老年夫妻确实倾向于减少争吵和负面情绪反应,即使在争吵时也会表现出更多的爱意。

然而,事实却否定了U形曲线模型。自20世纪80年代以来,美国年轻群体的离婚率一直稳定在45%左右,但与此不同的是,50岁及以上人群的离婚率在上升。蒂珀·戈尔(Tipper Gore)和阿尔·戈尔(Al Gore)在共同生活了40年后离婚,他们是"银发离婚"最著名的例子。

美国退休人员协会2004年对中年及中年后离婚的一项研究显示,女性尤其不像以前那样愿意继续维持空壳婚姻。66%的离婚是由女性提出的,26%的男性表示他们从未预见到离婚的到来。在65岁及以上的男性和女性中,离婚率至少翻了一倍,随着人口老龄化的加剧，我们应该会看到更多的离婚：目前，13%的美国人超过65岁；到2030年，这一占比将达到19%。尽管有证据表明，伴侣在晚年往往会变得成熟、减少争吵，而且一般来说会变得对彼此更好。

人们对银发离婚有各种解释：我们保持健康的时间更长，婴儿潮一代重视个人幸福，女性现在有经济能力独立生活。但这些都是导致夫妻分居的条件，并不是根本原因。美满、持久关系的基础是相信伴侣会支持你，而这种信任在晚年可能会受到残酷的冲击。

第一个冲击是退休。离开工作岗位的伴侣可能会产生许多与最后一个孩子离家时相同的感受，并暴露出相同的情感裂痕。伴侣们在彼此分开多年后又重新走到一起，他们的目标和需求可能大相径庭，也可能会觉得自己在和一个陌生人重新生活。

66岁的约翰刚从律师事务所退休，他希望妻子嘉莉能和他一起打高尔夫，一起出海旅游。55岁的嘉莉却不同意。她创办的室内设计公司正处于蓬勃发展期，她并不打算放弃。事实上，她觉得自己终于找到了前进的方向，正在实现自己的职业梦想。"我们有了你想要的孩子，"约翰指责道，"现在我退休了，而你只谈论你的工作。我还能和谁一起打高尔夫还有吃午饭呢？"

62岁的莎拉提前退休了，她想去旅行，上大学，学跳交际舞。她的丈夫克雷格今年67岁，从未打算停止工作。他想让莎拉来帮他经营新成立的、规模不断扩大的进出口公司，并对她花时间学习狐步舞的想法感到震惊。"你不会是认真的吧，"他嗤之以鼻，"你想去学跳舞，参加观鸟培训班。这太荒唐了。我根本不想谈这个。"他离开了,又回去工作了。

如果夫妻之间的感情稳固,他们就能化解这种僵局,达成双方都满意或至少可以忍受的妥协。当嘉莉和约翰能够心平气和地坦诚对话,分享彼此的需求和恐惧时,当约翰能够听到看到公司的发展壮大对嘉莉来说有多么重要时,他竟然主动提出帮助嘉莉起草合同。她同意每年至少抽出六周时间与约翰一起旅行,他们还计划了第一次旅行。不过,她对高尔夫的兴趣并不浓厚!这种夫妻间的联结为他们提供了一个安全基地,他们可以以此为基础,探索彼此的情感、恐惧和需求,并找到共同应对的方法。

莎拉和克雷格陷入了僵局,他们找不到办法来帮助对方应对现阶段关系的转变。没有了孩子的陪伴,莎拉变得更加孤独,也变得更加愤怒。随着她要求克雷格陪伴的时间越来越长,他拒绝的次数也越来越多,工作到越来越晚。莎拉用高昂而激动的声音告诉他:"我和你结婚一辈子了,但我想不起你有哪怕一次把我和我们的关系放在第一位。我觉得是我们的性生活和孩子让我们在一起,但现在这两样都不复存在了。我感到前所未有的孤独。我还是离开吧。在经历了这么多年的伤害和痛苦之后,我不知道自己还在这里做什么。我一个人过会更好。"克雷格不知道该如何回应"歇斯底里"的妻子,他转过身去,关上了门。"好吧。"他嘟囔道。

他们最终会离婚。事实上,在许多长期婚姻中,退休都会导致离婚。在日本,丈夫常年致力于事业的发展,很少与家人见面,甚至还有一种特殊的、形容这种问题的名称——"退休丈夫综合征",字面意思是"丈夫在家压力综合征"。

退休之后

退休可能是一场急性危机,通常最多持续一两年。但退休后的日子还很长,是什么让我们的爱情关系在晚年还能继续?爱情关系在晚年又有多重要?

大量研究表明,积极、亲密的关系是长寿和身心健康的最佳预测因素之一。在一项开创性的研究中,加州大学心理学家霍华德·弗里德曼(Howard Friedman)和他的同事莱斯利·马丁(Leslie Martin)分析了1500名1910年左右出生在加州的中产阶级人士的数据。大量的记录追溯了他们80年的生活,直到他们去世,其中详细记录了他们在经历经济繁荣、大萧条和两次世界大战之后的经验和习惯。记录的内容包括父母婚姻的幸福程度、职业选择、家中藏书的数量等。

弗里德曼的结论是,医学进步在延长寿命方面作用不大。他说:"大多数人能够活到老年,并不是因为他们战胜了癌症、心脏病、抑郁症或糖尿病。相反,长寿的人通过一系列步骤避免了严重的疾病,这些步骤依赖于与他人建立长期、有意义的联结。"

换句话说,你可以吃特殊的有机食品和无麸质食品,大口大口地服用多种维生素,去健身房锻炼,在无压力的环境中冥想,但保持健康和幸福晚年的最佳良药可能是调整你的人际关系。

当疾病来袭时,与伴侣的依恋可以起到缓冲作用。哥伦比亚大学心理学家安东尼·曼奇尼(Anthony Mancini)和乔治·博南诺(George Bonanno)对居住在底特律的1500多对老年夫妇进行了调查。每对夫妇中都有一人对死亡有较强的感受,原因是身体残疾导致难以独自完成洗澡、穿衣、爬楼梯、拿重物等日常工作。研究人员发现，有高情感反应伴侣的残疾人自尊心更强，抑郁和焦虑程度更低。与帮助他们扣衬衫扣子、系鞋带等相比，伴侣愿意倾听他们的烦恼并让他们感到被爱，会对他们的心理健康产生更大的积极影响。

其他研究也证实了这些结论。情感支持——表达关心并允许伴侣表达自己的感受——能够维持健康，帮助我们的心血管、激素和免疫系统保持最佳功能。当疾病发生时，最能减轻我们的压力和负担的是情感上的支持，而不是身体上的帮助或实用的建议。

68岁的西比尔患有慢性关节炎。她对75岁的丈夫哈里说："你对我最好的帮助就是陪伴我，让我知道我对你很重要，你关心我。我不需要那些建议，它们只会让我心烦意乱。我需要你。"哈里看起来很困惑，但我可以向他保证，她说的是真的，他的亲近可以带来真正的改变。随着年龄的增长，与心爱的伴侣建立安全的联结变得更加重要。

当伴侣一方面临死亡时，爱情关系的这一阶段就结束了。正如多伦多玛格丽特公主癌症中心的一个项目所证实的那样，即使在最后的过渡阶段，亲密的关系也能帮助临终者和幸存者。

"我看到，癌症晚期的诊断结果对伴侣的打击不亚于病人本人，"项目主任、心理学家琳达·麦克莱恩（Linda McLean）说，"当他们看着自己所爱之人日渐衰弱，他们会被无助感和预期即将失去对方的失落感席卷。失去伴侣会增加他们日后面临各种健康问题的风险。"事实上，在伴侣去世后的一年中，幸存者在身体上和精神上都非常脆弱。

麦克莱恩和她的团队为 42 对在家面对绝症的夫妻提供了两种治疗方法：一种是标准疗法，即关于如何应对疾病的实用建议；另一种是我的情绪聚焦疗法的改进版，该疗法的重点是加强配偶之间的联系。我们建议夫妻双方谈论他们所面临的问题，共同决定如何控制症状，并计划如何共度余下的时光。在接受过情绪聚焦疗法治疗的夫妻中，患者感觉自己更能被配偶倾听、理解、接受和关心，而配偶在提供护理时感觉负担更轻、更受赞赏。他们在临终时一起回顾以往相伴的生活，以及描述共同度过的时光时，都得到了满足。

麦克莱恩说："这个项目对每位参与者都有重大的意义，让他们收获颇丰。能陪伴病人度过最后的时光，感受到我们帮助他们获得了某种宁静和安详，这是我们的荣幸。病人去世后，陪护的配偶也对我们表示了极大的感激。他们告诉我们，他们有种与配偶和解并联结的感觉，这是非常宝贵的。这有助于缓解他们的无助和悲伤。"

与所爱之人建立稳固的联结不仅能帮助我们更好地处理悲伤，减少创伤症状，而且能在我们的余生中滋养和支撑我们。这与传统观念相反，传统观念敦促幸存者放下逝去的亲人，重新开始生活。我们确实需要接受伴侣离去的事实，但我们也可以通过回忆或想象交流来维系与亲人的纽带，并将其作为力量和安慰的源泉。

"失去他的感觉太难受了，"一位朋友在丈夫去世 18 个月后告诉我，"但现在，当我看到一些可爱的事物时，比如冬天傍晚轻轻飘落的雪花，我发现自己会告诉他这有多美，而知道他有多喜欢这一切，那一刻就变得更美了。当我沮丧时，我会想起他有多爱我。我仍然感到被爱。所以我很好。"

她的感想立即让我联想起伊丽莎白·巴雷特·勃朗宁（Elizabeth Barrett Browning）的诗句："我死后只会更爱你。"有些痛苦是甜蜜的。

人生就是一系列的过渡和转变。有一天，你发现自己想嫁给这个去年还只是朋友的男人；然后一转身，你发现你们在结婚七周年纪念日上吵了一架。有一天，你带着怀孕的消息跑回家；突然间，你的孩子已经进入青春期，而第二天他就结婚了。有一天，你和丈夫走进新的退休公寓，只有你们两个人；第二天，你看着他抱起小孙女。也许有一天，你坐下来回忆新婚时的所有争吵，惊讶地发现自己仍然和这个总是把袜子掉在地上、在争吵中变得蛮不讲理的人在一起，并且仍然爱着他。

老实说，我们希望的是，在所有这些转变中，我们能找到所爱之人的陪伴和支持。每一个新阶段的每一次转变都考验着我们旧有的依恋关系，需要我们重新建立联结。这才是人生的价值所在，也是让我们在从一个里程碑走到另一个里程碑时保持健康和快乐的原因。

实验 1

想想你在一段重要关系中经历的转变。也许是搬到新公寓，装修房子，离开学校，找工作或转行。选择任何一段你必须适应不确定情况的时期。

这种压力是如何影响你与伴侣的日常互动的？

看看你能否写下你们各自邀请对方拉近距离的一种回应方式，这样你们就能作为一个团队共同度过过渡期。

现在请写下一种让你和伴侣更难走到一起并互相帮助度过那段时期的方法。看看能否与对方分享。

实验 2

下面是一对夫妇在生活发生变化时学会合作的例子。

琳达告诉她的丈夫埃里克："我们正在以不同的方式应对整个退休生活。你知道，我们还有房贷。我在努力工作，销售我的化妆品系列，尽管我说过你可以退休——毕竟你已经干了30年了，这让你很痛苦——但现在我很反感。你没有尽到责任。我的朋友们说，一旦孩子们离开，工作节奏放慢，情况就会好转。但我还要照顾我妈妈，现在我只对你感到愤怒。我知道我喜欢我的工作，但你在外面玩耍，而我却……"（她举起双手，眼泪涌了出来。）"你把我的担忧抛诸脑后。你变得防御，这让我抓狂。"

埃里克回答说："听着，我本打算兼职做一些项目，但它们都没有成功。我喜欢退休的感觉。我终于没有压力了。我喜欢有时间看书和去健身房。我喜欢不被驱使。30年来都是我在养家糊口，所以别跟我说不工作不好。我们有足够的钱，完全可以过得简单一点儿，不用还房贷。但我们似乎无法一起讨论这个问题。你一发火，我就抓狂，然后就不说话了。我想我是有防御心理，但我们都知道这个舞步我们已经跳了很多年了。你说得对，我开始回避这些对话了。我开始回避你，我知道这没用，但你这些天跟我说话的方式，就好像我变成了一个懒惰的失败者。我希望你能接受我一点儿，相信我不想让你为钱或照顾你妈妈什么的感到有压力和恐惧。

（他笑了。）虽然你从来没有用过这个词——恐惧——但我觉得当我冷静下来，看清你的恼怒时，我听到的就是这个词。我在试着倾听你，告诉我你需要什么，我们可以解决的。"

琳达冷静下来，承认她很难表达她需要埃里克做什么。这对她来说一直都很难。她同意自己会挑剔，并承认这对他不公平。他们谈到了他能如何在情感上支持她，谈话结束时，他还同意每周去看望她的母亲几次，并在下个周末接手一个有偿工作。

埃里克在这里做了什么，帮助他们保持平衡、保持联结，并解决了他们正在经历的过渡期的一些问题？看看你是否能说出他所说的至少两件对他妻子有帮助的事情。

实验 3

想一想你现在个人或家庭生活中正在经历的转变，或者你将要经历或希望经历的下一个转变。可能是组建家庭，也可能是退休。

写下你认为你的伴侣可以帮助你完成这一过渡的主要方式。要具体：他到底能做什么，在什么时候做？写出你如何请求这种帮助。

第 7 章

纽带的断裂

> 爱永远不会自然消逝。它之所以凋零是因为我们未能补充其源泉，它会死于盲从、误解和背叛，也会死于疾病与创伤，死于枯萎、污染和疲惫，但它绝不会自然消逝。
>
> ——阿娜伊斯·宁（Anaïs Nin）

我的来访者山姆，一位个子矮小、嗓门很大的先生，经营着当地的快餐店，还执意要带一些超级臭的意大利香肠片供我办公室的所有员工享用。他又开始唠叨起爱情有多么艰难。"我真是受够了！"他自言自语道，"每次都一样，我的上一段感情也是这样。经历了所有恋爱阶段，然后结婚，看起来一切都挺顺利的，可过了一周左右就开始出问题了。我朋友艾尔说'女人就是这副德行啊！永远满足不了她们'。哪个男人能真正懂得女人呢？前一分钟你还是完美先生，下一分钟她就开始谈离婚和房产归属问题了。谁知道到底发生了什么？你还是原来那个人，但她突然间好像觉得所有事情都是负面的，只能看见'半杯水'并认为'这说明有一半都是空的'。我放弃了！女人真是太难琢磨啦！或许我们只是注定不能长久在一起罢了。我朋友说这很正常，我们应该继续前进才对。或者她可能只是跟错男人了而已呢？好像她的白马王子突然消失得无影无踪一样。"

他的妻子玛西对此的反应是冷漠而轻蔑的微笑，让我感觉房间似乎在结冰。

山姆还没说完。他转过来看着我，用一只手背拍着另一只手掌："听着吧，心理学家小姐，爱情这种东西就是不灵光，谁也不知道它为什么能使所有的浓情蜜意在一瞬间就烟消云散。这难道不是事实吗？"

我坐直了身子："嗯，不，事实上，我们现在对它的了解非常多……"我开始阐述对于爱情的理解，但接着就意识到他已经伤得太深，完全听不进我的话。我以前也见到过这种伴随着绝望的困惑。

山姆，或者更确切地说，他的朋友艾尔，已经阐述了所有关于为什么关系会走向失败的传统观点，当然，也包括一个新观点。然而艾尔的观点是大错特错的，山姆不该继续听信他的朋友了。

让我们来逐一检验一下山姆和艾尔的假设。

（1）**外星人论点**。即认为男女之间差异太大，根本无法相处。正如约翰·格雷（John Gray）打趣的："男人来自火星，女人来自金星。"

以下是关于性别差异的事实。实际上，男性和女性非常相似，他们只在四个方面出现了真正显著的差异。其中有三个是认知层面的差异：语言能力、数学技能和视觉空间能力。女性在语言能力方面表现更好——她们能使用更丰富的词汇，表达能力也更好。男性则在处理数学计算以及模拟想象二维和三维图形时表现更好。然而，这些能力似乎很大程度上与性别期待有关。如果你告诉女性这些技能的测试是"性别中立"的，她们往往会表现得和男性一样好。

男性与女性在心理层面的唯一显著差异是攻击性的不同。男性更加易怒，更容易表现出威胁或暴力行为。然而，其他心理层面差异的刻板印象其实都不成立。我们通常认为青春期的女孩会被对自我、吸引力和才能的怀疑所困，但其实男孩也同样会出现很多自尊和自信方面的问题。成年女性被赞誉为充满爱心的抚育者，然而男性同样可以热情地支持子女、家人和朋友。

那么，女性在共情方面一定更具优势吗？从生理层面来看，并没有证据表明女性的镜像神经元功能更出色。得克萨斯大学的心理学家威廉·伊克斯（William Ickes）进行了一项简单而真实的共情实验，让两个人坐在一起互动，然后各自观看这次互动的录像，并向研究人员报告特定时刻自己的感受或想法。然后再看一遍录像，并推断特定时刻对方的感受或想法，最后由研究人员计算他们推测的准确程度。伊克斯得到的结论是，男性和女性具备基本相同的共情能力。只有当人们被明确告知，特定性别会被期待以某种方式行事时，差异才会显现出来——他们会试图更加努力以符合期待。当男性被告知女性更喜欢与传统有别的、有共情能力的男性时，他们就会在这类任务中表现得更好。

在性别差异的四个方面中，只有两个在关系中起作用：语言能力和攻击性。女性比男性更有可能并更有能力用语言表达自己的感受和需求。她们接受了更多的训练：母亲们会用更复杂的方式与小女孩们谈论她们的情感。而男性在对爱情关系感到焦虑时，更有可能表现出身体上的敌对、退缩和逃避。在恋爱的日常冲突中，女性倾向于直言不讳地提出要求，而男性则倾向于用沉默来进行防御并与对方保持距离。但当男性真的想要改变关系时，即使是这种差异也会消失。

（2）**灵魂伴侣主张**。处于困境中的伴侣经常会表达出这种信念。它包含了外星人论点，但增添了个性化的色彩。大致意思就是："你太情绪化或控制欲太强；我早该看穿你了，可我没想到；我改变不了你；我得找一个不同类型的人，你不是我的真命天子。"

约会网站想让我们相信它能给我们找到完美的伴侣，但实际上，在周六晚的派对上吸引我们注意力的人，并不一定长着和理想伴侣一样的脸——更不用说能让我们一辈子幸福的人了。最新研究发现，在面对面交流中，人们并不会特别被符合理想伴侣特征的人所吸引或对其产生浪漫兴趣。理想伴侣的描述只是一连串标签的集合而已，在真实的相遇中，融洽的关系和共同的幽默感更加重要。事实上，我记得和一个非常帅气的年轻人第一次约会时，他告诉我，"我可能无法满足你所有的期望"。然而，最终我还是嫁给了他。

约会网站暗示我们，你的理想伴侣就在某个地方等着你——总有一天这些网站会因欺诈被投诉。对于人们选择爱人的方式，我个人更喜欢邻近原则的解释。邻近意味着距离上的接近。在你的依恋系统启动时站在你身边的人，就是在你眼中接近完美的人。他碰巧在你意识到自己有多孤独的时候，对你展现了温柔的笑颜。

当然，大部分人都会被和自己相似、拥有相同价值观和兴趣的人所吸引，这反映了我们内心深处的想法：与和自己相似的人相处更容易。但是，尽管我们这个天真烂漫的社会相信完美灵魂伴侣的存在，但实际上并不是这样。我们选择的任何伴侣都可能在某个时刻伤害我们。即使是最理想的关系，也会有风暴搅动平静的水面，不可能一帆风顺。伴侣之间总会有分歧，问题在于伴侣如何让分歧影响彼此的关系。

（3）自然之声说：向前看。这种进化生物学家提出的关于情感关系失败的最新解释已经被大众媒体广泛地采纳并传播。爱情就是一个幼稚的童话。是人类的进化让我们有了短暂的联系，一旦我们确信后代能够独立生存，这种联系就消失了。接着，尤其是男人，就应该向前看，继续传播他们的基因，以更好地确保人类的繁衍。

这一观点的问题在于，它从终极因果的角度解释个体行为，比如迪克和简之间发生了什么。也就是说，从为什么这个过程会存在的总体性原理角度看待事情。当一个男人在派对上调情时，我不认为他——即使在无意识的层面上——会满脑子想着要将他的基因传递给下一代。

这三种假设充斥着失败主义与消极气息，仿佛关系中没有妥协、改进和成功的余地，就像世界末日来了一样。

对于为什么关系会偏离原本的轨道，心理学家也提出了一些相关的理论。当我开始接受伴侣治疗的培训时，当时最流行的观点是，我们都只是在与爱人重演童年时期与最有影响力的父母斗争的经历。这一理论认为，我们把父母的形象投射到爱人身上，把过去的冲突表现出来，并操纵爱人重演过去的场景，以确认对此的悲观预期。在某种意义上，伴侣的实际反应变得像是无关紧要的，关键在于我们在神经质地重复过去的模式。这一理论忽略了当下互动的力量，它也逐渐让位于更清晰、更简单的解释。例如，女权主义学者认为是不平等导致了关系的崩溃，而关于分担家务等任务的权力斗争则是其中的关键。

随着对夫妻互动的系统观察变得越来越普遍，治疗师们开始对两个观点感兴趣：一方面，冲突会破坏爱情关系，而另一方面，由于冲突而感到痛苦的夫妻缺乏解决此类争端的技能。心理学家约翰·戈特曼在华盛顿大学著名的爱情实验室观察了许多对夫妻后指出，所有夫妻都会争吵，而幸福的夫妻并不使用传统伴侣治疗中强调的技巧，包括在争吵变得激烈时叫停、轮流发言，以及重复对方刚刚说过的话（也被称为主动倾听）。那么这些技巧又能有多重要呢？

我们很难在理解爱情的意义之前，对爱情的失败提供一个深刻的解释。那些专注于研究冲突中有哪些不良行为、缺乏何种沟通技巧的理论，都着眼于伴侣痛苦的症状而非根本原因：那就是对情感上被抛弃的压倒性恐惧，这种恐惧就好比在没有安全港湾的生活之海中漂泊。正是这种对情感分离的恐惧引发了问题伴侣的要求、批评、争吵和沉默。长期以来,我们一直都忽视了一点:关系中的不和谐几乎总是对"情感漂泊"的无意识抗议,以及试图呼唤甚至强迫伴侣回到情感联结中的努力。

我们可以从两种角度来概括爱情关系是如何破裂的:在无数次争吵和沉默的过程中不断被腐蚀与溃散,或是在创伤性的伤害或背叛中突然断裂。无论是慢慢消退的希望和爱意,还是突然被摧毁的信任和承诺,都会引发原始恐慌,上演关乎生存的脚本。

缓慢的腐蚀

最初,约翰·鲍尔比对关系困扰的理解围绕着"剥夺"这个词。当从依恋的新视角来看待不幸福的伴侣时,我们不仅能看清是什么在腐蚀着关系,即在冲突中相互对立,还能看清关系中缺失了什么。当爱开始被腐蚀时,伴侣之间的共情和情感回应也在消失。随着回应的减少,伴侣变得更加脆弱,对情感联结的需求也变得更加迫切。

当个体的情绪失控,并且发现与伴侣无法相互理解时,他们发生冲突的可能性就会增加。由于彼此之间失去了联结,愤怒与抗议不断升级,具体"伤痕"的修复也变得越来越困难。关系的崩解就这样慢慢开始了。安慰和亲密的缺失滋生了不信任与分歧,而每次重修旧好的失败尝试都会将彼此的距离推得更远。随着安全感的丧失,那句老生常谈就应验了:我们需要的是桥梁,筑起的却是高墙。

当情感的缺失成为常态，愤怒的批评和顽固的防御取代了安全的联结时，我们的视角也随之改变。爱人变成了敌人，挚友成了陌生人。信任在凋零，悲伤在到来。

安妮特，一位30多岁的律师，对她丈夫比尔说："你知道吗，我觉得这一切其实并不是从争吵开始的，吵架只是后果而已。我当时完全没有意识到发生了什么事情。我太专注于建立自己的事业，追求自我的成长与成功，还有尽力做个好妈妈。直到现在，当我抛开自己的烦恼真正试图倾听你的心声时，我才明白我确实忽略了我们之间的关系。我要做的事情太多了，这导致我根本不想听到你说感到被遗忘或者觉得自己无关紧要。所以当你生气时，我没有真正倾听，而是把它当作中年危机的一部分。我也不想吵架。那时候我认为最好的办法就是让你冷静下来，并相信第二天早上一切都会变好。我以为吵架才是问题，只要不吵架，就……但后来出现了这堵墙，你不知道怎么就消失了。现在你也不再依靠我了。也许这就是人们所说的不再爱了的感觉吧？"

比尔转向她，小声说道："安妮特，我只是放弃了。你不在我身边。我放弃了。我受不了我们之间的空白。我不想再无助地站在那里问你，然后再听你告诉我等你忙完再说。"她皱起了脸。

研究证明，情感纽带的腐蚀始于情感支持的缺失。加州大学的心理学家劳里·帕什（Lauri Pasch）和托马斯·布拉德伯里（Thomas Bradbury）要求伴侣相互征求意见，交流他们希望对方改变的地方。研究者发现，非支持性行为，包括大事化小，小事化了，压抑情绪的表达，提供草率无用的建议，坚持让伴侣遵循建议等，特别能够预测关系困扰的出现。即使控制了伴侣争吵时的愤怒与忽视带来的影响，这一结果依然显著。帕什和布拉德伯里得出结论，积极支持的质量——确保伴侣被爱和尊重，并能够掌控自己的生活——是保持任何关系处于健康状态的最关键因素。

这一结论与泰德·休斯顿团队的研究相似，他们在168对夫妻的婚姻中的四个时间点进行了调查，分别是结婚后八周、两年、三年和十四年。研究人员前往每对夫妻的家中，要求他们填写问卷，并分别对夫妻双方进行采访，接着在三周内进行了九次电话随访。研究主要调查了伴侣间的积极和消极行为，例如一方表达爱意或批评的频率。通过分析这些数据，他们想了解婚姻早期的某些特定行为是否与后期的关系稳定性有关。他们发现，预测夫妻关系破裂的首要因素不是他们在新婚时争吵的频率，而是他们向对方表达爱意和情感回应的多少。关系破裂的夫妻在刚结婚时的表达和回应也比那些关系长久的夫妻更少。

休斯顿得出结论，并非消极性本身破坏了伴侣对彼此的爱。只要关系中存在支持和真情，争吵是可以忍受的。积极联结的减少会导致"幻灭"和突然的痛苦。积极、亲密、支持性交流的缺乏好比侵害身体的病毒，而冲突就是这种病毒导致的炎症，是解决伴侣之间缺乏情感回应这一问题的尝试。在一段有问题的浪漫关系中，仅仅解决问题和提供实际帮助的疗效并不理想。

如果关系纽带的腐蚀始于联结的丧失，那么冲突的升级就让腐蚀进入了第二阶段。特别是像"追－逃"这样的消极互动模式，它会不断破坏伴侣之间的情感安全感。我把这种"追－逃"

两部曲叫作"抗议波尔卡":它是一种对伴侣分离和断联的反抗。当情感失衡时,依恋恐慌会占据主导地位,导致反应性愤怒和防御性麻木变得更加强烈和具有说服力。

在乔治和芭芭拉与我的第一次会谈中,乔治对芭芭拉大喊道:"我是个该死的心理学家!我应该明白这些道理,但我不敢相信自己还是这么生气。开车上班的路上,我在脑海中对你大发雷霆。我听到自己声音中的嘲讽,有时我都怀疑自己变成了另一个人。每一分每一秒,我都看着你转身离开我。越是逼你和我在一起,你就越难接近,但我无法停止这么做。我简直娶了冰雪女王本人!你除了自己谁也不关心。我想要的是一个老婆,而不是一个商业伙伴。"

芭芭拉慢慢跷起二郎腿,歪着头平静地回答道:"那你最好试着礼貌一点,把我当成老婆来对待。在这儿大喊大叫有什么意义?所以你是对的,我宁愿离开你去别的地方。"

他们迷失在某种无法理解的舞蹈中,而这种舞蹈已经有了自己的生命。乔治看不到他的愤怒是如何让芭芭拉担心自己被拒绝的,而芭芭拉也听不到乔治暴躁的背后是对联结的疯狂呼唤。如果他们不想办法走出"抗议波尔卡"的循环,并冒险以另一种方式接触对方,他们的关系就无法得到修复,腐蚀的最终阶段(幻灭、绝望和疏远)就将开始。

了解在冲突中起作用的力量能够帮助我们应付爱情中的难题,这样我们才有机会了解各自对彼此的影响。理解爱情关系中的两种有害因素——批评和"石墙",以及它们破坏情感平衡和激发不安全感的机制,也会对我们有所助益。

批评是砒霜

"不存在什么建设性的批评,"约翰·戈特曼这样说,"所有批评都让人痛苦。"他是对的。我们从来都不喜欢听到别人说自己"有问题"或者需要改变,尤其是当这种信息来自我们最亲爱和最依赖的人时。心理学家吉尔·胡利(Jill Hooley)在哈佛大学的研究测量了所爱之人做出的批判性与敌对性评论的影响,并展示了来自所依赖之人的贬低是多么让人痛苦。这种指责甚至可能引起精神疾病的复发,比如抑郁症。

胡利的研究团队观察了两组女性,一组是患过抑郁症,已经康复并保持稳定五个月以上的女性,另一组是从未患过抑郁症的女性。这些女性在接受功能性磁共振成像扫描的同时,听了两段由她们母亲录制的批评录音,内容与母女关系中的过往问题相关。对我来说,这听起来简直就像中国古代的水刑那样残酷,居然能通过伦理委员会的审查。批评的话类似于:"你的衣服又旧又不合身……新衣服的风格太极端,看起来很不讨喜。你需要一些关于穿衣风格的建议。"但研究人员也确保这些女性听到了两段来自母亲的赞美,比如:"斯蒂芬妮,你的微笑一直如此美好……这是我一直喜欢你的地方之一,我觉得别人也同样喜欢。"所以,这也许还没那么糟糕。

评审小组对来自母亲的赞美和批评进行了评级,一致认为两组女性听到的批评和赞美在程度上没有显著的差异。但在听了批判性的录音之后,曾患抑郁症的女性相比另一组更加沮丧,并用非常负面的词描述自己,比如"易怒的"和"羞愧的"。她们在听到赞美后也表现出更小幅度的积极情绪增长。

但问题还没解决：依恋对象的批评是如何影响神经反应，进而引发与抑郁症相关的情感和行为的？大脑中有一个强大的分类小部门，即背外侧前额叶皮层（dorsolateral prefrontal cortex，DLPFC）。它可以调节外部线索对边缘系统（也叫情绪大脑）的影响。抑郁症患者会持续表现出背外侧前额叶皮层活动的减少，而有效的抗抑郁药物可以增强该区域的活动。当曾患抑郁症的女性听到母亲的批评时，她们的背外侧前额叶皮层根本无法激活，胡利说这是个"惊人"的发现。这些女性的大脑在面对贬低性的评论时，无法切换到相对舒缓和镇静的状态。

在以往的研究中，胡利发现，与高评判性亲人一起生活的抑郁症住院患者的复发风险，比与支持性亲人一起生活的患者高出2~3倍。胡利将亲人的批评称为"对大脑的轻度撞击"。她还发现，家庭成员的指责带来的压力，不仅足够引起抑郁症患者的复发，也足够引起精神分裂症和进食障碍患者的复发。来自亲人的批评敲响了大脑中的生存警钟：它引发了我们内心深处的恐惧，即我们将会被拒绝或被抛弃。这就是为什么这种批评会让我们难以保持心理的平稳和情感的平衡。

毫无疑问，在大多数人的生活中，母亲都是重要的情感类角色。我们的伴侣也是如此。在多年的伴侣治疗实践中，我发现伴侣们通常根本不会意识到他们所做出的负面评判的真正力量。每次当我提出，攻击会让对方感受到压倒性的受伤和恐慌，以至于无法应对这种非支持性的表达，只能选择退缩和逃避时，我的来访者通常会表示怀疑。

"但成熟的大人就应该能够直面批评呀，这真的只是一点儿反馈而已。"卡丽这样对我说。

我告诉她："可是，你给他的反馈是他让你失望了，而你是他安全联结的主要来源。"她还是不明白，于是我又说："就算我和我丈夫平时相处得很好，但如果听到他言语中的不支持和批评，那就像火警响起来了一样。其他人的评论就只是自行车铃声那种程度。在我的认知里，为了获得基本的归属感和安全感，维持所依赖之人对我的认可是一件特别紧迫的事情。"

卡丽问道："你的意思是就因为是我，而且因为我在他的生命中有创造安全感的特殊地位，我的失望与责备就会吓到他？对他来说就像是个警报？"我看到她的丈夫沃尔特重重地点头。

事实上，批评会让我们的伴侣吓得不敢听我们说话，同时变得很戒备并试图逃走。沃尔特加入说："我只是想逃离你的批评，但你可能会觉得被忽视，然后大喊大叫。"然后他对我说："但是如果我们努力加强联结，就可以有一个我们彼此都感到安全的地方，无论说什么都不会像报了火警一样，也不会变得那么有戒备心，对吗？"

错了。当我们坠入爱河的时候，我们总是敏感和脆弱的。但有一点是对的：我们感到越安全，就越不容易陷入会滋生不安全感的消极互动模式，比如"追－逃"模式。与回避型和焦虑型的伴侣相比，安全型依恋的伴侣也能更快地从伤害和冲突中恢复情感平衡。他们更善于认识到自己对爱人的影响，承认自己造成的伤害。他们也更善于修复裂痕，正如你将在下一章读到的那样。

有毒的石墙

当我们被伤害或被冒犯,或只是感到不确定和担心说错话时,我们都会使用回避这一策略。这就像在我们与伴侣的二重唱中按下暂停键:它能让我们重整思绪,找回平衡。但当回避变成对指责的习惯性反应时,它就变得有害了。和批评一样,我的来访者们也没有意识到这种反应性疏远带来的影响。

"我不明白她为什么对我如此生气,"沃尔特说,"总不能只是因为我沉默了吧。我走神是因为我根本应付不了这种伤害。我应该更像个男人一样,耸耸肩就过去了,但我做不到。我不知道该怎么办。为什么她不能让我先缓一会儿?"接着他承认,事实上,他根本不想回到讨论中去,因为他很难处理自己的情绪。我试着向他解释,一段关系就像一场舞蹈。如果你被绊了一下,那就停下来找回平衡,然后继续舞动。但如果你停得太久,你的伴侣就会以为你不想继续跳了。她会因此感到警觉和生气,并开始抗议。冲突就是这样来的。

但是,在爱情关系中,还有另一种程度的回避是绝对致命的。那就是当伴侣变成"石头"时——静止、沉默、完全不可接近。这是对联结的彻底拒绝,没有任何接触的空间。依恋的原则之一是任何反应都比没有好。像"我拼命想得到个回应,无论是什么样的都行"这样的哭诉,我已经听过一千遍了。用最极端的形式进行拒绝并停止一切反应就像筑起了一堵石墙,我们这样做主要是为了隔离情感,以达到冷静和麻木的状态。但是,当其中一个舞者完全离开舞池时,舞蹈就不复存在了,而被抛下的舞者也会陷入对被忽视和被抛弃的恐惧中。

在我的英文学校的礼仪课上,老师教过这么一句谚语:"如果你没有好话要说,就什么也别说。"对爱情关系来说,这可能是最糟糕的建议。这句谚语的关键是"什么也别说",而通常当我们转身离开、抛下对方、拒绝回应时,留给伴侣的同样是"什么也没有"。

伴侣筑起石墙的行为会引起对方情感的崩溃,通常表现为狂怒或悲恸。如果我们不从依恋的视角来看待这个问题,那么这种极端的情感就会看起来很奇怪。毕竟,似乎不存在一个具体的事件来充当导火索。另一个伴侣只是没有给出回应,仅仅什么都不做就能产生这样的影响吗?我们可以通过观察典型的依恋关系来理解这一点。

马萨诸塞大学波士顿分校的心理学家埃德·特罗尼克在多年前用一系列具有里程碑意义的母婴实验证明了"石墙效应"。一开始,母亲面对婴儿坐着,与婴儿进行互动和游戏。在研究人员发出信号后,她变得沉默不动,表情冷漠而空洞。通常婴儿会很快察觉到妈妈的情感"不在线",并开始使出浑身解数来找回妈妈,他们会睁大双眼、指来指去、够来够去。当母亲还是没有一点儿反应时,婴儿会用尖叫来引起注意。当这还是没有用时,他会转身离开自己的母亲。几分钟后,婴儿陷入了恐慌,并开始惊慌失措地哭泣。这种哭泣非常令人心痛:婴儿的绝望感是真实而清晰可见的。研究人员发出实验结束的信号后,母亲立马微笑着安抚婴儿,很快就让婴儿恢复了平静且能愉快地进行互动。(你可以在互联网上找到"静止脸实验"的片段。)

在一对坐在我办公室里的成年夫妻的互动中,我观察到了完全相同的现象。在某个时刻,其中一方会变得沉默不语、一动不动。而另一方就像实验中的婴儿一样,试图与那个缄默者互动,逐渐变得固执、咄咄逼人,后来甚至想要直接转身离开。最终,在长时间面对无回应和无法缓解的被抛弃感之后,他们会陷入绝望。无论是七个月大的孩子还是57岁的成年人,在这个最为原始的威胁情境中,反应都是一样的。约翰·戈特曼和其他研究人员指出,男性伴侣比女性更有可能采取石墙策略。这可能是因为男性更容易被情绪淹没,更难处理强烈的依恋情感,从压力中恢复的速度也更慢。一些研究者还指出,男性的依恋风格更有可能是回避型的,而筑起石墙可能是仅次于离开关系的终极回避策略。

伴侣的痛苦会随着爱人身在此处、心在别处的矛盾表现不断加深。这种身心的不一致摧毁了修复关系的希望。"我一个人生活的时候都没有像现在和戴维达一起生活时那么孤独,"巴里告诉我,"我受不了了。她就在家里,看上去我们是夫妻,但我们之间没有任何联系。这真让人发疯!我就像只无头苍蝇。她根本不让我进入她的世界。我真的要疯了!"长期的石墙策略意味着拒绝互动与交流,这会让对方变得孤立无援。而最讽刺的是,这种试图保护自己的行为反而也把自己囚禁了起来。弗吉尼亚·伍尔夫在她的书《一间自己的房间》(*A Room of One's Own*)中有一段很好的描述:"我觉得被锁在门外会让人感到很不愉快,但转念一想,被锁在屋里可能更糟糕。"双方的被孤立感都没有得到解决,因为彼此之间没有可以依靠的纽带。

死局

当批评式的攻击与石墙式的防御越来越频繁时,两者的恶性循环会使其毒性不断蔓延，逐渐侵蚀关系的本质，让它看起来面目可憎。这些令人厌恶的毁灭性情节不断挤压着曾经美好时刻的生存空间。积极行动被边缘化，价值也被大打折扣。夫妻之间的互动模式以及对彼此的看法都会随着不断僵化的行为变得狭隘。伴侣的形象逐渐扁平化，只留下了那些消极的特征——她是个吹毛求疵的烂人，而他是个斤斤计较的小人。阴云笼罩，风雨欲来，伴侣猜忌着彼此的每一个举动、每一句言语——心理学家称此为负性评价的升级过程，用最糟糕的视角看待对方的任何反应，而且对任何可能暗示着污蔑、轻视、抛弃和拒绝的线索表现得过度警惕。伴侣之间无时无刻不在互相怀疑着。

这种情境就存在于我的办公室中。当扎克抬头瞧了瞧墙上的新图画时，海伦不会认为这仅仅是他对周围环境的好奇，她会觉得这是他"冷漠和极度傲慢"的标志。当海伦对扎克发脾气时，扎克不会认为这是因为她在度过了糟糕的一天后变得疲惫而颓丧，他会觉得她是在故意伤害他，想要证明他的"无能"。我们感知伴侣情绪、理解伴侣行为的方式，都取决于彼此之间的情感联结。

突然的破裂

对于许多伴侣来说，分离是一个渐进的过程——一开始只是一些微不足道的小事和小伤，后来才慢慢地陷入恶性循环。就像是一块小石头嵌在地基上，造成了一个微小的缺口，随着时间的推移，缺口不断扩大，直到房屋坍塌。然而，也有一些伴侣之间的关系纽带是在单个事件的触发或引爆下突然破裂的——我们称之为关系伤害或关系创伤。这种"突然的破裂"就像是一颗炸弹炸穿了墙壁,震碎了地基。

造成关系突然破裂的事件灾难性地粉碎了伴侣的安全感,只留下痛苦和绝望。受伤伴侣对对方的一切美好假设,包括彼此的关系、共筑的世界,都被推翻了。哈佛大学医学院的心理学家朱迪斯·赫尔曼(Judith Herman)把依恋对象造成的伤害称为"对联结的侵犯"。这种伤害与其他创伤一样,会让人陷入深深的无助。更糟糕的是,由于伤害来源于被视作安全基地的依恋对象,这种矛盾会让伴侣感到困惑和迷茫。他们跌跌撞撞,无法理解发生了什么,也无法做出有效的回应。

出轨带来的伤害往往最为明显。"我不能'就这样忘了'这件事,"伊桑坚持对结婚 30 年的妻子露易丝说,"你让我把你的婚外情放一边,但每次你回家晚了,我都怀疑你是不是找到了新'朋友'。上次我完全懵了,我从没想到会这样。我不知道怎样才能找回原本的爱。即使我们之间看起来很和谐,你也在努力去爱我,但我内心深处还是在告诫自己'不要冒险。别再让自己受那样的伤了'。"

"我也不知道该怎么弥补,"露易丝沮丧地说,"无论我说什么或做什么,你都不会原谅我。"她转过了身。

伊桑和露易丝试图谈论她的婚外情,但每次他们都把注意力集中在错误的事情上,从而走入情感的死胡同。伊桑追问露易丝婚外情的每一个细节,幻想这样就能找回控制感。诸如"你们最后一次发生性行为是在哪里"和"你们在床上做了什么"这样的问题可能会一直持续下去,而伤害只会越来越大。造成伤害的伴侣往往试图否认伤害的重要程度,但这是错误的。露易丝对丈夫说:"好吧,你曾经说过也许我们已经朝着不同的方向发展了,所以我不清楚我们的关系对你来说是否还那么重要。"伊桑爆发了:"好吧,我们在一起这么多年了,你完全可以直接问我,不是吗?"

像露易丝和伊桑这样的夫妻往往对婚外情的起因、后果和处理方式感到很困惑。事实上,大多数人都不确定自己是否能从伴侣的出轨中痊愈。然而,如果伴侣对爱有一定的理解,且明白他们所伤害的依恋纽带的本质,那么情况就会大不一样。

首先,除非出轨的一方在依恋风格上极度回避,否则大多数外遇的起因并不在于性,而在于渴望着联结,却又不知道如何与伴侣一起满足这种渴望。大多数情况下,外遇表明了一个更深层次的问题。如果伴侣之间的舞蹈跳得很亲密、很默契,那么第三个舞者就很难插足。双方的依恋纽带一般已经开始被腐蚀,或者一开始就没能建立起牢固的安全联结,一人批评而另一人疏远的恶性循环也是家常便饭。但伴侣不知道这意味着什么,更不知道该怎么办。因此,他们安于现状,放任了联结的消逝。这段脆弱的关系显然难以承受"我的伴侣投向了别人的怀抱"这样的重磅炸弹。

其次,就处理出轨行为而言,欺骗的级别和程度比起性行为本身更加重要,对依恋和信任的影响才是关键所在。克莉丝汀告诉她的伴侣:"我做不到。哪怕我听到了你说对不起,甚至理解了这一切为什么会发生。这些年来,我们越来越疏远了。当你沮丧的时候,当你想聊聊我们的关系时,我确实会躲起来把你晾在一边。我只是觉得我们的关系不会有任何进展。但事实上,你带着那个人去了你曾追求我的小屋,也是我们度蜜月的地方,这让我无法再对你敞开心扉。你去了那里,在所有关于我们的回忆中、在属于我们的特别地方和别人亲热,然后对我撒了几个月的谎!即使我直接问你的时候,怀疑得快要发疯的时候,你还是在骗我。我无法释怀。也许,假以时日,我可以原谅你,但如果我们之间没有信任,我就无法和你在一起,无法依赖你。而我想我再也找不回那份信任了。"

每个人都知道,外遇会破坏夫妻关系。但是,其他事件可能同样有巨大的破坏性,尤其当它们违背了我们的期望时——爱人是我们受到威胁或陷入困境时的庇护所。如果我们不了解依恋那令人不可思议的力量以及对我们的影响,我们就会因为不知道该如何反应而在不经意间深深伤害我们的伴侣。所有这些灾难性事件都有一个显著特点,那就是在一方需要帮助和感到脆弱的时刻,另一方被要求给予回应、提供安慰,但没有这么做。在这些事件中,"当我需要你的时候,你在我身边吗"和"你会把我放在第一位吗",这些依恋关键问题的答案都是否定的。

在临床实践和调查研究中,我听到了许多有关创伤性遗弃的故事。年轻的妻子因为流产变得歇斯底里,她的丈夫不知所措,不知道怎么安慰她,只能打电话让她哥哥来帮忙。一个挂念家人的移民恳求丈夫出钱让她生病的母亲去看医生,丈夫却告诉她要长大,不要再为过去的事情耿耿于怀。一位刚做完眼部手术的男性因为半夜眼睛疼痛而开始恐慌,让妻子开车送他去医院,而妻子却劝他冷静下来。这些由于缺失共情和回应能力而造成的创伤是无法搁置或掩盖的,就像骨折一样,如果不进行治疗就会造成永久性的"残疾"。

在我的办公室里,肯大发雷霆,对他的妻子莫莉大喊大叫:"我失业才 1 小时后,你就打电话给你爸,求他在他办公室里给我安排个职位。你从来没有问过我的感受,也没有问过我是否想要那个职位。你一句话也不和我说,也不给我任何安慰或保证。你只是解决'问题',以为我会接受他给我的任何东西。你觉得我自己应付不了这一切。"

"这是 5 年前发生的事,我早就听厌了!"莫莉吼了回去,"你在这件事上太不成熟了。大多数人都会把我的所作所为看作对你的支持。"当我们不理解自己或伴侣的痛苦时,试图消除这种痛苦的举动有时会适得其反。比如肯和莫莉就陷入了他们惯常的愤怒抗议-冷漠退缩的互动循环。这样一来,伤害就会越发深刻。会谈结束后,肯感到更加孤独,更加不敢依靠他的妻子。

保罗和弗朗辛对 3 个月前弗朗辛的母亲去世那晚发生的事情耿耿于怀。"你让我送你去医院时,我确实没有马上送你去。你已经在医院待了一整天,而且是医生说你母亲情况很稳定,让你回家休息。你为她做得够多了。结果夜里她病情恶化,你在她去世前才赶到医院。这就都成了我的罪过。这些年来我做的其他事都不算数。"弗朗辛哭着告诉他:"我求着你让你送我去医院!但你根本没把我的感受放在心上。你什么忙都不帮,就连我让你在我离开后照顾一下儿子都不肯。我说什么都无济于事。你根本不在乎我有多想去医院陪我母亲。"过了一会儿,她擦干眼泪,对他说:"你说得很有道理,但你让我失望了,我再也不会求你帮我什么,也不会让你知道我需要你的关心。我一个人承受了所有的痛苦，但你告诉我这不是问题所在。你还是不听。"说完这些后，她起身离开了房间。如果这个伤口不能痊愈，那么弗朗辛向伴侣求助和依赖伴侣的能力也将不复存在。

即使从未了解过爱的新科学，大多数人在描述这些爱的创伤时，都会有一些基于本能和直觉的理解，比如不相信它们可以被治愈。但事实上，即使创伤发生在岌岌可危的关系中，也是可以被治愈的。当然，关系越稳固，创伤就越容易被治愈。多年前，当我在渥太华大学的研究团队首次将这类事件定义为依恋创伤时，我们意识到，对如何真正帮助一个人原谅伤害自己的伴侣并再次敞开心扉，我们还知之甚少。有关宽恕的智慧大多来自哲学著作、宗教作品和道德手册，敦促人们跨越愤怒与复仇堆积成的欲望之山，但它们都没有描绘消除愤怒与悲伤情绪以及重新建立信任的路径。于是，我们开始绘制"地图"，并制订了一套系统的方法来促进创伤的愈合。事实证明，"依恋创伤消退模型"能够有效地帮助夫妻宽恕对方并重新建立彼此之间的信任。

逐步的解析

让我们来看看邦妮和斯坦这对伴侣是如何步入断绝关系的死局的。首先，关系的断联和情感的匮乏使他们频频陷入分离痛苦。然后，他们疯狂地想要重建联结，却陷入了追－逃的怪圈：一方抱怨，另一方却置若罔闻。最后，绝望占据了上风，他们不知所措，任何共情与安全联结的残余都已荡然无存。我有时会把这想象成三个 E：腐蚀（erosion）、恶化（escalation）和空虚（emptiness）。

邦妮和斯坦的爱情故事有一个充满童话色彩的开始。她是一名屡获殊荣的教师，而他是一位功成名就的律师。他们在旧金山的海滩上相遇 4 个月后，斯坦就在金门大桥上向邦妮求婚了。他们觉得自己在对方身上找到了家的感觉，彼此之间的亲密和爱意也远超预期。已经 30 多岁的他们决定马上要孩子。邦妮很快就怀孕了，但她的喜悦之情被滑雪事故造成的背痛复发浇了一盆冷水。邦妮经历了非常艰难的分娩，她突然就要开始过一边照顾婴儿，一边忍受长期背痛的生活。而在这个时候，斯坦升职了，他每天晚上以及大部分周末都要工作到很晚。他知道邦妮想搬去某个新城市，为此他们需要准备很多钱。

这种非常经典的设定往往导致关系开始偏航、希望开始破灭、联结开始崩塌，只留下疏离与绝望。但是，如果能将时间定格，我们是否能洞察到邦妮和斯坦之间的纽带开始变得脆弱的关键时刻？在我的办公室里，在这对伴侣讲述的故事以及双方的互动中，我听到了这些时刻。

- **关系纽带的松动开始于细微的联结缺失和日益增长的匮乏感。**
  "斯坦在我怀孕时从不在家里，"邦妮说，"就好像是我在孤军奋战。"有一些瞬间的断联与被抛弃感可能没有被对方感知，也没有被处理，而这通常出现在需要帮助的关键时刻。"你会在我身边吗""你会对我敞开心扉、给予我积极的回应吗"，这些爱情关系中核心问题的答案都变成了"也许吧"。

- **怀疑与不信任的黑色小杂草开始萌芽。**

邦妮在孩子刚出生 8 个月时出现了一些身体上的问题，而这时候孩子恰好也处于消化固体食物有点儿困难的时期。难以忍受的背痛使邦妮的睡眠严重不足，但同时她也很担心孩子。可她孤立无援：常来帮她的姐姐已经搬走了，而斯坦也要回老家一趟，因为他刚刚接到母亲的电话，说她没法照顾因痴呆而失忆的父亲。邦妮站在卧室外的大厅里，看着斯坦收拾行李箱，她恳求他至少再等几天，自己完全不知道该怎么办，他不能就这样离开她。但斯坦还是走了，而她清楚地记得他离开时的身影。

- **创伤与错位的时刻固化为消极的互动模式。**
当邦妮试图谈论这件事时，斯坦表现得很回避。现在，这段关系中到处都长满了杂草，掩埋了快乐和喜悦的时刻。"你回家后拒绝谈论这件事，"邦妮向斯坦抱怨道，"好像这对你来说没什么大不了的。我告诉你我有多担心孩子，你却说她挺好的。我告诉你我因背痛产生的疲惫，让你抱抱我，可你只会发表长篇大论，说我去看那个用所谓的'能量'治病的医生太蠢，就是浪费钱。当我说有帮助时，你就开始嘲笑我。但如果你妈打电话谈你爸的健康状况，你就变得很和善，和她聊个没完。你把父母排第一位，然后是我们的孩子，最后才是我——如果你还想着我的话！"她伤心地继续说道："一旦我们谈起这个，你就变得很抵触。越是尝试挽回，我就越是沮丧。我变得越来越小心，越来越警惕。"

"不，"斯坦说，"你生气了，然后突然间不管我做什么都是错的。"他回应着邦妮列出的"罪状"："那个医生是个江湖骗子。我比以往任何时候都更努力地工作，这样才能实现你的愿望，而你却把钱白白扔掉。我也累了。我自己也想抱抱你，但我所做的一切你都不喜欢。我做的事只会让你生气。你去看你妈妈的时候，我给孩子的房间刷了漆，就为了给你个惊喜。我买了新的画，买了新的装饰品，都是你想要的，但我得到你的认可了吗？没有。我得到的只有批评。"他盯着地板："我为她做的事都是错的，所以我做得越来越少。"

这对伴侣的"抗议波尔卡"，也就是"追－逃"的舞蹈，现在正无休止地循环上演。关系的发展逐渐失控，滑向了危险的一端。他们谈到曾经尝试过一些让彼此走到一起的活动，比如骑自行车或听音乐会，但他们承认，他们紧张的关系似乎让任何可能获得的快乐都失去了意义。他们还提到，他们已经很少过性生活了。这并不奇怪。当徘徊于情感深渊的边缘时，谁还愿意过性生活呢？就像撕裂的肌肉无法愈合而导致活动受限一样，受伤的关系如果没有痊愈，也会变得僵化，失去弹性、自发性和趣味性。

- **即便越来越疏远，伴侣们仍然会为重归于好做一些小小的努力，但现在这些努力都被忽视或拒绝了。**

在表达了自己的不开心之后，邦妮开了个玩笑，说自己的话有时听起来太凶了。这是一种微妙的甚至是无意识的尝试，试图改变他们互动的基调，改变他们关系的伴奏。但斯坦忽视了这个信息，他没有意识到她在向他示好。他一直低着头，只想要保护自己不再受伤。

两人的戒心让他们拒绝了哪怕是明显的重归于好的暗示。斯坦向邦妮解释，想让她安心："我很关心你背部的健康状况。你去看那个假医生时，我真的很担心。我只是希望你健康快乐。"斯坦在邀请她跳一支"新的舞蹈"，但邦妮侧眼看着他，决定还是稳妥起见。"真的吗？"她说，"我想这就是为什么你总是谈钱吧。"面对她的讽刺和对关心的拒绝，他蔫了。他疲惫地再次试探："你根本不相信我也很关心你，是吗？你说我只关心我的父母。"

邦妮盯着他。她脸上的每一块肌肉都告诉他，她确实是这么想的。即使一方冒着风险伸出橄榄枝，另一方也不会看到、不会给出信任或回应。某天吃早餐时，邦妮对斯坦说："你上班前不再吻我了。"斯坦惊讶地回答道："哦，好吧，但现在我满嘴都是大蒜香肠啊。"邦妮离开前揶揄道："没错。在这个家里，我们都知道什么该排在什么前面。"邦妮觉得自己冒了风险，却被拒绝了。而斯坦觉得自己被抨击了。

- **伴侣关系开始急速下坡。他们开始用绝对化的语言来描述彼此的表现和过失。**

  斯坦发现自己会在上班路上喃喃自语："她一直都这样。自己假设最坏的情况，从来不给我解释的机会。她就是这样的人，又刻薄又爱生气。"他忘了几个月前他还会倾向于说："今天早上她是因为背痛才这样的。她不是故意的。等我回家，她就不会这样了。"

  伴侣们会根据自己个人的不愉快，围绕对方的过错，编造一个有关这段关系的故事。配偶首先变成了不理解自己的陌生人，然后变成了伤害自己的敌人，最后变成了一手策划关系破裂的恶魔。有关过去负面依恋对象的记忆也为伴侣从朋友变成恶魔的过程添了一把火。邦妮在斯坦身上看到了她善变、酗酒的父亲，于是也将他视作冷酷无情的人；斯坦的初恋女友曾在朋友面前罗列他作为情人的不足来羞辱他，而斯坦则看到了邦妮和他初恋女友之间的相似之处。

随着两人的戒心越来越重，分享越来越少，他们各自编造的"我们是如何把关系搞得一团糟"的故事也越来越多。他们的对话充满了相互攻击、报复性的指责和搪塞性的退缩。痛苦不断升级，安全感则不断降低。他们忙于回击对方充满敌意的话语，完全忽略了自己对对方和这段关系造成的影响。同理心，也就是站在对方立场上思考的能力，已经消失殆尽。

- **一种无助感油然而生。双方会逐一封闭这段关系，转向其他让自己感到有能力和有控制力的活动和人际关系。**
  当邦妮抱怨时，斯坦不再为自己辩护。他只是转身离开。他在自己周围筑起了一堵墙，让她无法逾越。起初，这让她感到焦虑和恐惧，试图通过不断升级自己的抱怨和批评来打破这堵墙，但当这一切都不起作用时，她只能望而却步。邦妮开始把越来越多的时间花在母亲家里，而斯坦则在家里建了一个做木工活的工作室。他们第一次来找我时，正是在商讨离婚事宜。

有关爱的新科学的重大突破之一,就是解锁了关系困扰发展中的关键因素:关系断联的时刻、扭曲信号的循环,以及摧毁我们情感生活和家庭的重大创伤。这种理解标志着我们迈出了学习如何塑造爱的第一步。理解爱是维护、修复甚至增进爱的基础。在理解我们为何以及如何与世界上我们最爱的人争吵和产生隔阂这一方面,我们已经取得了长足的进步。我们现在明白了我们为何会将原本最珍爱的人视为死敌而不得不进行自我保护,也明白了这种所谓的自我保护是如何让我们作茧自缚的。

对于本章开头的丈夫山姆来说,伴侣关系曾是一种他无法控制的神秘力量。4个月后,他在我的办公室里再一次发言——一次截然不同的发言。他靠在椅子上,声音温柔:"我感觉我们之间的关系好多了。"他停顿了一下,笑了笑:"对我自己也是!看来我还是能处理好亲密关系的。我们有时还是会吵架,但我不再有那种如临深渊的感觉了。曾经我不知道如何倾听她的心声,所以我只是一味地逼她爱我。我真的感觉学到了很多。我们现在知道如何紧紧抓住对方了。"然后,他看了看我,眼神中似乎带着勉强的尊敬:"也许你们还是知道些什么的,心理学家女士。"

我承认在这时,我有点儿无法克制自鸣得意的冲动。但是,我们有必要进一步了解,山姆和他的伴侣如何在帮助彼此跨越疏离和冲突的同时,创造了一种新的回应爱的方式,从而使这段曾坠入地狱的关系回到天堂。我们需要审视一下对于重建联结的认识。

实验 1

(1)静坐片刻,面前放一张纸和一支笔。然后想想你和伴侣关系中日常的一天。以1~10分为标准，1分代表完全不批判，5分代表中度批判，10分代表高度批判，回答下列问题：你的伴侣对你的批判和不认同程度如何？你对伴侣的批判和不认同程度如何？

把答案写在纸上。不要太在意准确性。你可能会在某一天认为你的伴侣特别不支持你，于是给他打了10分。但这并不意味着你的伴侣是个坏蛋，或者你应该直接放弃这段关系。糟糕的可能只是这一天。在这个实验中，最重要的是觉察你们对彼此的影响。

与伴侣分享你的答案。你们的尝试可以将了解对方如何体验这段关系作为目的，看看能发现什么。当然，如果你愿意，也可以把这个练习当作一个批判的机会，或者把它当作一个探讨批判如何影响你们之间关系的机会。

（2）现在静坐下来，回想一下一天中你与伴侣之间最信任、最安全的时刻。可能是他下班回家叫你名字的时候，可能是你们亲吻彼此、互道晚安的时候。你可以猜猜你的伴侣什么时候会有这种感觉，然后看看自己是否猜对了。如果在你目前的关系中很难找到这样的时刻，或者如果你没有伴侣，那么你可以回想一下在过去的恋爱关系中，或者是与父母的关系中是否有这样的时刻。

在这些时刻，你从伴侣的反应中得到了什么信息？

你和你的伴侣是否有办法减少争吵时的火药味，让你们更有可能和好如初？

当你们都心神不宁、不想听对方说话时，你的伴侣是否有办法帮助你冷静下来，恢复情绪平衡？

安吉拉告诉丈夫："当我感到害怕时，你只要转过来说'我们可以解决的，亲爱的'，然后摸摸我的胳膊，就会对我有很大帮助。

这样，即使我们又开始争吵，也会好一些。"

实验2

以下是关系断联之后试图修复的三种情况。看看哪种情况最符合你和伴侣（或过去的伴侣和其他依恋对象）在关系紧张，就像在舞蹈中踩到对方的脚趾时，你通常会做出的反应和使用的策略。

（1）艾德发现他和莉莉最近关系不太好。特别是他注意到莉莉既不与他有肢体接触，也不和他有眼神交流。为了避免进一步引发冲突，他决定不予理会，顺其自然。他希望事情会随着时间的推移而好转，而且认为直接谈论这件事可能会让事情变得更糟。

（2）乔尔意识到他和艾莉森已经好几周没有过性生活了。这让他很不安，他担心艾莉森不再对他有性欲了。他主动提起了这个话题，指出他们今晚就应该过性生活，而且希望从现在开始每周过性生活三次。他忍不住补充说，尽管她性格很冷淡，但也应该对他更有情调一些。

（3）瑞克想让伊娜告诉自己，他不需要过度担忧两人上周发生过的争吵。他决定告诉伊娜，他真的很担心她还在生他的气，而且不确定她对他的真实感觉。他如实分享了自己的感受，并希望她也能坦诚以待，如果可以的话，向他保证他们之间现在一切都好。

你能否想象并用一句话描述每种修复关系的策略可能对对方产生的影响。对方会怎么做？靠近、逃离还是反驳你？对话可能会如何发展？

你可以将这些策略描述为退缩与回避、接近与要求，以及接近与分享。请你写一写每种情况可能会发生的结局。

实验3

想一想你现在或过去的一段积极的爱情关系。你是如何尝试

修复那些断联的时刻并改善消极的情绪氛围的?

关系融洽的夫妻往往会坦然承认关系疏离时刻的存在及其带来的影响。他们会向彼此分享自己的情绪，并明确表示感到受伤，或对自己造成的伤害感到后悔。他们的交谈中往往伴随着幽默的表达以及肢体上的接触。

在经过一段时间的疏远、互相伤害或冲突之后，当你的伴侣试图修复伤痕、重新建立联结时，你是接受还是拒绝了这些尝试?

第 8 章

联结的重建

> 亲爱的，我们说过无论如何都会一起走
> 黄昏时分，如果我们迷失方向
> 如果我们走着走着，一只手滑落
> 我会等着你
> 如果我落在后面
> 请等等我
>
> ——布鲁斯·斯普林斯汀
> （Bruce Springsteen）

众所周知，破镜重圆的那一瞬间，世界仿佛重回光明。这是小说中惯常的桥段，也是电影中让我们心潮澎湃的情节，甚至会出现在尘封的研究录像中，当然，也会发生在我们自己珍贵的人际关系中。一切都会迎刃而解：突然间，所有的障碍都消失了，取而代之的是一种开放、轻松的联结。但我们是如何做到的？如果我们不知道方法，我们又该如何实现它？

45 岁的帕特里克是一位结果导向的商人。在第一次会谈之前，他就把我快变成化石的博士论文挖了出来，告诉我："听着，我来这里是因为我的婚姻出了问题。我和安娜在一起十年了。两年前，我们如她所愿从加州搬回这里，我也卖掉了我的公司。但现在一切都像扑灭不了的火灾，我妻子不是大发雷霆，就是对我不理不睬。我再也受不了了。"他不耐烦地拂去眼角的一滴泪："你的研究里写了所谓可以改变夫妻关系的新对话，你只要告诉我应该说什么，我就会去说。然后，我们可以在两次会谈内解决这个问题。"

我看得出他很希望这种痛苦能够马上停止。我向他解释说，他们夫妻二人需要先帮助彼此摆脱那些滋生了持续伤害和恐惧的旧对话。而联结性的新对话又会涉及一些有风险的步骤，因此他们必须建立一个能够站稳脚跟、保持平衡的安全基地。但他不以为然，问道："但有些人不就能自然而然地进行这种新对话吗？"我没有反驳，但补充道："这些人真的很幸运，曾经拥有过一段很棒的关系，也是在这段关系中体会到了与他人进行这种新对话的感觉是怎么样的。"正如约翰·鲍尔比在很久以前说过的那样，"一切都是过往的复现"。我试着向帕特里克解释，如果我们认为他人基本上是又安全又暖心的，那么我们就会更倾向于使用建设性的方法去处理情绪和回应伴侣。这让我们在记忆库中储存了更多选择。

然而，没有人能够一直敞开心扉、有求必应。你总会需要来自伴侣的帮助。我告诉帕特里克："重新建立联结是需要你们一起完成的事情。你们要帮助彼此保持情绪平衡,倾听对方并调整自己,就像一支舞蹈。这不是你像个局外人一样说几句正确的话就能'修好'的。"我添上了最后一根稻草:"我们中的许多人甚至不愿意谈论自己更柔软、更深刻的感受,也无法想象与伴侣坦白这些感受会是什么样。"

他盯着门摇了摇头,又擤了擤鼻子。然后他沉下了脸色,低声说:"我不知道你说的什么感受。我只知道我不想失去我的妻子和家人。我的儿子一个才4岁,另一个才6岁。我很爱他们。"我追问:"这一切对你来说似乎都是陌生的领域?"他点点头。安娜,一位曾经的高中教师,用她美丽的绿眼睛注视着我,低声而缓慢地说:"我们从来没有真正谈过更深的感受,也没有这样的体验。"我们就这样开始了治疗。

10周后,帕特里克和安娜学会了辨认和控制属于他们的"抗议波尔卡",他们称其为"迷宫"。在"迷宫"中,帕特里克用冷静理性的态度回应安娜对孩子的不满以及她的失眠问题。两人都在"兜圈子",越是想寻找让对方不那么失落的方法,就越是迷茫和困惑。帕特里克绞尽脑汁提供了一个又一个实际的解决方案,却没有注意到安娜在情感上的困扰。最终,安娜变得更加心烦意乱,斥责他"无情无义",而帕特里克则反驳说她"歇斯底里"。"现在我知道安娜把我看成那种疏离、难以接近的人了,"帕特里克说,"我隔绝了感情,进入'解决问题模式',然后她就会感到孤独和受伤。我现在懂了。"安娜则发觉:"我觉得我也不是那么理解自己的愤怒。在需要他的时候,我得到的是像办公室经理一样的回答,以及一连串'解决方案',比如'别这么敏感'之类的。于是我就会开始指责他。但现在我开始明白这对他的伤害有多大。他其实很在乎，也许他只是不知道该怎么办。"

现在，他们了解了自己的"断联之舞"，并很快摆脱了它。安娜说："有天晚上帕特里克说，'嘿，这又是兜圈子在作祟。我现在是解决问题模式，当我听到你说对我们俩很不安、很失望的时候，我就很容易进入这种状态。所以，你现在一定感觉被冷落了，好像我对你的痛苦不闻不问一样'。他说这话时，我被震住了。我走过去抱住他，他还开了个小玩笑。（安娜皱了皱鼻子）虽然并不好笑，但没关系。"她笑了起来。

但是，认识和停止破坏性的行为只是修复关系的第一步。第二步，也是更难的一步，是通过积极合作建立更牢固、更持久的情感联盟。这就要求我们摒弃类似于"爱情一成不变"的旧观念，变得更加积极主动，比如对情感联结中的微小裂痕更加敏感，并了解如何进行修补。我们已经知道，重建联结的过程是持久而振奋人心的，因为我们在这个过程中将情感上的联结提升到了全新的高度。我们在情感上变得更容易接近、更具回应性、更加投入，这也让伴侣之间的联结更深厚，关系更稳定、更令人满意。在重建联结的过程中，我们自身也会得到改变。当我们敢于冒险，正视自己的弱点时，我们也会更加敢于信任——不仅是信任伴侣，也包括信任自己。

断联和重联的旋律

爱情关系从来都不是一成不变的，它也会有起落兴衰。如果我们想要长久的爱情，就必须承认这个事实，并将关注和调整我们的情感投入程度变成一种习惯。

"我只是觉得，我们都结婚了，也都明白对方是自己的伴侣，那不就可以放松一点儿，把我们的关系看得自然些，"杰瑞米对哈莉特说道，"你应该大气点儿，不要纠结于细节。你知道我爱你。我们对彼此都不刻薄，我也没有做过对你不忠或类似的事情。难道你就不能接受那些不那么浪漫、不那么感人的时光吗？"哈莉特端正了坐姿，声明道："不，杰瑞米。我做不到，再也做不到了。"

杰瑞米回答道："好吧，那你就太不成熟了。"

在某些时候，他是对的。在一段让人感到基本安全的良好关系中，我们可以自行填补伴侣偶尔的情感缺位。我们会用过去互动中的积极情感体验来替代这个缺位，接受对方的不专心可能是有正当理由的。但这只是在某些时候，而且前提是我们知道在真的需要对方时，我们可以随时重建彼此的联结。

爱是一个不断从和谐到不和谐，从调谐、回应到失调谐、不回应，再回到相互适应、相互回应的过程。但要真正理解这一切，就必须放大这些互动并一一分解。还记得修拉的画作吗？如果离画作足够近，就会发现这庞大的场景是由成千上万个小点组成的。研究人员正在对爱情关系进行同样的研究。通过定格视频中恋人之间的交谈与争吵、婴儿与父母之间的互动，研究人员发现了爱是如何在不知不觉中，在联结与断联的微小时刻和行为中被塑造得更好或更差的。

如果我们凑近点儿看，爱情的模样大概就是这样："我睁大眼睛看着你，试图吸引你的视线，而你读懂了我的表情，向我回望并挽住了我。或者，你不理会我对你注意的寻求，继续谈论你自己的想法,而我则转身离去。在下一步中,我们又会重新同步,重新联结。我转身回到你身边,倾身触摸你的手臂;这一次,你理解了我的暗示,向我转过身来,微笑着问我最近怎么样。修复联结的时刻尽管微小而短暂,带来的积极情绪却冲刷了往日的郁结。相遇的时刻能让彼此感到愉悦。"(我一直在想,如果我们能在此时说出内心的想法,我们会说"原来你在这里",甚至"我们就在彼此身边"。)

需要强调的是,失调谐并非标志着缺乏爱与承诺。事实上,它是正常的、不可避免的,有着惊人的普遍性。哈佛大学医学院的埃德·特罗尼克多年来一直专注于监测母婴之间的互动,他发现,即使是关系融洽的母婴,也有 70% 的时间会错过对方的信号。同样,成年人在大多数情况下也会错过伴侣的暗示!每个人都会发出模糊的信号,也会误解对方的暗示。我们有时会无法集中注意力,或者突然改变自己的情绪强度,把伴侣抛在脑后,或者给出太多的信号和信息,让对方无法厘清思绪。只有在电影中,一个凄切的注视才会让另一个凄切的注视如期而至,一次含蓄的触碰总能换来一个恰到好处的回应。如果我们认为爱情就是要随时保持默契,那就大错特错了。

我们能否修正微小的失调谐瞬间,重归和谐,这才是真正的关键。关系永远在不断"更新"。保持关系稳定靠的并不是对巨大裂痕的弥合,而是对层出不穷的微小裂痕的修补。事实上,华盛顿大学的约翰·戈特曼说,大师级夫妻(他对成功夫妇的称谓)与寻常夫妻的区别不在于避免争吵的能力,而在于修复日常断联的能力。

对于早期互动中的迷你失调谐及它的修复，特罗尼克和他的团队通过分析婴儿和母亲玩躲猫猫游戏（peekaboo）的视频，细致研究了这一过程的具体细节。一开始宝宝很开心，但随着游戏的进行，他变得很紧张，并转过身吮吸自己的拇指。一心玩耍的妈妈错过了这一提示，大声喊着"Boo！"宝宝低着头，没有任何反应。他闭着眼睛，回避了妈妈发出的过于突然和强烈的信号。

接下来发生的情况基本上可以分为两种，一种是积极的，另一种是消极的。第一种情况是妈妈敏锐地捕捉到了宝宝的不知所措，于是她安静下来，开始关注宝宝的情绪表达。等到宝宝再次抬头，妈妈先是慢慢地微笑，邀请式地扬起眉毛、睁大眼睛，然后她才再次开始游戏。失调谐和瞬间的断联转变成为调谐和轻松的同步。这一切只需要一个微笑或温柔的抚摸。

在第二种情况中，妈妈忽视了宝宝的信号，甚至根本没有理解宝宝的意思。她更加着急、更加迫切地推动着互动的进行，坚持让宝宝与她保持接触。宝宝一转头，妈妈就伸手把他的头转回来，结果宝宝反而闭着眼激动地哭了起来。妈妈恼羞成怒，最终转身不再理会宝宝。这就是特罗尼克所说的"互动失败"。母亲和婴儿都会感到与对方的联结断裂了，情绪上也很低落。

这些微小的互动会随着时间的推移不断累积，最终在亲子之间形成安全型或不安全型的依恋风格。特罗尼克指出，在婴儿7个月大时，表现得最积极、最贴心的母亲养育的婴儿会表现出最多的快乐等积极情绪，而表现得最疏远的母亲养育的婴儿则会表现出最多的哭闹和其他抗议行为。那些爱干涉孩子行为的妈妈养育的婴儿则最喜欢躲开妈妈的视线。在与依恋对象的早期交流中，我们学到了人们是否会对暗示做出回应，以及失调谐的瞬间有多大的可修复性。

在早期互动中，安全型依恋的人学会了容忍一时的断联，不将其灾难化，因为知道另一个人会帮助他们恢复情绪平衡并重新与他们建立联结。而焦虑型依恋的人则形成了截然不同的观念：他们不能依赖另一个人来回应和重建联结，因此一时的断联就意味着灾难。回避型依恋的人的想法则更加极端："无论我做什么，都不会有人在我需要的时候来帮助我，所以最好不要费心去尝试与他人产生联结。"

这些在早期互动中习得的经验被我们带入成年，影响着我们的浪漫关系。小说家威廉·福克纳（William Faulkner）曾这样写道："过去从未逝去，甚至从未过去。"心理学家杰西卡·萨尔瓦多（Jessica Salvatore）和明尼苏达大学的同事一起研究了73名青年男女的恋爱关系。他们从出生时就开始参加一项关于依恋关系的纵向研究，研究人员评估了他们12~18个月大时与母亲的关系。等到成年后，他们和恋人又分别在实验室中接受访谈。访谈结束后，研究人员要求他们和恋人在10分钟内讨论一个两人之间的重大冲突，然后在4分钟的"冷静时间"内讨论彼此在哪些地方的意见是一致的。

研究人员对这些谈话进行了录像，观察这73名成年人如何停止冲突，摆脱负面情绪的影响。有些人转换心情很迅速，也很容易；有些人则坚持谈论冲突，并不断提出关系中的其他问题；有些人则完全拒绝交谈。那些能很快冷静下来的人通常在恋爱关系中更快乐，而且他们的伴侣也是如此。正如我们所预料的那样，在婴儿时期被评估为安全型依恋的人一般都能成功地停止有关冲突的讨论。

但是，一个人的依恋史是预测恋爱关系稳定性的关键吗？伴侣解决冲突的能力是否也是一个重要因素呢？两年后，萨尔瓦多再次对73名被试进行了评估，结果发现，即使有些人曾经形成了不安全型依恋，假如他们的伴侣能够从争吵中很好地恢复过来，并将彼此之间的对话变得更加积极，那么他们的恋爱关系就更有可能长久。

我称之为缓冲（buffer）、平衡（balance）、反弹（bounce）效应。一个更有安全感的伴侣可以缓冲你的恐惧，帮助你恢复情绪平衡，从而重新建立彼此的联结。然后，你们一起从分离痛苦、疏离和冲突的状态中反弹回来。即使我们感到再安全，也不可能不需要伴侣帮助就能调整依恋舞蹈中变换的情绪背景音。关系中的痛苦和修复永远是两个人的事情，因为双人舞永远不可能由一个人来完全定义。

然而，有些人需要更结构化的帮助来找回情感的和谐。结合我30年来的实践与研究，以及这几页中阐述的有关爱的一些新理论发现，我和我的同事们创建了一种修复关系纽带的强大方法——情绪聚焦疗法。作为唯一一种基于依恋理论的干预方法，情绪聚焦疗法正在重新定义伴侣治疗与教育这一领域。目前，已经有多项研究证明了它的有效性。接受过情绪聚焦疗法治疗的夫妻对他们之间的关系，以及安全型依恋中包含的各种元素（包括亲密感、信任感和宽恕能力）的总体满意度都有所提高。而且，在结束治疗多年后，这种更安全的情感纽带仍然保持了稳定。

我们最新、最激动人心的一项研究（在第3章中讨论过）通过功能性磁共振成像脑部扫描证明，在接受情绪聚焦疗法并使伴侣之间的依恋更加安全后，握住伴侣的手真的减轻了被试的恐惧和在被电击时感受到的疼痛。正如依恋理论所预测的那样，与充满爱意、高回应的伴侣之间的接触，是面临危险和威胁时的强大缓冲。当我们的爱情关系发生改变之后，我们的大脑与世界同样发生了改变。

爱的新科学让我们能够磨炼干预技术，做到有的放矢，志存高远。我们的目标是建立长久的终身联结，这种联结能为伴侣双方提供安全的避风港。最近，我们还根据我的早期著作《爱的7种对话：建立持续一生的亲密关系》制订了一项团体教育计划，帮助伴侣将我们几十年的研究成果运用到他们自己的关系中。

一步一步修复联结

正如我们在第2章中所讨论的，幸福而长久的联结与对情绪的及时回应有关。"你在我身边吗"这一核心的依恋问题需要肯定的回应。安全的联结有三个基本要素：

- 可接近性：对方能给予自己足够的注意力，并对自己说的话保持开放的态度。
- 回应性：对方能够接受自己的需求与恐惧，并给予安慰和关怀。
- 情感投入：对方会在情感上与自己同在，并全神贯注地投入其中。

如果双方的联结中缺少了这些要素，反而是疏离和断联占据上风时，想要重新建立联结，基本上需要经过以下两个步骤。第一步是伴侣需要帮助对方放慢脚步，控制住舞蹈中的恶性互动循环，因为这会让伴侣失去情绪平衡，并对威胁性或丧失性的线索过度敏感。当伴侣能够停止这些造成情感匮乏和依恋恐慌的失控循环时，关系就会开始改善。

想要遏制这种"追－逃"的循环，我们首先需要认识到它作为一种循环的本质。我们总是太过关注伴侣的行为，却忘了自己也是互动循环的参与者。我们需要意识到彼此正身处双方共同造就的反馈循环中。当我们明白这是一支"双人舞"时，就会停止"你总是踩我脚"这种下意识的责备。这让伴侣得以见到舞蹈的力量和它的动力来源，以及彼此是如何被它控制、因它恐慌的。

我的一位来访者普鲁指责她的丈夫拉里太过吹毛求疵："我做什么事他都要抱怨——我怎么做饭，怎么过性生活。感觉我一直在被他挑剔。这真的很让人崩溃。"拉里则争辩说，普鲁总是拒绝认真谈论他们之间的任何问题："她只会躲得远远的，我根本找不到她。"随着会谈的进行，这对夫妇开始意识到，他们都被困在了一种他们称之为"坑"的互动模式中。我会鼓励来访者为他们的互动模式取一个名字，这是为了帮助伴侣看到这个模式的存在，并开始认识到他们的敌人是这个模式而不是对方。这个正在控制他们关系的敌人是他们在不知不觉中共同制造的，而他们必须一起努力，将他们的关系从敌人的魔掌中解救出来。

现在我们要做的是探寻塑造了这种模式的诱因和情绪。普鲁和拉里讲述了他们掉进"坑"时发生的一件事，我们聚焦事件中的每一个细节并以慢镜头播放，看清了这些互动细节对伴侣之间的关系产生的影响。他们去欧洲度假之前，普鲁忙于照顾她垂死的姑妈，总不在家，拉里对此积怨已久。赶火车时，拉里突然发现火车已经开始缓缓移动，他怕错过火车，一下跳上了台阶，并对端着咖啡杯的普鲁大喊："赶紧上车！"拉里一边让列车员减速，一边向普鲁伸手，但她愣住了。最后，她抓住了他的手，挣扎着上了火车，气喘吁吁。拉里转身对她说："你太拖拉了！"普鲁听了既震惊又受伤，在接下来的旅途中拒绝和他交谈。她既对拉里的斥责感到愤怒，又害怕自己真的太"拖拉"、有太多缺点，以至于拉里不愿意再爱她。她将他拒之门外，一心只想着自己的不足，开始陷入抑郁的旋涡。

我和拉里一次又一次地对这件事进行复盘，我们将这件事拆解成一分一秒，聚焦他每一刻的情绪，并分析这些具体的情绪如何反映出他对普鲁和他们之间关系的整体感觉。他说，当她在远足时没有跟上步伐，他就会有些"急恼"，因为他注意到她没有按时服用关节炎药物。"她不和我在一起，我就会很焦虑。我觉得她靠不住。"当普鲁在火车开动时待在原地的时候，拉里觉得一种"被疏远"的感觉淹没了他。他说："她没有努力跑过来跟上我。"这让拉里感到慌张。接着拉里又谈到，普鲁在姑妈家住的那3个月里，他感到很孤独。尽管他已经习惯了否定或"压抑"这种经常出现的感觉，但有时当他控制不了时，这种感觉就会涌上心头，吞没他的理智，让他变得怒气冲冲、尖酸刻薄。说到这里，拉里哭了起来，因为他意识到自己是多么需要她，但又害怕她是"无法接近"的。这种依恋恐慌把他带进了"坑"里。

对于普鲁来说，让她"呆住"甚至逃离拉里的恐惧来源于一种悲观信念，即她缺点满身、毫无价值，所以一定会被拒绝。当他们能在情绪化的时候认识并找回自己的情绪平衡时，就能看到发生在日常生活中的痛苦戏剧，并帮助对方阻止其愈演愈烈。他们可以控制关系中裂隙的大小，并找到一个安全基地。有一天晚上，拉里发火了，普鲁回应道："现在是不是你的'恐慌时刻'？我不会和你僵持，我希望你能先缓一缓。"伴侣双方都开始用新的眼光看待对方：在普鲁看来，拉里是在害怕而不是在咄咄逼人，而在拉里看来，普鲁是在保护自己不被拒绝，而不是简单地抛弃他和"生闷气"。

哈佛大学医学院的心理学家希里·科恩（Shiri Cohen）和同事最近的研究证实，在这种过程中，伴侣并不需要突然变成共情大师或情绪专家。伴侣，尤其是女性，很容易发觉他们的爱人在尝试倾听，并且是真的在关心自己的心情。这本身就创造了一个新的安全区，让伴侣们可以开始拓展舞步，与对方一起冒险。处理情绪的新方式塑造了新的舞步，而新的舞步反过来又塑造了调谐与修复的新机会。但是，仅有这种控制误判和失误的能力是不够的。

重建联结的第二步更加困难，但意义也更加重大。在这一步中，伴侣要进行强有力的积极互动，并真正接触到对方。具体来说，回避的伴侣必须敞开心扉，在情感层面上参与进来，而抱怨的伴侣则必须冒着风险表达自己的脆弱。伴侣们需要让彼此同频共振，并保持这种状态。他们会发现这个过程很冒险，但如果坚持下去，关系中就会充满积极情感，迈入全新的阶段。这一过程不仅重新唤醒了双方对彼此的信任感，而且对许多人来说，也是一次革命性、解放性的情感体验。

这种体验伴随着深度的情感投入。伴侣用简单易懂的方式接触对方，得到了温柔而体贴的回应。这就形成了新的积极互动循环，即"接触－回应"循环，它塑造了将关系视为安全港湾的心理模型。"接触－回应"循环满足了人最基本的需求，即对安全、联结和舒适的需求。这些最原始的情绪需求得到满足的时刻与"激情"的时刻一样重要，会被大脑认真地储存起来，在神经网络中整理成如何亲近他人的参考。对接受情绪聚焦治疗的伴侣的追踪研究表明，多年后稳定的关系修复能力与满意度的最佳预测因素就是伴侣保持和塑造这些情感时刻的能力。

那么，当真正的联结开始在这些互动（我称它们为"请抱紧我"式对话）中形成，让一对夫妇从对立走向和谐时，究竟发生了什么？直到最近，我们还不知道哪一些亲密互动中的具体回应能让成年人建立起温柔的爱情联结。用威斯康星大学的心理学家琳达·罗伯茨（Linda Roberts）和丹妮尔·格林伯格（Danielle Greenberg）的话来说，我们已经有了"对冲突类型的研究……但无从绘制导向积极亲密行为的路线地图"。许多年来，我们已经看到很多伴侣在专注于重建联结的疗法的帮助下重归于好，这些经验恰恰让我们有了绘制这幅地图的能力。

在"请抱紧我"式对话中，伴侣需要完成一系列小任务。无论是追逐和抱怨的那一方，还是防御和回避的那一方，都需要去尝试：

- **倾听、维持自己柔和的情绪，保持与所爱之人建立潜在联结的希望。**

  约翰说："我确实对你发火了。但当我扪心自问时，你和闺蜜去那些俱乐部真的让我很担心，很难过。有时候我整个人都因为这个变得很烦躁。和你说这些真心话真的挺难的，我还没习惯谈论这些东西。"

- **调节自己的情绪，以开放和好奇的态度看待对方，并表现出对倾听对方暗示的积极意愿。不要被情绪淹没，或是试图逃避和装傻。**

  约翰说："公开地说出这些让我感觉自己有点儿傻，但事实就是这样。否认它，或者什么也不说，是行不通的。我们只会渐行渐远。你听懂了吗？你是怎么认为的呢？"他的妻子，金，走过来拥抱了他。

- **将情绪转化为清晰、具体的信号。这些信息不是相互矛盾或杂乱无章的。清晰的交流源于对内心恐惧危险、渴望安全的清晰认知。**

  约翰说："我知道我有时会抱怨你晚回家时显得太累，或者你花钱太多。但事实并非如此。这些都是题外话。只是这让我想起了过去的恋情，我对这个真的很敏感。这让我很为难、很害怕，我都想跟在你后面喊'别走'。因为如果你走了，就好像你选择了别人，选择了俱乐部，而不是我，不是我们。就是这种感觉。"他睁大了眼睛，表现出深深的焦虑。

- **容忍对对方反应的恐惧，保持接触并给对方一个回应的机会。**

  约翰说："你什么也不说。你生气了吗？我希望在我对我们的关系没有那么多信心的时候，我们能谈谈这些事，而不是把事情压在心底。我想听听你现在的感受。"金告诉他自己很困惑,因为她觉得自己要对得起朋友,但约翰的感受也很重要。

- 明确提出自己的需求。为此,伴侣必须承认并接纳自己的依恋需求。

  约翰说:"我想知道,你对我们、对我是真心的。我想感受到你是我的伴侣,没有什么比这更重要。我想要确认我的需求在你心里也一样重要。这样我才能安心,否则我就太冒险了。"

- 倾听并接受对方的需求。带着同理心真诚地回应这些需求。

  约翰说:"我知道我过去控制欲有点儿强。虽然听你说这个有点儿难受,但我知道你需要做出选择,而且你和朋友们在一起也很开心。我现在不是在发号施令什么的,只是想知道我们能不能一起解决这个问题。"

- 即使对方的回应不是你所希望的,也要带着信任和积极情绪做出相对平衡的回应,如果对方的回应正合你心意就更要如此了。

  约翰说:"好吧,你有音乐会的票,我想你会去的。我一个人没事的。之前没有和你说过,如果你事后告诉我你去了音乐会什么的,会让我也有一种参与感。我很感激你能倾听我的心声,告诉我你会考虑我的感受。"金告诉约翰,她仍然害怕把自己完全交付给他。夜晚外出的行为就是她在声明自己的底线,表明她可以对抗他。但金也意识到了约翰的恐惧。她告诉他，她在外不会调情，也不会喝太多酒，而且她现在外出的次数变少了。

- **探索并考虑伴侣的现实情况，理解而不是否定对方的回应。**

  约翰说："我不想对你指指点点，这会让你不高兴。你有充分的理由这样做，我也知道你并不想伤害我。我不想让你觉得在被人控制，我只是感觉有点儿焦虑。"他向金伸出手，她转过身来抱住了他。

当对话偏离正题时，约翰（如果是金的话更好）可以将其拉回正轨，继续传达主要的情绪信息，即对联结的渴求。比如当约翰再次开始对金光顾的"肮脏"俱乐部喋喋不休时，她就能冷静地安抚约翰，告诉他自己担心他对此感到担忧，帮助约翰回到对自己恐惧心情的谈论上来。伴侣双方都在帮助对方维持情绪平衡，将对话保持在深层次的情绪与联结频道上。通过探索自己的情绪和积极与金接触，约翰正在尝试修复自己的断联感。在以前，他的做法是批评爱人找朋友的品位，或规定每个月双方可以单独外出多少次。而现在，他开始转向依恋关系中最核心、最重要的对话，在这种对话中，"你在我身边吗"这个问题是清晰可见的。他分享自己的心情并请求金的情感支持，请求她帮助他一起应对依恋恐惧。

在一段痛苦关系的日常互动中试图建立联结的方式是与此截然不同的，甚至在相对幸福的关系中也是。我们总是绕过与依恋有关的情绪和信息，不肯直截了当地说出我们真正想要什么，给爱人的信号仍是隐蔽、笼统、模糊的。哈尔对露露说："我觉得我从来没有向你索要过关心。我从没有这么做过。你主动关心我时，一切都很正常。但每次你开始抑郁的时候……我会问你'想看电影吗'或者说'你应该出去走走，振作起来'。但你只会背过身去，两秒钟后我就被激怒了。在我的脑海里，我仍然认为是电影的问题，或者是你没有照顾好自己，而不是你在我面前消失了。"当哈尔能够表达因露露的回避而产生的失落感时，他们就能换一种方式来处理露露的回避和她的抑郁症——一种让他们之间的联结更紧密而不是更疏远的方式。

即使是在本就安全、幸福的关系中，最深刻聚焦于依恋的"请抱紧我"式对话也能在双方之间建立起切实的安全感与联结感。即便伴侣之间的联结并没有断开的迹象，这种对话也可能在他们想要更亲密的时候发生。一天晚上，露露对哈尔敞开心扉，说在他们亲热后的某个时刻，她感觉自己"沉入了某个柔软的地方，在那里我们只是属于彼此，不再害怕冒险"。哈尔也回应了她，并分享了自己类似的感受。每当这对恋人分享他们的"柔软地带"和对彼此的需求，并怀着同理心和关怀心做出回应时，他们都在无形中让伴侣确信自己是被选中的、不可替代的那个人，彼此之间的联结也随之加深。

让我们看看本章开头来接受伴侣治疗以重修旧好的帕特里克和安娜夫妇是如何做到这一点的。他们已经能够控制住关系中的消极互动循环。当安娜抱怨说："为了这段感情，我放弃了我的事业。现在情况好点儿了，但我仍然得不到我需要的安慰。"帕特里克的第一反应仍是回避，但随后他看向安娜，伸出手放在她手上。"是啊，安慰人一直不是我的强项，不是吗？"他喃喃道。这对夫妇谈到，他们知道自己需要重新学会信任和亲近对方，但双方都不太确定该怎么做。

现在，他们进入了治疗的第二阶段——在"请抱紧我"式对话中深入挖掘彼此的感受，进而重建联结。"当安娜生气地指出她为这段关系付出了多少时，你会怎么想？"我问帕特里克。

"我不想把她拒之门外，"帕特里克轻声回答道，"我知道这行不通。但待在这里听她说这些对我来说太难了。一听到她对我有多不满意的老生常谈，我就陷入了'我怎么才能满足她，怎么才能补偿她'的情绪中。就像我们在这些会谈中发现的一样：我觉得我辜负了她，产生了一种被威胁感，所以我的脑子变得乱糟糟的。我想我应该是害怕了。"

我想让他更深入地挖掘自己的情绪。"当你像刚才那样开始封闭自己的时候，你心里是怎么想的？"

"哦……嗯……我感觉有点儿像是绝望——无助，应该是。我绞尽脑汁想着解决办法（帕特里克用手敲了敲脑袋），却一无所获，然后我就停了下来。没有什么是我能做的。是的，就是有点儿绝望的感觉。如果和我在一起对她来说是赔本的买卖（他停顿了很久），那么这段关系就全完了。（他抬头看了看我和安娜，讽刺地笑了笑。）难怪我会封闭自己，是吧？"

"我会这么描述这种情况，"我回应道，"安娜生气之后，你会因为找不到合适的解决办法而陷入恐慌。你认为自己永远没办法很好地处理这种情况，也无法被妻子视若珍宝。你感到绝望、无助，觉得这段关系注定会失败。就是这种黑色浪潮让你放弃了，也让安娜觉得自己被抛弃了。在我们讨论这个问题的时候，你的感受是什么样的？你能帮助安娜真正了解你的感受吗？"

我真正想让帕特里克做的，是向安娜展示他可以全身心地投入与她的交流中。他没有让我失望。

帕特里克转向妻子，看着她的眼睛："嗯……每当你生气的时候，我都会很抓狂。我感到好无助，好像有一个声音在说，无论我怎么努力都无法让你幸福。我试过了。我真的很努力地试过了。这几天，这种无助感总是吊在这里（他摸了摸自己的肚子），害怕听到你说对我们、对我有多失望。我能经营得了一家大企业，却抓不住你的心。"帕特里克低下头，又抬起头，向前倾身。"我从来没有想要疏远你，"他说，"以前应该有很多次你需要我的安慰。其实我很喜欢你这样想——你希望我能安慰你。我只是被自己的恐惧迷惑了。一直以来，我都以为你觉得爱上我是不值的！"安娜看着他，表情放松而柔和。

帕特里克继续说："你和孩子们是我生活的中心，我不想一直陷入这样的死胡同。我很想让你在和我相处时感到幸福，但我需要你给我一点儿宽容，给我一个学习的机会。有时候我可能没有意识到你想要的是什么，但这并不意味着我不在乎你。我希望你能看到我在努力尝试。我为你做了很多事，我也想要得到认可，想确认你哪儿也不会去，会和我一起解决这个问题。我也希望你能告诉我，我不是一个坏丈夫……感觉到这些心情，然后告诉你真的很难。也许你不会在乎吧。"

帕特里克现在变得非常平易近人，积极地帮助妻子了解他的内心所想。他伸出手，希望安娜能够保证他所透露的信息对她来说是有意义的。他清楚地表达了自己的需求，让安娜看到了他的内心，并给了她一个回应的机会。

但她能就这样接纳他吗？我突然意识到，在人际的交谊舞中，明白如何向在意之人抛出橄榄枝是最基础的技巧。但是，我们还需要知道如何回应他人的需求，从而与他人携手共舞。

"我在乎，"安娜慢慢说道，"这太不一样了。知道你不是单纯的生气或漠不关心，我就放心了。我没想让你害怕成这样。我不知道我对你有那么重要！之前我只看到你做出一些不考虑我感受的理性妥协，没想到你是在害怕！"

"是的，我是在害怕。"他回应道。

我问她感觉如何，她说："我感觉我们的关系更紧密了。现在我知道他是想和我更亲密一些，这种感觉好多了。"

他们已经有了很大的进步，但还有一段路要走。帕特里克在舞池中等待，但安娜迟迟不愿放下芥蒂，开始新的舞蹈。如果他们想要更安全的联结，她也必须冒险换一种方式，坦白她的恐惧和需求。而我的工作就是在这支新舞蹈中充当引导者。

"那么，安娜，"我在后一次会谈中问道，"你是不是对你们之间的关系更有希望了呢？"

"是的，"她回答道，"但我发现自己还是在旧调重弹，不知道你懂不懂我的意思。几天前我们在家里发生了一点儿争执之后，他来找我，我知道他是在冒险，是在向我示好，但我发现自己莫名其妙地退缩了，重复着我以前的口头禅，说他是多么冷酷无情之类的。我想，与其对他敞开心扉，还不如直接生气来得轻松。"

"在你们的关系中,你是那个一有风吹草动就躲起来并做好战斗准备的人。我猜这对你来说一时半会儿很难放弃,对吗?"我问道。她点点头。"那次争吵过后,你的感受是怎么样的呢?"

安娜苦笑道:"老样子。孤军奋战。就是那种'又变成这样了'的感觉。随时准备掏枪或者变成冰块!"她看向帕特里克,耸耸肩,仿佛在对他说"你能做什么呢","但我已经厌倦了生气"。

"当帕特里克向你示好时,即使你厌倦了生气,而且感到很孤独,也依然很难做出回应?"

"是的。我还是很难信任他,真正相信他在亲近我,不会突然就消失不见。"

"你能和他说说吗?"

安娜转身对帕特里克说:"我还是很难相信这样做是安全的。和你在一起的时候,我觉得自己无处藏身。当我开始相信你会陪着我时,我的胃却隐隐作痛。我想要这样,但……感觉不确定。我怎么知道……"她一动不动,沉默了几分钟,然后继续说:"我怎么知道我不会再次受伤,再次被抛下?我现在已经有点儿害怕信任你了。"

帕特里克点点头,向前倾身:"嗯,我能理解。我们已经错过太久,彼此都很受伤。有时我确实是有点儿心不在焉或者在状况外,但我一直在努力试着陪伴你。我希望你能试着相信这一点。如果你不总是生气的话,事情就容易多了。"

安娜笑了起来:"嗯,现在我只是偶尔生气……就是当我脑海中的那个声音告诉我要小心的时候。我想我是害怕抱有期待，害怕让那份对你的渴望流露出来。如果我这么做了，而你却没有陪着我……"

"那会让人难以接受，是吗？"我问，"就像一个人在外太空流浪？绝望的感觉？"

"是的，"安娜表示肯定，然后转向帕特里克，"所以我现在还是很害怕。不，我真的怕极了。但我也确实渴望你，渴望你能安慰我、安抚我，也希望你能给我一些时间去信任你，去确认这是安全的。我很感激你在这几次治疗中所做的一切。我希望我们真的能亲密无间。也许我只是需要一点儿帮助。"

"没问题，"帕特里克满面笑容地回答，"我会尽我最大的努力。我会在这里陪着你。"安娜露出了笑容，握住他的手："嗯，现在你特别完美！我想我必须学会多信任你一点儿。"

他站起身张开双臂，她便投入了他的怀抱。安娜分享了她的恐惧，而不是将它们藏在愤怒的外皮之下，她也拥有了表达真正需求的勇气。

会谈结束后，我坐在办公室里回味刚刚发生的一切。再调谐、修复和复位这些词在我脑中闪现。我感觉很快乐。即使是看着别人之间产生联结，也会为我们带来愉悦感。我们哺乳动物的大脑将这认知为好事，就像认知到阳光照在脸上的感觉一样。作为一名科学家，一名研究者，我看着办公室里刚刚发生的一切，预测在治疗结束时，安娜和帕特里克将感受到一种联结感，就像找到一个安全的避风港，这种联结感为情感隔离及其带来的所有悲伤情绪提供了最终的解决方案。

此时，安娜和帕特里克可以做 3 岁、13 岁、36 岁和 66 岁的安全依恋组合所能做的事情。他们可以一起创造情感上的同步，体察自己和对方的情绪，并能感同身受地回应对方柔软的情绪和对依恋的呼唤。他们在我眼前连接起了一条爱的纽带。

安全的联结带来的力量足以消除多年的不信任感和被孤立感，也许是因为它释放出的积极情绪，也许是因为互动的原始生存意义。不管是什么原因，一旦这类事件开始发生，伴侣们不仅可以走上一条新的、更积极的道路，还可以将不可避免的断联重塑为更深层次的信任，从而能够一次又一次地坠入爱河。

安全联结的伴侣在未来也可能会经历令人沮丧的误解和断联，但这种体验不再是灾难性的。即使出现了分离痛苦，也可以得到控制和解决。伴侣能帮助彼此不断丰富回应的方式，而不是把对方吓得采取僵硬的防御姿态。即使伴侣双方在过去的生活中从未有过这种体验，这些积极的经历能否重塑大脑，创造信任与共情？我认为可以。

一旦伴侣知道如何敞开心扉、明确地表达自己的需求，并在依恋层面上回应对方，那么他们就拥有了一个安全基地。这个安全基地可以帮助伴侣在关系中其他会引发依恋恐惧和需求的领域（如性和创伤）进一步形成和加深彼此之间的联结。

性的治愈

在治疗过程中，安娜和帕特里克开始讨论他们的性关系。在这个方面,他们的角色相比结婚之初时发生了逆转:帕特里克成了要求更多性生活的追求者,而安娜则成了回避者。如今,安娜坦诚道:"我知道我对性有点儿戒备。虽然我们已经有了不错的改变,比如增加前戏时间,事后多拥抱一会儿之类的,但我还是不敢完全放开。这有点儿奇怪,但我觉得对我来说,这有点儿像你平时的感觉。你说你觉得自己不够好,我想我在性生活中也是这样想的。当你在亲热的时候说起你的性幻想时,我就会有点儿失落。我会僵住。我不知道该如何成为你想要的性感、开放、火辣的女人。我不想在高潮时大喊大叫,我觉得我是更加内敛一些的那种人。所以,很多时候我都会不由自主地被这种念头分去注意力,我会害怕自己没有你想要的那样性感。"她叹了口气,低下头温柔地说道:"也许我永远都不会是——那不是我——所以(她摊手表示无奈)我猜,我是想避免这种感觉,这也让我在亲热时不那么放得开。但好像在我这么做的时候,你会觉得被我拒绝了。"

安娜表露出的真实想法与她以前对性生活的负面评论相去甚远。那些评论如同暗示帕特里克只是一个饥渴的毛头小子。不用说,这种评论无法让帕特里克投入到开放性、探索性的对话中。但安娜在表露了自己的脆弱之后,要求帕特里克保证把她视为一个令人满意的性伴侣时,他就觉得做出这种保证很容易。他还告诉她,他之所以讲那些话,是因为他觉得这样很"性感",而且能让爱人感到被渴望。他承认在他看来,只要爱人流露出一丝不情愿的迹象,他就会陷入怀疑自己是否被爱的泥潭中。

当伴侣之间的情感联结变得更加稳固,并将新发现的安全感延伸到关于性的对话中时,性生活就不再是对欲望的测试,而是在肯定这段关系中的愉悦感和满足感。这种"请抱紧我"式对话为探索独特的性关系舞蹈提供了一个能带来安全感的平台。

创伤的治愈

"请抱紧我"式对话还能很好地帮助治疗破坏性事件(如上一章中所讨论的事件)造成的依恋创伤。聚焦于这种创伤的"请抱紧我"式对话可以促进宽恕、重建信任。我与渥太华伴侣与家庭研究所和渥太华大学的同事们的一项研究发现,所有带着单一依恋创伤(如婚外情)来找我们的苦恼夫妻,只需与经验丰富的治疗师进行12次或13次情绪聚焦治疗会谈,就能得到帮助。情绪聚焦治疗将他们之间的信任提升到了一个新的层面,让他们能够真正和解。这些成功和解的夫妻全身心地投入到围绕创伤本身甚至更广泛的关系需求的"请抱紧我"式对话中,变得更加开放、更高回应,也更能互相帮助。更重要的是,即使是3年之后,他们本人以及彼此的关系依然很不错。

想要让转变关系的对话进入宽恕阶段,伴侣需要先了解创伤如何影响了他们的关系,以及他们如何才能控制住彼此的负面互动模式(如"追-逃模式")。这样,他们就能足够安全地投入到对创伤事件的复盘中去。对话的步骤如下:

- 受伤的一方敞开心扉,勇敢地向爱人倾诉内心深处的痛苦和失落。双方都要谈论自己本身和自己柔软的感受,而不是对方性格中的缺陷。核心的情绪和传达的信号须是清晰的。

爱丽丝对本说："我一直都在严厉地指责你。我现在也明白了，这是我们关系中的伤痕一直存在的原因之一。我们女儿重病的那天晚上，我特别孤独、特别抓狂，感觉身边空空荡荡的。我简直不敢相信你不在我身边。我从没觉得自己可以或能清醒地告诉你这些。每当我试着告诉你却无法说出口时，我就更加气恼。所以我告诫自己'别再这样了。当你感到脆弱时，不要指望他会支持你。永远不要'。"

- 造成伤害的一方努力倾听并开始关注对方的伤痛，避免陷入防御和否认，承认受伤的一方的伤痛比事件本身的细节更重要。夫妻双方公开探讨并分享是什么导致受伤的一方无法回应对方对联结的呼唤。

  本告诉爱丽丝："你说得对。我明白我有必要告诉你，我当时应该陪在你身边的，但我太专注于赢得那份合同了，急于证明自己是个成功的领导，最终也确实做到了。但我不知道你有多需要我。我把关于你的所有淡化了，因为我就是没法拒绝'成功'这件事，所以我最终让你们失望了。我没有去认真倾听。我走错了频道。"承认我们对伴侣造成的影响，可以为更深入的分享和真正的疗愈打开一扇门。

- 在感到心声被倾听、被肯定后，受伤的一方就能集中注意力，清晰地表达与创伤有关的信息，促使另一方真诚地道歉。

  爱丽丝喃喃道："你说你'知道'孩子会没事，但你没亲眼见过。她看起来伤得很重，非常重，就像被卡车撞了一样。我以为她要死了。当医生告诉我他们要做什么的时候，我几乎无法呼吸。我必须同意他们动手术，但你不在。好像我没有丈夫一样，只有我一个人，孤零零的，看着她死去。当我告诉你这些时，你却跟我争论说事情没那么糟。这让我感觉更孤独了。"

现在，本表现出的痛苦与妻子如出一辙。他现在能够体会到，他在妻子最需要他的时候抛弃了她，她会有多么恐惧，多么悲伤。他的情感高度投入，用悲伤的表情和声音向妻子表明，她的痛苦让他心痛。他在这种深度的情感投入中表达出的歉意和悔恨会更有效果。本低声说："我让你失望了。我让我们失望了。我很抱歉，亲爱的。我不希望你再经历这种感觉，再经历这种不知所措了。我没想到你会这么害怕，也不知道这件事居然会这么严重。难怪你一直生我的气。我想帮你治愈这种痛苦。为了再次赢得你的信任，我愿意做任何事。"

- **一旦伴侣互相分享了自己的脆弱，就为聚焦创伤的"请抱紧我"式对话的倒数第二步——分享需求——做好了准备。**

爱丽丝提出了治愈所需要的东西。"我还是会害怕，"她说，"我盯着孩子确保她在正常呼吸。我还会梦到那天晚上。在梦里，我呼唤你，你却没有来。我想大哭一场，想要你拥抱我。我需要知道，现在，你会陪着我。"这次本回应了。他拥抱了妻子，告诉她："我再也不会让你这样失望了。我想让你放心，让你感到安慰。我会不惜一切代价让你再次感受到和我在一起的安全感。我会把我们的关系放在第一位。"针对创伤带来的痛苦和恐惧,这种安慰性、开放式的联结是一剂解药,它也为建立信任奠定了新的基础。

- **在最后一步中,伴侣要一起创造一个关于创伤的新故事。这个故事包括了他们如何发现治愈创伤的方法,以及如何保持对彼此之间的关系的信心。**

在本和爱丽丝的最后一次治疗中,本告诉我:"我们从这次惨痛的教训中学到了很多。我从来都不知道亲密关系是自己创造出来的。我以为它要么本就存在,要么本就不存在。知道她有多需要我,我能给她一个别人给不了的避风港,这种感觉很好。现在这才是我说的成功!"两人相视而笑。

当在实验室里观察那些成功走完这段路的夫妻时,我们发现他们最突出的特点是:第一,他们愿意探索更深层次的、更柔软的情绪,正是这些情绪导致他们的依恋需求被打折扣或无法满足;第二,他们愿意冒着风险回到对方身边。正如本告诉我的那样:"知道有一条清晰的道路可以跨过这种鸿沟是很有帮助的——真正理解对方有多痛苦之后,就更容易回应对方,并帮助对方恢复过来。"

有关依恋的基础理论给了我们理解这些创伤的秘诀,并告诉我们,这种创伤一般要如何治愈。于是我们就据此建立了一个模型,说明了引导夫妻从受伤的绝望走向安全的联结的步骤。现在,我们在关系教育课程"请抱紧我:联结的对话"中教授这些宽恕的步骤以及整体的"请抱紧我"式对话。其中的核心观点是,创伤来源于引发人类生死存亡脚本和依恋恐慌的抛弃行为。

通过研究将痛苦关系转变为安全联结的关键事件，我们了解到：如果我们能够理解依恋这出戏，知道如何处理断联，如果我们能够学会接受和表达内心深处的依恋恐慌和需求，如果我们能够以贴心的关怀来回应这种表达，我们就可以有目的、有计划地在人生中发展最深刻的联结。

对许多人来说，这是一个惊人的启示。我们不必孤苦伶仃地走完一生，或等待着爱神的惊鸿一瞥。这些充满力量的情感对话能重建信任，引领我们进入亲密联结的新境界。我们终于知道如何把握、塑造、修复和更新最重要的成人关系——如果我们理解了这种关系，它就能支持和滋养我们的一生——还有什么比这更重要呢？

实验 1

保持静坐，想象自己在与一个共处时让你没有或不总是有安全感的所爱之人交谈，看看你是否能回忆起在你们的相处中，你感到断联和受伤的具体时刻或具体事件。问问自己，当时存在什么威胁？

是即将被拒绝的威胁：这个人不珍惜你或与你的关系？是被抛弃或遗弃的威胁：这个人可能转身离去，留你一人？是这个人不重视你或接受不了你的威胁？对你来说，这个人说过最具灾难性的话或做过最具灾难性的事是什么？看看你是否能准确指出最让你伤心的时刻。

问问自己，当时的你需要什么来化解伤痛和恐惧？你渴望听到这个人说什么或让这个人做什么？现在，想象一下这个人奇迹般地与你沟通，并做了这些事。给你当下的感受取个名字，例如，强烈的解脱、深深的安慰、消散的恐惧。

但是，假设这种奇迹并没有发生，而你必须帮助对方想出应对之策。想象这个情景：你向对方表达了你在那种情况下感受到的威胁，以及你在那一刻需要对方传达的信息或采取的行动。想象你就坐在这个人对面，开始说话。如果你能想象自己这样做，并能在保持情绪平衡的同时表达清晰的信息，那就太好了。你刚刚启动了你的依恋系统，排练了"请抱紧我"式对话中属于你的部分。

如果你在最后一部分遇到了困难，那么看看你能否确定是什么阻碍了你在对话中清晰地表达需求和恐惧。以下是人们发现的一些障碍。

- 我无法集中注意力。我很难专注于自己的感受，所以我会转移话题，或者让对话变得抽象、离题。
- 当我想象与这个人分享这些时，我的各种感受如同洪水席卷而来，这样做的风险太大了，所以我就放弃了。
- 我发现自己陷入了愤怒，只想指责对方，证明这个人是错的，而不是分享柔软的感受。
- 当我想象这个人的样子时，我就知道这一切都毫无意义，我想放弃，想逃跑或躲起来。这太难了。
- 我发现自己在告诉对方，我再也不会相信他了。我再也不会让他伤害我。我要保护自己。我拒绝表达自己的需求和恐惧，除非他能证明自己值得我信任。

如果你从未见过或经历过"请抱紧我"式对话，那么这个思想实验就是一个开端，是一种探索其可能性的方式。如果你已经学会了这种对话的雏形，那么这也是一个让你学习更快觉察这种奇妙而有力的互动的机会。

———————— **实验 2** ————————

选择一个你信赖的人曾经对你造成的小伤害。问问他你是否可以谈谈这件事。你可以告诉对方你想看看这种倾诉对你有没有帮助，如果他不能或不想回应也没关系，你并不想责怪他或让他感觉不好。如果他同意倾听，请试着简单地描述你受伤的具体时刻，同时保持柔和与开放的态度。无论他是否回应，你都要坚持倾诉，看看自己能否做到。最后，记录你此刻的感受。

Love Sense

|第四部分|

新科学的应用

第 9 章

一个爱情故事

> 我想，我们经常见面，却从未见过……我们经常听到，却从未倾听……我们存在，却从未感受。我们认为我们的关系是理所当然的。房子只是一个地方，没有生命。它需要人类的声音、活动和欢笑，才能焕发生机。
>
> ——艾尔玛·邦贝克（Erma Bombeck）

我们需要新的爱情故事。本章讲述了一对夫妻，安德烈和克莱奥，从关系破裂走向复合的过程。我们能看到他们在治疗中，在家里，在车里挣扎于恐惧和需求。我们看到他们努力寻找重新亲近和建立联系的方式。建立爱的联结的关键就在他们眼前，但在教会他们如何去看之前，他们是看不到的。我们所有人都是如此。这不是一个虚幻的浪漫故事，而是一个真实的、使我们每个人都能感受到爱的存在的故事。

安德烈拨开挡在眼前的黑发，站在雨中眺望远方。天气开始变冷了。他在中东为一些电脑公司提供关于建立新程序的咨询服务，在那里度过了10周的酷热之后，现在仅仅是风声和雨声就使他感到寒意逼人。但真正让他心寒的是他与妻子克莱奥关系的变化。6年来，他们一直是伙伴。当他第一次在当地的健身房见到她时，她正处于背部伤势的恢复期，而他则悄悄地照顾她，帮助她重新回到她热爱的幼儿园教师岗位上。他成了她的朋友，后来又成了她的爱人。

谁不想照顾这样一位美丽的女人呢？他因和她在一起而喜悦，但他对女人了解多少？对他来说，女人是个谜。他从来就不懂什么是浪漫。他的父母冷漠无情，如果他不高兴就把他送回房间，并教导他说，谈论自己的感受会给别人带来不必要的负担。他没怎么约会过。当遇到克莱奥时，她金发碧眼，眼神友好，笑容柔和——他简直不敢相信她喜欢他。

所以他一直非常小心。他们在一起这么多年从没有吵过架。尽管克莱奥的脾气很暴躁，想什么就说什么，从不隐瞒，但他们一直是彼此最好的朋友。这些年来，克莱奥确实在一些时候会抱怨他们之间缺乏激情，但当她在他即将飞回家时给他发电子邮件，说她和工作中的一个同事开始了婚外情时，他仍然感到完全不可置信，惊慌失措。

回到家后，他冲进屋里，对着克莱奥大发雷霆，并把他认为她和同事发生过性行为的床拉开。这些记忆让他现在感到有些陌生。这是谁干的？不知怎的，他设法阻止了她离开他，几周后，她甚至同意接受伴侣治疗。但在他看来，他们就像是紧紧抓住了深渊的两侧。如果他们稍有松懈，他们和他们的关系就会坠入深渊，支离破碎。

脱节的螺旋

安德烈等着克莱奥从厨房端餐后咖啡回来，当她把杯子放在沙发前的小桌子上时，安德烈转向她。

克莱奥：（她对他笑了笑。）你在想什么呢？

安德烈：没什么。只是在看雨。（他注意到她抿了抿嘴唇，然后皱起了眉头。）

他的大脑在100毫秒内读取了她脸上的信息，再过300毫秒，他就能通过镜像神经元感受到她对自己的愤怒。

克莱奥：（她的声音很尖细。）你本来应该把夏天的家具搬进来的。现在它要开始腐烂了。

克莱奥对安德烈的"没什么"立即进行了反应。她邀请安德烈分享自己的情绪，但是她对他的回答感到失望和恼怒，同时想要保持安全和距离。因此，她把注意力集中在"雨"这个字上，并通过抱怨他忽视的一件家务活来表达她对他冷漠态度的恼怒。这样做的危险在于，他们会陷入家务活的内容问题而错过依恋线索。他们会以为正在酝酿的争吵实际上是关于雨水和椅子或者他的健忘。他们不会意识到，争吵的真正原因是缺乏联结，以及他们拥有怎样的关系纽带。

安德烈：(他的脸变得紧绷而冷淡。) 我明天可以做。我从来没说过我会马上去做。

他的杏仁核捕捉到了她的恼怒。他为自己辩解，然后僵住了。他筑起的石墙让她更加感觉被拒之门外。主要的情感信息在于他说话的方式，而不是他说的话。

克莱奥：不，你昨天就说你会做的。我想你对给我做出的承诺并不重视。

她在脑海中听到："我和我的愿望对他来说并不重要。当我邀请他分享时，他并没有回应。"这一切只花了大约10秒钟。依恋恐慌已经占据了他们的大脑。

安德烈：(他正了正肩膀，用非常生硬的语调说。) 你不配讲这个，克莱奥。

克莱奥：(她退缩了一下，转而进入逻辑思维。) 我不想因为该死的家具而吵架，所以你不必防备我。

在这些突然变得令人窒息的激烈谈话中，争吵并不是关于表面问题——家具，而是关于关系的质量，以及"你在我身边吗"这个永恒的问题。

安德烈：我没有防备！谁说要吵架了？你又生气了。(他转过身去，用批评的语气为自己辩护。)

安德烈的心率骤然加快。他被淹没了，陷入了分离痛苦中。依恋恐慌的特殊通路刚刚在他的大脑中被激活。他的神经元发出"危险"的尖叫，就像汽车驶近悬崖。这种情况也会发生在克莱奥身上，因为她无助的被抛弃感会越来越强烈。她可能会通过攻击他来解决这个问题。这样做她才会有一些控制感。

> 克莱奥：至少我没有把所有的东西都藏起来，使自己几乎消失。我从不把事情憋在心里。
>
> 安德烈：你在说什么？你什么都不藏起来吗？你就是那个突然出轨的人。我不明白这样说有什么意义。我们只是被感情纠缠住了，然后你就变得刻薄了。（他走回厨房。）

这种夫妻对话——包括追求、抱怨和批评，然后是防御、退缩和僵持——启动和运行，每个人都把对方拉入更深的原始恐慌和情感失衡中。双方都迷失了方向，感到自己很脆弱。谁都不清楚争吵是为了什么，也不清楚争吵是如何开始的。危险信号无处不在。

> 克莱奥：（她跟着安德烈走进厨房，突然从他的脸上看到了痛苦。她放轻了声音，改变了情感的旋律。）好吧，你太疏远我了。你从不和我分享任何事。我并不想伤害你的感情。（她穿过厨房，站在他旁边。）也许这就是我们之间没有激情的原因吧。

通过镜像神经元，克莱奥感受到了安德烈的痛苦，并从失调和断联进入了一个调谐的时刻。她从依恋和性的角度来描述这个问题。

> 安德烈：（他闭上眼睛，靠在水槽边，叹了口气。）我不知道该怎么做。我们一直都是朋友。我想我是个孤僻的人，激情从来不是我的特长。我是一只变色龙。大

> 多数时候我都不知道自己是什么感觉。你开心的时候，我也开心。我的感情对我来说总是有点儿神秘。（克莱奥伸手抚摸他的手臂，他的脸色变得柔和。）

安德烈感到安慰，他继续探索并吐露了自己的困惑，以及与自己和他人隔绝的感觉。他能够进行反思；他的前额叶皮层可以正常工作了，因为他的杏仁核已经停止发出红色警报，不再霸占他所有的精力和注意力。

> 克莱奥：我感觉到的是，就像你说的，你是一座孤岛。（她的语气变得尖锐起来。）这让我很不爽，因为我们的关系与你和朋友的关系没什么区别，我只是你的另一个朋友。当我告诉你婚外情的事时，我以为你会离开。
>
> 安德烈：（他语气强硬，面无表情。）仔细想想，我也不知道自己为什么没有离开。我不知道是什么让我们在一起。你总是生气，而我……好吧，我们都认为我是一座孤岛，所以……（他举起双手，看着她，面无表情。）

突然间，原本稍稍敞开心扉的安德烈听到了责备，开始自我防御、感到无助。他害怕被拒绝。他不说话了，那张静止的脸会让克莱奥几乎无法保持平衡。他们短暂的安全时刻就这样失去了。现在她会抗议他的退缩，如果他能调整自己内心深处的情绪，就会发现等待他的是一种失败感和失落感。放弃似乎更容易。

克莱奥:(她哭了,大声说。)这是什么意思?我们永远解决不了问题,因为你不肯和我在一起。你抛弃了我,就像你现在这样,如果你不知道自己为什么在这里,也许你应该离开。走啊,为什么不走?我受够了一直追着你跑,只为了得到你的一点儿反应。

他对他们关系的明显退缩击中了她的痛处,也就是她对被抛弃的恐惧,她做出了愤怒的反应。她听到自己最担心的事情得到了证实。她因自己的痛苦而哭泣,试图让他看到自己。

安德烈:(他很安静,显得很平静。)好吧,你果然找到了引起我反应的方法,不是吗?每次只要和别人发生关系就能成功。我们婚姻中第一次真正的考验,我们第一次分开,你和别人睡了整整一周,然后宣布你爱上他了,你要离开。我就像被人用枪口指着一样。要么战斗,要么失去一切。

我们知道,安德烈的平静下隐藏着一场生理风暴,他自然而然地回到了伤痛未解的时刻,回到了他以为失去她的时刻。"枪口"的生死意象非常典型。这种依恋伤害,除非得到治愈,否则会不断被触发,并一次又一次地引发夫妻间的负面循环。这种伤害是不可磨灭的。它不会随着时间的流逝而褪色。唯一的出路就是直面它。

克莱奥:(她转过身,扑倒在厨房的凳子上。)我不是有意的。这不是计划好的。就这么发生了。反正你也不需要我。现在你永远不会原谅我了,所以我们注定要分手了。(她转过身,声音变得尖锐。)这不公平,因为你也有份儿。

安德烈：（他转过身背对着她，用一种理性、平静的语气。）我们原本在谈论生孩子的事。我怎么会知道我妻子会为了别人离开我？你好像只是想伤害我。现在一切都和你有关了……我内心的某些部分认为我在这里很愚蠢。我应该穿上外套……

克莱奥：（愤怒的声音，但脸上满是伤痛）所以我现在要永远受到惩罚了。是这样吗？我们遇到了问题，亲密关系的问题，性方面的问题。就好像我们总是在等待对方采取行动，表现出一些欲望。我们买了那本关于早泄的书，但我们都没看，后来我抑郁了，你也不想谈这个。婚外情对我来说是一条出路。

热点信息太多，来得太快。所有的信号都是模糊和扭曲的。她表现得很受伤，但又表达出愤怒。他一直在关注她的愤怒这一危险线索。她说婚外情是排遣绝望和孤独的一种方式，这句话很经典，也很准确。

安德烈：我采取了行动。也许它们对你来说太微弱了。你错过了它们，然后我就放弃了。而现在你的"出路"彻底粉碎了我们关系的基础，我们之间的信任。我不知道我能做些什么。我无能为力。你很清楚地告诉我，我对你不再有吸引力了。我无法忍受这一点。我无法让你快乐。就这样吧。

安德烈可能是对的。他试探性的性举动还不够明显，不足以激发克莱奥的欲望——我们现在知道，女性的欲望往往是反应性的。如果你认为对满足你的爱人"无能为力",这种失败感会让你崩溃。他正在用他唯一知道的方式来处理这种失败感,那就是转过身去,试图表达他的无助,但她无法接受,也听不进他要离开的威胁。情感冲动全速前进。双方处理脆弱感的方式都将对方推向悬崖。

> 克莱奥:(用指责的语气)你没有尝试过。我从没见过你渴望我。你让火熄灭了,现在你又怪我去别的地方取暖。(她哭着冲出房间。)

这里刚刚发生了什么?如果我问安德烈和克莱奥,他们会摇头说他们不知道。这支舞蹈中的舞步证实了每个舞伴最担心的依恋问题,也证实了与对方一起进入柔软的情感是危险的。每一次重复都会缩小信任和共鸣可以生长的安全地带。对方开始变得像一个敌人。但是,如果我们能够掌握这种舞蹈的本质,了解我们采取的哪些步骤会让伴侣失去平衡,如果我们知道如何与爱人建立一个安全的避风港,这一切都会改变。

4个月后,安德烈和克莱奥找到了一位情绪聚焦疗法治疗师,并开始将他们的关系理解为一种依恋关系。他们能够一起控制负面的舞步,并认识到自己处理不安全感的方式会引发对方的恐惧,使两人陷入孤独的绝望之中。他们学会了团结,学会了在脆弱的情感和敏感点上互相帮助。现在,他们可以开始"请抱紧我"式对话了。

促进联结的对话

安德烈走进客厅,端着刚为妻子煮好的餐后拿铁咖啡。他把杯子放在她面前，坐在她身边，直视着她的脸。

安德烈：（轻声地）那我们做得怎么样？我是说，作为夫妻。
克莱奥：（微笑）我想好多了。我们不会陷入这样的恶性循环：我戳你，想要得到你的回应，你却不理我，或者攻击我。我们好像没那么怕对方了。似乎我们在一起更有安全感。（她停顿了一下。）有趣的是，我觉得你比以前更吸引我了，而我们并没有做什么不同的事。严格来说，我是说，作为恋人。

这是有所不同的。她对那段让他们的关系陷入疏离和防御的舞蹈有了一个大致的了解，这段舞蹈让他们都渴望联结。他现在似乎更加开放；他走近她，询问她对这段关系的感受。

安德烈：好吧，我们能聊一聊，这很有帮助。我很焦虑，也有点儿害羞。我总是很担心自己的表现，担心会辜负你的期望。保持性感就像站在雷区里表演，还要试图回应另一个人。然后你会失望，不想和我亲近，甚至不想调情，所以……我们从来没有同时出现在同一个地方。如果你害怕，前戏就糟透了，（他们都笑了）但感觉你开始更加信任我了。

这样更好。我们知道，只要能说出我们内心深处的情绪，似乎就能让我们平静下来，然后就能处理那些反复出现的场景。

克莱奥：（拿起咖啡杯，轻声说）是的。信任从来都不是我的专长，这太容易让人受伤了。所以我保护自己，我想这是我家人教我的。但你也很有防备心，你不让别人进来。你是我们旋涡里的距离专家。

安德烈：(他移开身子，离开她，语速很快。)我们现在不是要讨论我的缺点吧？你也会很挑剔，知道吗？事实上，我现在并没有疏远你……

他在这里被触发了。情绪变化很快，但克莱奥保持着情绪的平衡。她没有被冲昏头脑，陷入破坏性的循环中。她把他拉出来，帮助他恢复平衡。

克莱奥：(她伸出手来，放在他的胳膊上。)是的，是的。安德烈，你说得对。你现在并没有疏远我。我也不想伤害你的感情。在这段关系中，我是个挑剔的专家；挑剔比表达我柔软的感情更容易，仅此而已。我不想挑剔。我很感谢你端来咖啡，问我对我们的感觉如何。我很感激。原来你是绝对不会这么做的。

安德烈：(他向后靠在椅背上。)我当然不会。如果你胆怯不安地想知道为什么你的妻子和你在一起，当你不知道自己作为丈夫在做什么时，当你认为她离开你只是时间问题时，那么你最不应该做的就是问这样的问题。(他的声音慢了下来。)我想我一直在等你离开，然后你就离开了！

安德烈现在可以把他的经历整合成一个连贯的故事；在这个故事中，他的焦虑和灾难性的期望阻碍了他与妻子在一起。

克莱奥：(她伸手握住他的双手。)但你为我而战，我们现在一起在这里。不是吗？(她看了看他的脸，把他的手抓得更紧了。)你也能问出口了。

安德烈：(他对她笑了笑。)是啊，不知怎么的，在过去的几周里，我们在一起似乎变得更安全了。或者我不像个胆小鬼了。(他们都笑了。)知道我们陷入了每个人都会陷入的旋涡，知道我只是一个普通的笨蛋，正在想办法和妻子亲近，这对我很有帮助。就像其他人一样，我不是唯一一个不明白的人！能够控制自己感受的感觉很好，这样我就可以告诉你发生了什么，而不是总是等待不可避免的拒绝和孤独的阴云将我吞噬。准确来说，这也是一种解放。

哇！安德烈在说这些话时就像一个安全的伴侣。他自信满满，能够处理好自己的情绪，处理好与克莱奥的关系。

克莱奥：我的感觉是，你还是很难告诉我那些更深层的东西。这有点儿让人沮丧。我喜欢你和我一起冒险，让我走进你心里去。这是我一直想要的。

安德烈：(他脸红了，低下头。)那种感觉很沉重。那种恐惧对我来说就像惊恐发作。我本能地想躲起来，我很难开口说话。(她点点头，向他靠得更近。)这就像一股巨大的洪流，感觉自己配不上你。我不想去感受它。我没想过你会想听我说这些，这真的很新鲜，克莱奥。从来没有人和我分享过这种感觉。从来没有过。我简直不敢相信，真的。(他抬头看着她的脸。)

克莱奥：(非常轻声地)我明白了。但当你这样冒险时，我知道我对你很重要，你需要我在你身边。否则我就会觉得被拒之门外。如果我们能互相安慰，就会有更多的可能性。

安德烈：（他用手摸了摸额头，叹了口气。）我真的很努力，克莱奥。但我仍然觉得这是个危险的领域。我脑子里有个声音告诉我，总有一天你会决定把我换掉，换一个更好的对象，所以我应该隐藏任何不确定因素。（克莱奥张开嘴想说话，被他制止。）我知道，我知道。你会告诉我，你拒绝我是因为你很孤独，因为你得不到我，而不是因为你不想要我。（她慢慢地朝他点了点头，他露出了笑容。）但我仍然认为自己是一个可以被替代的人。

克莱奥：（用一种非常坚定的语气说）我爱你。我们差点儿失去了彼此。对我来说，你是特别的。我的安德烈。独一无二的。你不需要成为一个完美的人。你越靠近我，你就越会看到我想要在这里。我们要把那个说话的家伙——那个不够好的家伙——踢到一边。但我必须要能看到你，安德烈。爱一个陌生人很难——不安全。你明白吗？

安德烈：我明白了。我明白了。这减轻了我的压力。你说这种话增强了我的信心。

安德烈和克莱奥正在进行"请抱紧我"式对话。他敞开心扉，分享他对依恋的恐惧，而她则帮助他处理这些情绪。这是建立安全情感联结的开始。

克莱奥：就像上周，你玩得太尽兴，不能开车送我回家。我没有大发雷霆，因为你敞开心扉，告诉我你为自己只顾着玩、没有按时送我回家而感到难过。我不需要大吼大叫来向你表明你有多么伤害我，因为我看到你已经很在乎这件事了。所以，我当时能感受到一些共鸣。我想，我愤怒的留言也是你封闭自己的一部分原因。

安德烈：是啊，你还跑到药店给我买了些治胃病的生姜。我简直不敢相信。我们更像一个团队，我有时可以把事情搞砸，而天不会塌下来。

克莱奥：（她低头开始捻手指。）我知道我也需要开口，敞开心扉，分享更多。在某种程度上，你对我的担心是对的。即使我们结婚了，我也告诉自己，我总是需要一个 B 计划。我妈妈曾经告诉我，"你是你唯一可以依靠的人"。我想我从我妈妈身上学到了，如果你表现出你的脆弱，发生的一切就是人们会知道如何伤害你，而你会再次受伤。所以唯一安全的办法就是依靠自己。（安德烈点点头，把手放在她的胳膊上。）

克莱奥可以把她从家庭中得到的关于依赖他人和与他人建立联系的关键信息与她的亲密经历结合起来，看到这些如何塑造了她与伴侣相处的主要策略。当她这样做的时候，她打开了改变的大门。研究表明，我们可以改变这些策略，我们可以学会有更多的选择。

安德烈：我知道，在遇到你之前，我觉得依靠别人很危险，最好还是依靠自己。我必须这么做，我必须逃避。

没有人在我身边。我告诉自己,这意味着我是独立的,所以没关系。你是怎么想的?感觉只能依靠自己时,你会觉得很艰难吗?

现在他感到安全了,他可以好奇地和她一起探索她的想法。

克莱奥:(轻柔地、缓慢地)很难。太辛苦了。我不想结婚后口袋里还有B计划。但是像那样思考是一种习惯。不管怎么说,这样做是行不通的,因为与此同时,我也会被激怒,为了引起你的注意,为了让你对我敞开心扉,我就会到处乱扔东西。我不想在生气或孤独中度过一生,就好像我的感受对我的伴侣来说并不重要。我需要你在我身边。当你在一段关系中感觉只有你一个人时,是很痛苦的。我想放下戒备,但当我不确定你是否会回应我时,我很难向你伸出手。(他抚摸着她的手,她轻轻地笑了。)我花了六年时间才开始明白这一点!

克莱奥回应了安德烈的恐惧和温柔的情感。她的信息很明确;她的非言语信息与她的言语信息相符。她更进一步,提出了自己的需求。克莱奥坦诚的分享激起了安德烈的共鸣,让他很容易就能倾听并理解她。

安德烈:没关系,亲爱的。我们一起想办法。我不想让你觉得孤单,觉得我不在乎你。看来我们需要使彼此需要的信号变得清晰明了,就像我们现在这样。我太沉浸在自己的焦虑中了,我想我过去错过了你需要亲近的大多数信号。我不想错过你的信号,克莱奥。我喜欢你告诉我你需要什么，我可以在你身边。（她伸手抱住他，久久不放。）

这就是"着陆"。他向她表明他在她身边，为她提供了一个安全的避风港和可靠的基地。这种回应会改变关系和建立关系的人。

克莱奥：（她向后靠在沙发上，沉思片刻。）所以，如果我们能解决这个问题，也许就没有人需要躲藏，（她戳了戳他的手臂）或孤独了，对吧？

（她擦去眼泪。）

安德烈：嗯……（长时间的沉默，两人都喝着咖啡。）但有一件事让我有点儿困惑。如果我敞开心扉，我们在床上会怎样？我以为男人必须神秘才能让人兴奋。未知的刺激。女人喜欢神秘。如果我不能让我们之间的性生活……（他的脸上突然露出怀疑和无助的表情。）

安德烈说得对。性有助于维系关系；如果在这种身体联系中不同步，就很难保持情感上的联系。

克莱奥：我不太确定神秘感这件事。在电影里也许是这样。在现实生活中，有太多事会受到影响。我太生气了，无法亲热。一段时间后，我无法回应你的动作，我不相信它们。当我觉得和你很亲近的时候，性对我很有用。我想要被需要的感觉，这是我最大的兴奋点。但我的感觉是，这种恐慌和关闭是我们性问题的重要组成部分。你会很小心。首先，你总是担心自己不能勃起。好吧，如果我们能放松一下，玩一玩，我也能帮你。（她咯咯地笑着，睁大眼睛看着他。）

（笑声。）

当克莱奥和安德烈放松下来，建立起安全联结时，我们知道他们可以更有效地交流性需求和性欲望。

安德烈：（他笑了。）你可以笑，但我很难玩床上游戏。游戏是不可预测的。它随时可能会把人扫地出门。所有的担心和戒备都会笼罩着我，不过，情况正在好转……

克莱奥：我做了什么对你有帮助的事情吗？

安德烈：是的。当我们慢慢来的时候，这对我很有帮助。当你抚摸我的时候，我就会想，是克莱奥，她真的需要我，然后那种谨慎的感觉就消失了。（安德烈笑了。）我指的是细心——不是别的！（他们都笑了。）

克莱奥：当我们之间的关系变得糟糕时，我想我停止了所有的拥抱和抚摸……

安德烈：没错。然后我脑子里的声音越来越大——"她不爱你，你这个白痴"。性变得更有压力、更困难。对我来说，每次都像是一场考验。所以我会避开它。（他沉默了好一会儿。）我想我需要你的抚摸。它能让我安心，也会立刻让我觉得我并不孤单。有时候就好像我这辈子都错过了，却不知道错过了什么。

（他哭了。）然后我找到了你，却一直等着你消失。我需要你温柔的抚摸。

在这里，安德烈完成了他的"请抱紧我"式对话，告诉他的妻子，他需要她保持开放。

克莱奥：（她倾身吻了他。）我将是你的港湾，亲爱的。做你现在正在做的事需要很大的力量。你就是我的真命天子。

他大笑起来，发出欢快的声音，并伸手去抱她。

宽恕的对话

几周后，克莱奥和安德烈感到足够安全，可以更公开地谈论他们关系中仍在溃烂的伤口——克莱奥的婚外情。这种"请抱紧我"式对话聚焦于一个关键事件所带来的伤害，以及它如何持续阻碍夫妻之间的信任。

安德烈和克莱奥开车去朋友的乡间别墅度周末。前一天晚上，他们本想进行《爱的7种对话：建立持续一生的亲密关系》一书中的"创伤与宽恕"对话，但被克莱奥妈妈的电话打断了。他们试图重新开始。安德烈在开车。

克莱奥：我认为我们昨晚开始谈论这件事是件好事。即使我们没有谈到那一步，我也很难想象你多么"伤心欲绝"——你是这么说的，对吗？（她看着他，他认真地点点头。）

安德烈：就是这个词。（他的眼睛一直盯着路。）我的噩梦成真了。性成了我们之间的雷区。你说得很清楚，我很失败，在性方面让你失望，所以……我不在的时候你跟别人发生关系了，这是让我难以置信的。好像我们的婚姻对你来说毫无意义。我失去了你。我在飞回家的路上之所以没有发疯，唯一的原因是我很愤怒。（沉默了很长一段时间后，他继续说。）我以为只有男人才会执着于性的美妙。（又是一阵沉默，他把车开进了慢车道。）当我想到这一点时，我开始怀疑自己是个傻瓜，竟然还留在这里。虽然我们在一起时的感觉似乎更好了，但这还是让我很痛苦。事实上，如果我们要谈这个，我想我最好靠边停车。（他把车开进一条小路，望向连绵起伏的农田。他盯着挡风玻璃，轻声说话。）我不能再经历一次了，克莱奥。

安德烈现在谈论这件事时，承认并暴露了自己的脆弱和痛苦。他没有把责任归咎于克莱奥。这种以依恋的方式表达痛苦的能力是情绪聚焦疗法的宽恕模型的第一步。

克莱奥：这和性无关。

安德烈：（他转过身来面向她。）什么？看来这是很重要的一部分。我想这是你 B 计划的一部分。

克莱奥：（她也转过身来面向他。）每次我们谈到这件事，你都很生气。我明白，你有这个权利。但你知道我们之间发生了什么。我们完全疏远了对方。我们不是疏远就是吵架。这不是计划的一部分，除非你说

> 这是为了摆脱伤害和孤独。我想感受到被需要的感觉，我就这样陷入了其中。给你发邮件时，我以为你会同意，会说你不在乎。我告诉自己这样最好。我对你也很生气。我迷失在这些情绪中。但当你回家后，一切都变了。被人渴求并不是最重要的解决办法，我真正想要的是你。那是一种逃避、一种幻觉，但最终还是破灭了。我知道我伤你很深。也许我内心深处想制造一场暴风雨，好让事情变得明朗，好让我们摆脱困境，去别的地方。

干得好，克莱奥。她没有防御。她承认安德烈的痛苦，并探讨了自己的行为。她阐述了自己是如何卷入婚外情的。当她这样做的时候，她帮助安德烈理解她的行为。她又开始变得可以预测了。经过测试的情绪聚焦疗法的宽恕模型的第二步正在展开。

安德烈：（非常平静地）我很生气，但更多的是伤心，伤心你会这样做。是的，我们彼此疏离了，但是……我绝不会那样对你的，克莱奥。也许我不是一个很好的爱人，但是……

安德烈在抗议她对他和他们之间关系的漠视。我们听到的三个要素似乎构成了我们所说的受伤害的感觉：反应性的愤怒、失落或悲伤，以及对她如此漠视他们的关系、拒绝和抛弃他的恐惧。但他柔和地表达了这种伤害，让她能保持联结，并以一种可以帮助他愈合的方式做出回应。

克莱奥：（轻声地说，含着眼泪）我当时非常绝望，安德烈。我无法继续我们那时的相处模式。我一直纠结于性的问题，但那只是"孤独"的象征。现在我们联系更紧密了，性方面的问题也解决了。我想我只是想感受到有人爱我，需要我。这有点儿可悲，但事实如此。他跟我调情，我也就顺其自然了。但我觉得我也很生你的气，因为你一直把我拒之门外。我写那封邮件的时候很生气。我想告诉你，我可以……我不知道……即使在你的墙后面，我也可以接近你。你一回家，我就知道我犯了一个可怕的错误。我只希望我们能一起渡过难关，一起找到出路。

安德烈：我无法回应你的愤怒，克莱奥。我只是被它完全淹没了。所以，是的，我不得不封闭自己。我想我是把你拒之门外了。（长时间的沉默。）你告诉我你在想什么，对我确实有帮助，让它更具体，更合乎逻辑了。我想我们都很迷茫和绝望，你把我最糟糕的幻想都演了出来，也许有些戏剧性的事情必须发生。我不知道，我只知道我再也不能经历这些了。我觉得我们的关系对你来说什么都不是，什么都不是。一封电子邮件。如果我没有发现自己的愤怒，我就会崩溃的。不，我还是崩溃了。（他哭了。）你怎么能这么做。如果我是最棒的爱人，你还会这么做吗？当我触摸到这些伤痛时，我内心的一部分想要逃跑。我从未觉得自己如此渺小。

安德烈做了所有在关于宽恕伤害的研究中成功治愈关系的伴侣所做的事情。他冒险敞开自己柔软的感情，向她展示自己的痛苦。他告诉她她的行为对他造成的影响，以及再次冒险依赖她是多么困难。他之所以能做到这一点,部分原因是他在寻找和厘清自己的情绪方面得到了帮助,部分原因是他爱他的妻子,愿意再次冒险去依靠她。

克莱奥:(她转过身来面对他,哭泣着伸手去抚摸他的胳膊。)我非常非常抱歉,安德烈。这是我做过的最糟糕的事。你不该承受这些。我只是想摆脱孤独。(他抬头看着她的脸。)我真的很在乎你的感受,我不想让你受伤。当我看到我对你的伤害时,我感到恶心、羞愧。我会尽我所能让你好受些,并重新信任我。对不起,亲爱的。(他抓住她,他们抱在一起哭了一会儿。)

这是金子般的道歉。现在他可以清楚地看到,他的伤痛也让她痛苦。她以一种深情的方式表达了悲伤和羞愧,这种方式打动了他。这种情感联结建立起了新的安全感,而在此之前,这里只有危险和痛苦。

安德烈:(他向后靠在车门上。)我想我需要你告诉我,我们会继续努力发展我们之间的关系和我们身体上的联结,你会和我一起努力。我想我需要你的保证。当这种感觉出现的时候,我需要你的安慰,需要听你说你刚才说的那些话。知道你已经搬到另一个办公室工作,所以不会再见到他,这对我很有帮助。但是,让我耿耿于怀的并不是他。而是你没有想到我,没有想到我们,还发了那封邮件。我觉得自己被抛弃了,在对我来说最重要的人眼里,我却如此不重要。这太可怕了。我需要知道我对你很重要。

安德烈的情绪及其背后的需求现在非常清晰，因此他可以向他的爱人发送一个令人信服的、连贯的信息，告诉她他需要什么才能和她一起获得安全感。

克莱奥：（轻声地）我犯了一个严重的错误。我愿意做任何事来帮你减轻痛苦。你是我想在一起的人。我不会再离开你了。我希望我们能在一起。我不希望你和我在一起时感到害怕。我想让你知道我在这里。

这就是"请抱紧我"式对话的精髓。如果这对夫妻参与了我们的研究项目，我们会对对话中的每一句话进行评分，注意所表达情感的深度，以及安德烈是否能把它整合起来，使之有意义；我们会留意他是否能保持开放的态度，向她伸出援手，而不是陷入防御或愤怒，她是否能带着同情和关爱来迎接他。通过观察这对夫妻的对话，我们可以预测，在治疗结束时，他们的幸福感和信任感会达到新的高度，而且这种高度会在未来的岁月中持续下去。在生理上，他们是同步的；在情感上，他们是开放的，并对彼此的暗示做出反应。

安德烈：（他缓缓露出笑容。）好。我想这很好！不知怎么的，感觉好多了。我不知道我们做了什么，但我感觉如释重负。也许我们真的可以坚持我们正在做的这些好事，也许我们可以。如果我们能治愈这个……

他是对的。当他们消除旧有的伤害，用亲密感取代痛苦时，他们会重新建立联结。他们变得越来越自信，相信自己能够塑造两人之间的关系，并引导它度过任何危机。他们在一起有了安全的避风港和稳固的基础。

克莱奥：（她用手擦干脸，抚平外衣。）我们正在努力和学习。感觉就像到了一个全新的地方。如果我们能走出危机，学会相互扶持，那么我们可以做任何事情。

安德烈：（他笑了。）好吧，那么……我们到小屋去，开始我们的周末吧。你和我。（她对他报以微笑。他发动了引擎。）

实 验

读完这个爱情故事，你有什么感受？它是否让你想起了自己恋爱关系中的某些时刻？

其中是否有你认为自己在恋爱关系中很难做到的部分？

当安德烈和克莱奥放下在我们的课程中获得的支持，一起去建立他们的新关系时，你想对他们说什么？

第 10 章

21 世纪的爱情

> 这是无人知晓的心灵深处的秘密（是根的根，芽的芽，天空的天空，是一棵叫作生命的树；它长得比灵魂所能希望的和思想所能隐藏的都要高），这是把星星分开的奇迹。
> 我带着你的心（把它放在我的心里）。
>
> ——爱德华·埃斯特林·卡明斯

当孩子开始蹒跚学步，睁着大大的眼睛，开心地向我们伸出手时，我们做父母的都希望能一直保持这种甜蜜的联结感。因此，当我的女儿，一个 21 岁的美丽女孩，约我出去喝咖啡时，我非常感动。她选择了路边的一家小而私密的咖啡店，用她的话说，在那里我们可以"进行一次真正的对话（convo）"。我很得意，因为我知道在现在年轻人的行话里，最后一个词是"conversation"（对话）的简称。咖啡很好喝，小咖啡店很舒适，泡沫柠檬蛋糕也很美味。

闲聊结束后,我把目光集中在拿铁咖啡泡沫的纹路上,向她分享我工作中的一个小胜利,我为此感到非常自豪。这时,我突然有一种奇怪的感觉,好像我是在对着空气说话。我抬起头,女儿的大拇指在她手里的小屏幕上飞舞。她正在给朋友发短信,而我正在自言自语!我挺直脊梁,在心里穿上红蓝相间的超级英雄战衣,为了地球上人与人之间的联结,我吼道:"亲爱的,选择一下,是我还是小屏幕?你不专心的时候我不会跟你说话。"

我在本书中谈到,与他人关系的质量是我们赖以生存的基石。我们最亲密的爱情关系也许比任何其他因素都更能塑造我们的人生故事。幸福专家、伊利诺伊大学的心理学家埃德·迪纳(Ed Diener)告诉我们,人际关系是预测人类快乐和幸福的最有力指标。自从社会科学家开始系统地研究幸福感以来,人们就清楚地认识到,深厚而稳定的人际关系造就了幸福而稳定的个人。积极的人际关系还能让我们更有韧性,促进我们的个人成长,改善我们的身体健康。

在更大范围内的人际关系也很重要。我们与他人互动的方式塑造了所生活的社会。与所爱之人建立牢固的联结有助于我们变得开放、敏感和灵活,而这反过来又使我们倾向于认为这个世界更友善、更安全、更有可能改变。它让我们有能力向外看,看到更广阔的宇宙,并在其中扮演更积极的角色。积极的人际关系使我们更容易成为社区的建设者——有创造力的工作者、优秀的领导者和富有爱心的公民。一个文明社会依赖于与他人的联结和信任,即灵长类动物学家弗兰斯·德瓦尔所说的向他人伸出的"看不见的手"。

然而，我们却越来越不懂得珍惜彼此。具有讽刺意味的是，就在我们终于破解了爱的密码时，却似乎正在顽固地建立一个这样的世界：在这个世界里，联结越来越不受重视，也更难建立和维持。作为个体，我们在这个快节奏和社会分化的世界里，彼此间越来越疏远。历史学家罗纳德·赖特（Ronald Wright）的评价则更为严厉。他在《极简进步史》中指出，现代文明是一部"自杀机器"。的确，"坠毁的文明残骸中的飞行记录仪"表明，西方工业社会在自恋和贪婪的驱使下，正在自由落体。

智人的唯一希望就是"认识自身"。有了这样的认识，我们就能建立一个能与我们最人性、最人道本性的一面相辅相成的社会。正如亚里士多德所说："一个社会只培养它所崇尚的特质。"是时候让我们去理解、尊重和培养我们天性中最深层的关系。这是对建设任何名副其实的文明社会最重要的"社会资本"。

关于爱情的科学研究无可争议地表明，我们的天性是一致的，我们都有同样的生存恐惧和需求。同理心是我们与生俱来的情感。我们在很小的孩子身上就能看到这一点。1岁大的孩子还没有语言能力，但当他们的亲人因撞到脚趾而"哎哟"大叫时，他们就会拍拍他，拥抱他。他们会与玩伴分享食物和玩具，为大人捡拾物品和清除障碍，甚至不惜牺牲自己。

德瓦尔认为，我们应该摒弃"人类天生自私，只有在心里计算成本和收益后才会帮助别人"的观点。我们普遍会自然而然地倾向于换位思考，除非被恐惧或愤怒所吞噬。在过去的几十年里，我在与每一对夫妻的合作中都看到了这一点。一旦伴侣能够放下绝望的自我保护，投入情感，他们就会对伴侣表达的痛苦和脆弱充满同情。这种反应不断证实了我对人性善良和慷慨的信念。

警钟

在一个社会中，当我们不能把握、尊重和培养我们对情感联结的需求时，我们就会付出巨大的代价。没有爱的依恋，我们就会陷入抑郁和焦虑的泥潭，而这正是越来越多富裕西方文化的特征。在美国，抗焦虑药物的使用比10年前增加了30%，有1/5的美国成年人至少服用过一种治疗焦虑或抑郁的药物。世界卫生组织警告说，儿童服用抑郁症药物的程度也令人担忧。正如约翰·鲍尔比所指出的，失控的焦虑和高度的抑郁是情感分离和断裂的自然后果。

我们与他人的联结是我们生存的王牌。因此，正如约翰·卡乔波等研究孤独问题的专家所言，孤独感和被排斥感实际上是旨在促使我们修复社会关系的信号。我们应该注意到这些信号，并重新调整个人和集体的优先事项。这意味着，作为个人、家庭成员、公民，以及城市和文明的积极建设者，我们要认真审视自己的选择。

就个人层面而言，也许我们在外出做美容手术之前应该三思（或用更多时间思考），尤其是在面部年轻化方面。美国整形外科医师协会（American Society of Plastic Surgeons）指出，2011~2012年间，填充剂的注射量上升了5%。注射肉毒杆菌（Botox）的人数增加了8%，首次突破了600万。这些手术可以让我们看起来更年轻,但它们往往会让我们的脸变得呆滞和茫然,没有了笑纹和皱起的眉头,以及其他所有的情绪信号。如果我们看不到他人的情绪,又如何能理解他人的情绪呢?女演员茱莉亚·罗伯茨(Julia Roberts)曾经尝试过肉毒杆菌,但很快就放弃了。她说:"有几个月我一直露出惊讶的表情,而对我来说,这不是一个可爱的表情。我的感觉是,我有3个孩子,他们应该知道我在什么时候有什么情绪……这是非常重要的。"

南加州大学的心理学家大卫·尼尔(David Neal)说:"我们无法知道肉毒杆菌注射者的感受,这并不令人吃惊。令人吃惊的是,事实证明,面容僵硬的她们自己也不知道自己的感受。"在最近的一项实验中,尼尔和他的同事们让注射了填充物或肉毒杆菌的女性看人们眼睛和周围区域的照片,并将它们与积极或消极情绪的名称相匹配。结果发现,注射了肉毒杆菌的女性在评估时的准确性明显低于未注射的女性。可能的原因是:她们的脸无法移动以模仿所看到的表情。记住这些镜像神经元!肉毒杆菌不仅能抑制神经,还能抑制交流。

如果我们停留在个人层面,我们可以无休止地谈论许多问题。比如时间,在过去的几十年里,我们花在工作上的时间越来越多,以至于工作时间和个人时间之间的界限几乎消失殆尽。确定优先次序就是分配时间。关于爱情为何夭折的讨论似乎往往忽略了一个显而易见的事实:没有时间和关注,所有关系都会烟消云散。我想知道我们为爱人和家人留出的"神圣(sacred 来自拉丁语,意思是'值得奉献的')时间"去哪儿了?当我在安息日漫步于耶路撒冷的街道时,商店都关门了,人们正步行去寺庙,与家人和朋友交谈。在我居住的城市,以及世界上大多数城市,我们都认为商业和便利是第一位的：商场和超市必须开门营业，现在的周日就像其他任何一天一样。

我的孩子们年幼时，我在周日不进行任何职业上的工作——周日是留给家庭出游和伴侣相聚的时间。当我们共同把7天中的这一天留给我们认为神圣的事情时，做出这个决定就容易多了。但是现在呢？没有为与家人和社区的联结预留空间或时间是很正常的。我们必须有意识地决定逆流而上，在马不停蹄的多重任务中转向我们所爱之人。就社会层面而言，我们不能仅仅将这个问题留给个人去判断，而是要开始认真审视我们的法律和广泛的社会政策如何影响了我们最重要的关系质量，并建立一个能积极促进安全和持久联结的社会结构。

我们不妨先看看商业政策对家庭的影响，尤其是在压力和过渡时期。我们知道，关系破裂通常始于孩子的出生。如果我们把这当作一个警钟，可以做些什么不同的事情？在家庭层面，我们不妨效仿挪威、瑞典和丹麦的做法，这些国家在"亲子关系"政策方面已经处于领先地位。这些国家为母亲和父亲提供12～16个月的全薪假期，他们可以决定如何共度这段时间。加拿大提供近一年的假期，但报酬要少得多。美国没有强制性规定初为父母者带薪休假的国家法律，不过一些州（例如加利福尼亚州）已经开始提供短期假期。从经济、社会和爱的多个角度来看，育儿假都是合理的。它能促进婚姻稳定，让通常承担大部分育儿责任的母亲得到喘息的机会，促进母子间的亲情，还能促进婴儿健康，让婴儿在情感和身体的发展上有一个良好的开端。研究还表明，父亲休假的时间越长，他与孩子的接触就越多，孩子的心理和社交能力发展得就越好。如果政府希望支持社会最基本的组成部分——坚定的夫妻及其家庭——那么在这一关键过渡时期为他们提供可靠的带薪休假就非常有意义。

我们在建设城市时似乎也完全没有考虑到人类这种动物的社会性和联系性。市政府似乎已经忘记了社区这个词怎么写。尽管已故的简·雅各布斯（Jane Jacobs）等有远见的人曾撰文赞美小型有机社区的优点——在这些社区中，人们相互了解，在一个共同支持的网络中生活、工作、庆祝和生存，但政府一直坚持"越大越好"的理念。这种理念似乎在20世纪六七十年代得到了发展，当时为了建造新的高楼大厦和开辟高速公路，老社区经常被夷为平地。现在，这种理念已成为常态。虽然出发点可能是好的，老社区有时也需要拆除，但这对人和社区的影响往往是灾难性的。人们拥有了更舒适的环境，但他们与邻居，与他们每天都能见到的人，与他们赖以陪伴和帮助的人的亲密关系，却被完全破坏了。将人逐个分开是有效的，但违背了人类对归属感和社会联系的需求。

最近的一个下午，我在纽约市的华盛顿广场公园体会到了这一点。所有的狗主人都带着他们的宠物狗出来玩，他们坐在大狗和小狗围栏的座位上聊天。我趴在栅栏上和米尔德里德聊了几句，她一直在照看她那只性欲过剩的吉娃娃。她告诉我，她已经在公园附近的一个大公寓楼里住了30年。我说："哦，那你一定很了解你们楼里的人。"她惊恐地看着我。"我没跟他们说过话，"她用又高又尖的声音抗议道，"我只是带杜杜（狗的名字）来这里，有时和几个熟人聊聊天，仅此而已。"我不知道该说什么。在我看来，长椅上的人们其实都保持着距离，并且被狗狗们猖獗的性行为所困扰。这种性行为甚至延伸到啤酒罐或者一个年长的温柔男人的左脚。我突然感到悲伤。公园给了人们一个散步、聊天和交流的共同场所，但在这些人称之为家的建筑里，显然没有这样的场所。

这与我的成长经历大相径庭！当我在一个英国小镇长大时，我的生活围绕着我父亲的酒馆展开，那里有130名左右的常客（我们似乎被设计成在类似规模的群体中繁衍生息，这与我们在进化最初的狩猎采集者部落的人数差不多）。这些顾客们喝酒、调情、狂欢、讨价还价、祭祀和哭泣。在市政厅吉尔伯特和沙利文歌剧的合唱中出现的就是这些人，他们与我父亲争论政治，捏住我母亲优雅的黑衣后摆。对于一个小女孩来说，这是一个丰富、狂野而又近乎不光彩的成长环境，但每时每刻我都知道自己是安全的，是被照顾的。

当然，北美也有少数富有创意的现代社区，比如华盛顿特区外屡获殊荣的肯特兰，它们为我们提供了现代居住模式的典范，满足了我们对联结的需求。当我驱车来到这个小镇拜访一位刚从大城市搬来的朋友时，我以为自己进入了一个古老的村庄。小公园和小广场随处可见，商店、教堂和剧院遍布街角。人们坐在宽大的门廊上与邻居们打招呼，或者绕镇中心的小湖散步。我心想，这是人类的家园；我知道我可以在那里生活。我在镇上的朋友凯瑟琳告诉我："我认识我的邻居，每天早上我都和同一群人一起遛狗。我知道，当我丈夫不在的时候，如果我需要什么，我可以找人帮忙。那边熟食店的人知道我喜欢吃哪种腊肠三明治。他们在给我做的三明治里不会放橄榄。我们喜欢这里，与住在华盛顿市中心时相比，我感觉平静多了。"

如果我们被看见、被了解、被召唤的唯一地方是自己的客厅，那么我们的爱情关系就会承受巨大的压力。我们可以为智人和"有所联结的人"营造一个有利于人际关系的环境，而不是忽视人与人之间联结的必要性。如果我们继续沿着目前的道路走下去，无视我们天性的需要，我们就会发现自己越来越孤立，就像约翰·鲍尔比所说的那样，甚至会陷入情感饥饿的状态。

技术陷阱

即使我们明白我们之间的关系是多么紧密，社会联结的基本货币（面对面的接触和简单的交谈）却正在被边缘化。最近，我在意大利那不勒斯的一家社区小餐馆里，看到一个大家庭来用餐，等服务员匆忙把桌子拼在一起，他们才能坐得下。桌子的一头坐着年迈的父亲和他的4对儿子儿媳，另一头坐着9个孩子。我坐了下来，观看丰富多彩的拉丁家庭生活。的确，有很多笑声、拥抱声、争吵声和斥责声，但只是在桌子的成人一端。另一头则是一片寂静。8个孩子全神贯注于离脸几英寸远的小电子屏幕。他们一刻也不曾说话，也不看对方或大人，完全无视唯一一个没有电子设备的孩子。最后，这个男孩开始大声抗议，他的母亲安慰了他，并把他的椅子转过来面向成人群体。尽管是在温暖的地中海之夜，我还是感到寒意阵阵。

新科学的应用

华盛顿礼仪学院的院长帕梅拉·埃林（Pamela Eyring）为企业和政府客户教授社交礼仪。她将"手机遗弃"分为四个阶段——困惑、不适、烦躁，最后是愤怒。她补充说，个人关系和商业关系依赖于让他人感觉到自己的价值，但手机使这些关系处于危险之中。她把对手机的痴迷称为"手机迷"。但是，这不仅仅是一个礼仪问题或缺乏为他人着想的问题。某网站的一项调查发现，25岁以下的人中有 10% 不认为在过性生活时发短信有什么不对！

有人说，我们所有的电子产品让我们的联结更加紧密。但是，虽然在屏幕上分享信息有其用处，但这只是一种浅层次的联结，而不是任何有意义的关系所需的深层次情感投入。发短信和电子邮件是为了大量、快速地传递信息，同时处理多项任务，也就是分散注意力。它们制造了一种联结的假象。危险的是，它们也建立了一种新的关系模式，在这种模式中，我们不断保持联系，但在情感上很疏离。

麻省理工学院的教授雪莉·特克尔（Sherry Turkle）在其著作《群体性孤独》中指出，在过去的十几年里，我们的工具已经开始塑造我们以及我们与他人的联结，以至于我们现在"对科技的期望更多，对彼此的期望更少"。特克尔分析了对科技使用者的详细访谈，并就机器人对他们的影响进行了正式研究。她的研究考察的是一个不断变化的目标。2010 年尼尔森公司的一项调查报告显示，青少年平均每月发送 3000 多条短信，而且这一数字肯定还会增加。

但这仅仅是个开始。家长们会给孩子们购买互动式机器人宠物仓鼠"珠珠"，据广告称，它们"活着就是为了感受爱"，或者索尼公司生产的更复杂的机器人小狗 AIBO。据成年人说，一开始和 AIBO 互动只是为了娱乐，但他们承认，后来当他们"孤独"的时候，他们就会求助于这个机器人。还有 Paro，这个毛茸茸的竖琴海豹宝宝机器人能与人进行眼神交流,旨在为抑郁的成年人和其他人提供"治疗"。特克尔认为,这些类型的替代品"只是在亡羊补牢"。技术倾向于将人际关系简化为简单的字节,然后字节成为公认的标准。借用已故著名社会学家、美国参议员丹尼尔·莫伊尼汉(Daniel Moynihan)的一句话来说,这是在贬低人际关系的定义。

让小型机器人照顾我们最脆弱的公民——儿童和老人——的领域也在蓬勃发展。例如,Paro 被吹捧为孤独老人的解决方案。它能听懂大约 500 个英语单词,老人似乎很喜欢它——当然,他们能选择与真人交谈的时候除外。

在我看来,像 Roxxxy 和 Paro 这样的机器人反映了我们在亲密关系方面日益增长的失败感和逆反心理,也反映了我们对亲密情感联结的需求极度缺乏认识。机器人唯一无法做到的就是感受情感,它们只是在模仿人与人之间的联结。就像陷入困境的夫妻一样,当我们感到迷茫和绝望时,我们会选择一些看似能提供即时安慰的解决方案,但这进一步扭曲了我们与他人建立真正联结的能力。在一个孤独的社会里,替代关系可能比没有关系要好,但替代会逐渐变为取代,最终使替代关系成为首选。

霍华德是雪莉·特克尔就机器人提供的"人工伴侣"采访的对象之一,他评论道:"人是有风险的……机器人是安全的。"像霍华德这样的人,尽管表示了自己"知道"机器人只是一台机器,但他们似乎把机器人当成了有生命、有感情的人。他们"依恋"这些模仿倾听和关心的机器,无法抗拒机器"关心"他们的想法。正如特克尔指出的那样,我们对关怀的渴望是如此绝对,以至于它优先于我们对机器冷漠的认知。替代性的假性依恋可能很有诱惑力，但最终会让我们离真正的东西越来越远——一种充满爱意的、可感知的联结感，这种联结感需要全神贯注的时刻，也需要对情感的细微差别进行调整。

我们对机器人的要求展示了我们生活中缺失的东西。当我们求助于技术而不是彼此的时候，面对面的联结正在减少，真正的联结正在削弱。特克尔总结说："把机器当作朋友会贬低我们对友谊的理解；毕竟，我们不会指望我们的虚拟朋友在我们生病时过来，或者在我们失去亲人时安慰我们。"事实上，我们不仅会依赖朋友，还会依赖我们所爱之人。

当我听夫妻们描述他们如何打发时间时，我突然意识到，点击平板和电脑屏幕，看被讽刺地称为"真人秀"的电视节目，这些都减少了我们与他人接触和关心他人的机会。一般来说，科技为我们提供了与他人建立联结和纽带的糟糕模式。我们习惯于简化、肤浅和煽情；我们习惯于看层出不穷的名人关系故事，而不是学习如何打造自己的关系。正如政治学家罗伯特·帕特南（Robert Putnam）在他关于西方社会缺失社会联结的影响深远的著作《独自打保龄球》(Bowling Alone)中所指出的："良好的社交是网络生活的先决条件，而不是网络生活的结果；没有现实世界的对应物，网络联系就会变得粗俗、不诚实和怪异。"我们的交流越来越多，说的话却越来越少。在一段美好的爱情关系中，如果我们能关掉屏幕，就能学会用促进联结的方式说出对我们来说真正重要的东西。

这里有一个先有鸡还是先有蛋的问题。我认为，孤独是我们痴迷于技术的结果，但日益严重的社会隔离也造成了这种痴迷。我们比人类历史上任何时候都更加孤独。1950年，美国只有400万人独居；而到了2012年，独居人数超过了3000万。这相当于28%的家庭，与加拿大的比例相同；在英国，这个比例是34%。纽约大学社会学家、《独居》（*Going Solo*）一书的作者埃里克·克林伯格（Eric Klinenberg）指出，这些飙升的统计数据告诉我们，"一场非凡的社会实验"正在发生。

这一重大转变如何融入人类这一生物的设计？技术被吹捧为解决我们日益增长的孤独感的方法，但事实上，它是问题的一部分。与他人的真正联结正在被虚拟的亲密关系所排挤。此外，即使从实用的角度来看，这也是令人担忧的。心理学家指出，社会构成所需要的合作能力是一项需要学习的技能，在过去几乎每个人都会学到，而最近发生了变化。如今有合作能力的人越来越少，相反，人们退出了集体任务和社会生活。

我的来访者玛乔丽一边盯着我办公室的地板，一边对我说："自从婚姻破裂、儿子离开后，我就一个人生活了。所以生活很安静，我只需要面对我自己。我已经习惯了。我经常看电视，玩电子游戏。但在工作中，却有这种嗡嗡声。很多人，他们要我听他们说话，帮他们做事。我不知所措，很烦躁。现在我的上司说她要解雇我。我跟她说没关系。但事实并非如此。那样的话，我就真的只能靠自己了，而且我身无分文。"

创造更好的生活和充满爱的世界

如果我们认真对待说明爱之纽带力量的研究，接下来要做什么呢？我们怎样才能开始运用新科学的经验呢？可以从两个方面回答这个问题。我们可以改进与所爱之人互动时的个人决定和做法；我们也可以尝试积极塑造社会，以承认、尊重和优先考虑我们与生俱来的联结需求。

在个人层面上，两个伴侣之间的联结总是可变的，在调谐和同步的时刻与失调谐和断开的时刻之间摇摆不定，那么我们就可以设置一些仪式，有意识地重新设置表盘，重新调谐，重新联结。我记得一位名叫夏琳的来访者告诉我，她和小儿子玩的一个游戏演变成了她与丈夫重新调谐的仪式。它的名字叫"你在哪里"。和儿子在一起时，这是一个捉迷藏的游戏，但在与丈夫的互动中，这是一个进入情感时刻的信号。她会问："你现在在哪儿？"他学会了报告自己当时的情绪状态："我感觉很累。有太多事情要做了。不过我喜欢你问我这个问题。它让我平静下来。"然后，她也会告诉他自己的感受。夏琳说，这种简单的例行公事让日子不再一天天过去，"没有真正的人际联结，没有人调整和打开情感通道，如果你明白我的意思的话"。

周年纪念是重新建立联结的好机会。有些人会于在一起10年或20年后重新许下结婚誓言，如果我们每年都这么做，那会怎么样？我们可以与伴侣一起回顾过去一年发生了哪些变化，有哪些喜悦和失望，以及我们爱情故事长期以来的主题是什么。然后，以最初的誓言为指导，我们可以再次许下誓言，重点是下一年我们打算如何培养对彼此的爱。在理解的基础上，我们可以学会更加细心和慎重地对待我们最珍贵和最必要的关系。

从社会层面来看，最新的亲子关系科学研究表明，我们必须开展亲子关系教育。要做到这一点，最自然的方法就是支持夫妻努力创造爱的纽带,做有责任心的父母。我们应该承认,正如弗兰斯·德瓦尔指出的:"我们无法逃避依赖他人的现实。如果在爱的关系中认识到并处理好依赖性或脆弱性……它就是人类最优秀的品质——同理心、仁慈和合作的源泉。"我们需要培养同理心等品质。这些品质至少与算术一样关系到健康、幸福和公民意识。但我们知道如何教授这些品质吗?

捕捉共鸣

教育家玛丽·戈登(Mary Gordon)创立了"同理心之根"(Roots of Empathy,ROE)项目,她说,同理心可以"被抓住,而不是被教出来"。每年,她都会带着一位特殊的母亲和她日渐成长的婴儿来到一所小学,指导一至八年级的孩子们学习"情感素养",并向他们展示"爱的模样"。每次上课前,老师都会解释情感和依恋的语言,并提供观察母亲和婴儿互动的技巧。观察结束后,孩子们回顾观察过程,并讨论自己的经历和感受,例如恐惧或沮丧,以及他们如何处理情绪或帮助其他有这些情绪的人。

ROE项目的指导者可能会问:"宝宝现在想告诉我们什么?""宝宝是怎么告诉妈妈自己需要她的?""他们做了什么?""宝宝现在能做什么他上次不能做的事情?""我们应该怎么做?"孩子们还会接到艺术、戏剧和写作作业,以进一步探索依恋的感觉,并获得有关人类发展的基本信息。

截至2012年年底,加拿大和澳大利亚已有45万名儿童参加了该项目。戈登认为,太多的人是"情感孤岛",因为他们不会以通用语言表达自己的情感,而与他人切断了有意义的联结。

自 2000 年以来，英属哥伦比亚大学的教育学教授金伯利·朔纳特－赖希尔（Kimberly Schonert-Reichl）进行了一项研究，发现在接受 ROE 指导的儿童中，情感理解和亲社会行为增加，攻击行为减少。ROE 儿童的不良行为减少了 61%（相比之下，未参加该项目的儿童的不良行为增加了 67%）。ROE 儿童通常变得更合作、更乐于助人、更友善，同伴们对他们的评价也是如此。例如，当 ROE 课堂上的孩子们向同学解释一个坐在轮椅上、无法控制地流口水的 9 岁孩子在被学生辱骂和嘲笑时感到多么羞辱和不开心时，骚扰行为就停止了。

该项目创造了一个安全的环境，让孩子们可以讨论自己的感受，并学会调节自己的情绪。其影响是广泛的。在北美的学校里，欺凌已经达到了流行病的程度，是犯罪以及日后的犯罪活动、酗酒和心理健康问题的强预测因子。如今，每五名儿童和青少年中就有一人有严重到需要治疗的心理问题，包括抑郁和焦虑。像这样的项目可以帮助遏制欺凌行为。

一些老师把 ROE 称为第四个 R［在阅读（reading）、写作（'riting）和算术（'rithmetic）之后］，以此来表达他们对这个项目的重视程度，以及它对于培养学生基本社交技能的重要性。事实上，这种项目似乎确实有助于提高基本能力和总体学业成就。研究表明，孩子在三年级表现出的社交技能比学习能力更能预测他们在八年级的学业成就。戈登说："太多的孩子无法学习，因为他们处于太多的社交痛苦中。"他们的精力都花在了警惕威胁和控制恐惧上，几乎没有多余的精力去学习。

戈登希望通过提高情感投入度和回应性，让孩子们成为更好的朋友、更好的公民，并最终成为更好的父母。她说"我们现在'有太多的人在空虚中奔跑'"，并打了一个比方："我们的供水中含有氟化物，可以防止蛀牙……同样，我们需要同理心来防止社会蛀牙。"

真正的问题是，我们有多重视人际关系？我们似乎很矛盾。2009 年，不列颠哥伦比亚省政府削减了 ROE 项目的资金，但在 2012 年，新政府又恢复了足够的资金，使该项目得以在 360 间教室中重新开展。我们是否足够重视人与人之间的联结和同理心，并为此进行教育和刻意推广，这个问题或许取决于我们如何看待文明本身。20 世纪 30 年代，圣雄甘地来到英国参加有关印度自治的会谈时，有记者问他对西方文明的看法。甘地回答说："我认为这是一个非常好的构想。"

civilization（文明）一词来自拉丁语，意为"公民"，象征着人类社会发展和组织的先进状态。我们是通过建筑物有多高，商店里有多少高档商品来判断这种状态呢？还是通过我们人际关系的质量来判断？在我看来，当我们认真对待并培养我们的社会资本时，文明才能最有效地发挥作用。

领导力与联结

当我们理解人际关系以及它如何促进我们个人的成长和力量时，我们就可以以将这种理解延伸到工作领域，并以此创造更高效的领导者。对商界和军队中成功领导者的科学研究描述反映了模范依恋人物的特质。他们关注下属，对下属做出反应，给下属指导，为下属提供挑战，支持下属的主动性，培养下属的自信心和自我价值感。电影《拯救大兵瑞恩》就是一个很好的例子。汤姆·汉克斯（Tom Hanks）饰演的米勒上尉教导部下要信任他和彼此；他把一群部下变成了一个强大、有凝聚力的团队，能够完成使命。信任是将一群人变成一个团队的黏合剂，就像它也是将两个人变成一对结合体的黏合剂一样。

在体育运动中也是如此。加州大学伯克利分校的心理学家迈克尔·克劳斯（Michael Kraus）和他的同事发现，在2008~2009赛季，美国国家篮球协会（NBA）哪支球队将赢得最后的季后赛，最好的预测指标不是赛季初的表现，而是球队成员在第一场比赛中相互接触的次数。来自队友的安慰性触摸似乎增强了他们可以相互依赖的感觉，提高了合作性，使球员们可以完全专注于比赛。人与人之间的联结是有效的！

以色列赫兹利亚跨学科研究中心的马里奥·米库林瑟研究了以色列军队中依恋与领导力之间的联系。在一项研究中，他在为期四个月的强化训练开始时测量了年轻新兵的依恋风格。训练结束后，他让新兵们说出谁应该成为领导者。被提名的新兵都具有安全型依恋风格。

在另一项研究中，米库林瑟邀请包括公共和私营部门企业经理在内的200人填写调查问卷，了解他们的依恋风格和寻求领导职位的动机。回避型领导者一般都会赞同那些表现出力量、强硬、独立、独断决策和远离追随者的说法；他们的态度可以用一句话来概括："我享受控制别人的乐趣。"焦虑感较强的领导者倾向于勾选那些表现出希望培养下属成长的语句（"我致力于下属的个人发展"）。但是，他们对自己如此不自信，以至于他们的追随者报告说，他们不确定自己究竟如何才能在关键任务和解决问题方面为单位的绩效做出有效贡献。焦虑会影响有效沟通。

在第三项研究中，米库林瑟对士兵进行了有关团队团结的调查（"团队是否合作愉快""你们的团队是否有高度的共识"）。士兵们认为焦虑型和回避型领导都不善于建立团体凝聚力，但表现方式不同。焦虑型军官被认为在以任务为导向的情况下缺乏指导能力，而回避型领导则在以情感为导向的职责（如鼓舞士气）方面存在不足。越是回避的军官，其部队就越不认为他是一个具有支持性影响力的人。事实上，即使是那些在训练前认为自己非常有安全感的士兵，也报告说他们感到紧张和抑郁。

米库林瑟和他的团队得出结论，回避型领导倾向于忽视自己和他人的情绪，对他人持有消极的总体态度。他们会打击追随者的士气，降低他们对团队任务的热情。另一方面，焦虑型领导者会怀疑自己的能力，并将不确定性传达给下属，这使得团队在行动上犹豫不决，降低了工作效率。这类研究拓展了我们对有效领导力的概念，表明在领导力领域，就像在其他生活领域一样，那些能够管理好自己的情绪并与他人建立良好关系的人，才最有能力建立起这种促进高成就的稳定结构。

好公民

多年来，个人成长和自主的目标一直被视为与亲密关系和我们对他人的需求背道而驰。事实上，安全的联结是孕育自信、坚韧和独立的人类的肥沃土壤。这种安全的联结和开放性使我们能够实现著名心理学家亚伯拉罕·马斯洛（Abraham Maslow）在20世纪70年代所说的自我实现。更有安全感的人倾向于接受自己的身份，认为自己和他人都值得关怀和照顾。当我们有安全感时，我们的自我意识会更加积极、平衡、丰富和连贯。事实上，安全型依恋的人所表现出的实际特质与理想特质之间的差异较小。在治疗结束时，安妮塔告诉我，"当我更接近肯时，我感到更自信，自我感觉更好。知道我对他来说是特别的，可以帮助我接受我的恐惧，并知道我可以处理它们。有时候害怕是正常的。我不用再装出一副很酷的样子了"。认识到自己的弱点最终会变得更简单——这才是最好的方式。

不仅如此，由于安全型依恋的人生活在他们所认为的安全世界中，因此与焦虑型或回避型的人相比，他们较少自我陶醉，也较少对威胁斤斤计较。这使他们能够关注、共情，并宽容他人。约翰·鲍尔比认为，人在孩童时期如果得到关爱，就会自然而然地具有同理心和利他主义。他还认为，不安全的依恋往往会抑制或否定我们关爱他人的自然倾向。看来，与他人建立安全的联结确实能进一步提高我们对他人的需求做出同情回应的能力。

现在，心理学家可以在实验室里"激发"或"开启"安全感，至少在短时间内，扩展一个人的同情心。米库林瑟和他的同事们一直在研究爱如何影响我们感受他人和为他人行动的能力。在一项研究中，学生们要么读一个关于某人向处于困境中的人提供关爱和支持的故事，要么读一个包含好心情短语的故事，这些短语旨在提振听众的情绪。在那之后，他们读了一个关于某名学生的故事，内容是他的父母刚在车祸中丧生。然后，他们被要求对自己同情对该学生的程度以及个人的悲伤程度进行评分。在听了依恋启动的故事后，每个人都比听了包含好心情短语的故事后更同情失去亲人的学生。但回避型和焦虑型读者的感受程度要低于安全型依恋的读者。与其他依恋风格的人相比,焦虑型依恋读者报告的个人悲伤程度更高。这变成了他们的悲伤,而不是学生的悲伤。

如果我们的联结更加紧密,那么更高水平的同理心真的会转化为行动——转化为帮助处于困境中的人的意愿吗?在另一项实验中,受试者被要求找出他们最亲近的人(如"当你情绪低落时,你会向谁求助"),大多数人都有三个依恋对象。然后,受试者坐在电脑前,被要求观察屏幕上出现的一串字母,并判断它们是否能构成一个单词。每串字母中都隐藏着一个快速(只能在潜意识层面察觉,受试者不会意识到)呈现的亲人的名字。另一组受试者也是滚动浏览字母,但他们被告知要刻意(即有意识地)思考与某位亲人之间的重大积极事件。一个对照组经历了同样的过程,但实验中提供的名字是熟人的名字,而不是亲人的名字。

然后,所有受试者被要求——表面上是作为另一项实验的一部分——观看另一个实验室中的一名女性完成一系列越来越令人厌恶的任务。在他们观看的过程中,实验室的研究人员强烈要求这些任务必须完成,否则整个项目就会毁于一旦。事实上,受试者是在观看一位女演员预先录制的视频片段。这些严峻的任务从观看血淋淋的事故的照片,到把手伸进冰冷的水中,再到握住爬行的狼蛛或蠕动的老鼠。随着视频的进行,这名女性的痛苦加剧,她一度恳求让别人来代替她。观众被要求对自己的痛苦程度以及是否愿意代替她进行评分。

在依恋启动组中,也存在一些细微的差异。与安全型观察者相比,回避型观察者认为自己对这名女性的处境没有那么同情和震惊，也不那么愿意代替她。焦虑型观察者对她的困境感到非常痛苦，但也比安全型观察者更不愿意代替她。启动依恋系统似乎会在一瞬间开启我们的利他主义和关爱系统，但我们似乎需要一定程度的安全感才能将同情转化为行动。回避者似乎保持着某种疏离，而焦虑者则被自己的痛苦所笼罩。

安全感还能让人对陌生或新奇的事物产生宽容的态度。当你相信别人会支持你时，陌生事物的威胁性就会降低。有安全感的人自尊心更强，也更少倾向于诋毁他人（如"我们——我和我的群体——比他们强"）。因此，这种安全启动研究也被用来测试是否有可能促进不同群体之间的宽容，这些群体之间可能存在敌意，如阿拉伯人和以色列人。

当研究对象被要求在对"外来"群体成员的图像做出评价之前，先想象一个充满爱的依恋人物的面孔时，他们之前对这些外来群体的负面态度就会完全消失。对安全联结感的关注使他们变得不那么有批判性。以前，他们认为外来群体成员"卑鄙、没有骨气、懒惰"，而现在，他们认为他们"值得信赖、热情、善良"——就像自己群体的成员一样。这种积极的看法甚至在诱发威胁感时也会出现，比如当受试者被告知自己群体的成员最近受到了"外来"群体成员的侮辱时。

但是，开启安全依恋感真的能减少交战群体之间的侵略行为吗？这有点儿难以在实验室中测试。米库林瑟决定尝试"辣酱研究"。这是儿时一个常见诡计的研究版本：给一个与你不和的孩子吃看似软糖但实际上是虫子的食物。你会兴高采烈地看着他吃下去并开始呕吐（或不呕吐）吗？在攻击性研究中，问题是：受试者愿意把多少辣酱推给别人?

其中一项研究在一组以色列学生中实施。在多个场合下,每个学生都反复被潜意识地诱导20毫秒,诱导内容包括一个主要依恋人物的名字、一个不算安全依恋对象的朋友的名字,以及一个熟人的名字。在每次诱导之后,受试者被要求给一个阿拉伯人和一个以色列人一定量的辣酱供他们品尝;受试者被告知这两个人都非常不喜欢吃辣。在依恋诱导下,受试者给阿拉伯人和以色列人等量的辣酱。然而,当受试者接受另外两种诱导时,他们给阿拉伯人的辣酱比给以色列人的要多。

这类研究对社会的影响是显而易见的。与父母和伴侣的安全关系使人们成为更有同情心和爱心的公民,他们会对那些与自己不同的人更加宽容。类似上述的诱导研究结果表明,我们对他人的情感和为他人着想的意愿具有可塑性;它是可以塑造的,尤其是当激发某些意象,唤醒我们内心深处对归属感和情感联结的需求时。对依恋的理解向我们展示了父母和伴侣的爱如何转化为一个更仁慈、更人性化的社会。你可能没有意识到,但当你抱着孩子或回应伴侣的呼唤时,你就是在塑造一种文明。

一个新社会

就革命而言,18世纪后半叶是火热的!首先是1775年的美国革命,然后是1789年的法国大革命。这两次重大的起义都体现了许多现代民主国家建国文件中所反映的理想。美国独立战争赋予了个人自由和平等的权利。法国大革命奉行了另一项原则:四海之内皆兄弟。"自由、平等、博爱"这一法国的国训正是源自法国大革命时期的口号。

有些人，如已故的加拿大最高法院法官查尔斯·冈蒂埃（Charles Gonthier），认为我们已经忘记了同理心、信任和承诺等核心价值，而这些价值的特征正是民主最后一根支柱——博爱。新的人际关系科学将这一要素延伸到了邻里之间需要同理心与合作的认识之外。它将我们在情感和身体上的相互依存以及对安全、信任和关爱关系的需求置于人性和真正人类社会的核心。这门新科学不仅仅是浪漫和家庭之爱的公式，也是人类社会改革和优化发展的蓝图。

我们可以首先考虑如何提高人们对孤独的危害的认识，并确认人们对归属感和支持的需求。你能想象，如果我们从 2010 年美国花在反吸烟运动上的 6.41 亿美元中拿出一小部分，创建一个反疏离运动，宣传情感隔离的危害吗？事实上，我认为情感隔离比吸烟对我们的健康危害更大，所以这个建议很有道理。我们可以在城市里拉起横幅，问人们："今天你联系了谁？"甚至告诉他们："今天带一个你认识（或不认识）的人去喝拿铁。这对你的健康有好处。"

我们有千百种方法可以把建立关系放在最重要的位置。让我们列出一个非常简短的清单。我们可以写信给我们的政府代表，敦促他们帮助创建更多的人际关系友好型社区，提供促进轻松社交的公共空间。我们还可以要求我们的代表广泛推广针对伴侣和父母的基本关系教育。我们可以鼓励我们的广播电台和电视台提供有关人际关系问题的严肃而内容丰富的节目。我们可以修改专业教育计划，让医生和心理学家了解研究结果——让病人的伴侣参与进来可以提高从焦虑症到心脏病等各种疾病的治疗效果。

我们对人际关系如何影响我们的健康和幸福有了新的认识，这已经促成了一些微小而具体的变化，我希望我们能够扩大和巩固这些变化。这里提到了其中的一些，比如 ROE 项目。一些社区正在通过小型活动促进公共关系教育，例如，招募幸福的中年和老年夫妇担任年轻夫妇的团体顾问，分享他们长期相爱的经验。大多数城市都有由志愿者运营的求救热线，一些机构还为有兴趣为需要倾诉的人提供热线服务的年轻人提供免费培训。我们的一些年轻人已经在高中和大学之间的空档期选择了专门为他人服务的项目。这种做法始于 20 世纪 60 年代的英国，像美国前总统比尔·克林顿（Bill Clinton）在 20 世纪 90 年代创建的美国志愿服务队（AmeriCorps）这样的项目，目前正在推动青少年参与社区教育和环境清理等项目。这一举措可以扩大，作为人文教育的一部分，要求所有学生都必须用一年的时间直接参与社区服务，作为进入大学或学院的先决条件。

约翰·鲍尔比在《四十四名少年窃贼》一文中解释说，叛逆、绝望和愤怒在青少年罪犯中普遍存在，这在很大程度上反映了家庭功能失调以及由此导致的与他人的脱节。最佳的家庭功能开始于父母之间的联结，也结束于父母之间的联结；如果没有这样的联结，尤其是没有那么多小而亲密的社区曾经提供的支持网络，要实现回应式的养育是极其困难的。简单的联结指标告诉我们，我们偏离了轨道多远。调查显示，美国家庭现在很少一起吃饭，父母很少花时间与子女交谈。几乎一半的美国两岁儿童每天至少看 3 个小时电视。联合国儿童基金会 2007 年关于全球 21 个最富裕国家儿童福祉的报告将美国评为全球第二差的国家，因为美国的家庭结构混乱,家庭关系不和睦,儿童容易受到暴力侵害。脆弱、不稳定的家庭不利于建立稳固、安全的情感关系,而这种关系将稳定儿童发展,帮助他们成长为功能健全的成年人和世界公民。

除了意识到我们需要爱护我们赖以生存的地球这一事实外,我们还必须认识到,我们需要守护我们所占据的生态位——与他人的密切联结。我们不堪重负的卫生系统已经把责任推给了家庭,让人们更早出院,并期望家庭成员照顾病人和老人。但是,越来越多的照顾者不堪重负,无法承受。只有加强成年人的爱情关系、家庭和社区,才能有效解决我们社会面临的问题。

爱情关系的质量不再是简单的个人问题。当这些关系蓬勃发展时,我们所有人都会受益;当这些关系陷入困境或破裂时,我们所有人都会受害。婚姻的破裂不仅会让个人付出代价,也会让纳税人付出代价。据估计,在美国,平均每一次离婚都会从国库中耗费3万美元;这些钱用于为贫困的单亲家庭提供食物、住房和医疗保健,以及强制执行子女抚养费。此外,还有间接成本:身心健康问题、工作时间损失、毒瘾和犯罪。

鉴于上述情况,世界各国政府开始为遇到严重困难或面临过渡期压力的夫妻(例如,准备结婚或空巢的夫妻)提供支持性服务。英国的"关系"(Relate)慈善组织和澳大利亚的全国婚姻联盟通过互联网提供免费信息、建议、咨询和专业人士转介服务。在美国,联邦政府向地方和宗教组织提供小额补助,作为其健康婚姻倡议计划的一部分。这些努力的结果并不一致,可能是因为大多数计划都没有把重点放在作为夫妻关系不和谐根源的依恋问题上。大多数夫妻并不需要学习如何在吵架时叫暂停，他们需要的是了解爱的基本要素，学习如何互相帮助，满足对方的需求。我相信，我的教育课程"请抱紧我：联结的对话"将会带来更好的效果。

然而，最大的障碍不是教育项目的设计，而是如何让夫妻参加这些项目。在许多人看来，参加这样的项目等于承认失败。珍妮是一位抑郁症个体治疗的来访者，她告诉我："我知道我和拉塞尔的关系有时会引发我的抑郁情绪，但我们永远不会考虑参加一个关系教育项目，更不用说伴侣治疗了！毕竟，那是为正在离婚的夫妻或其他什么人准备的，而且那是隐私。我不知道有谁做过这种事。你不能真的改变爱情，不是吗？我妈妈说，管用就是管用，没用就是没用。我的朋友们都认为你不能永远保持那种爱的感觉。"

珍妮告诉我，有意识地去理解爱情似乎并不自然，也不可行。她根本不知道爱是可以积极塑造和控制的，也不知道自己可以学会如何去爱。我想，如果你在 20 世纪就提倡对父母进行培训，你会从大多数人那里得到类似的反应。很大程度上是因为约翰·鲍尔比在母子关系方面的研究，育儿文化已经发生了变化。现在，书籍、课程、网站、媒体文章和育儿团体层出不穷，反映并塑造了一种新的意识，即做父母意味着什么，孩子需要什么。爱的新科学的最大承诺就是：它将创造一种类似的新赋权意识，让人们认识到什么是爱人。

当我们进行爱情教育，开始将浪漫爱情视为可理解和可塑的时，我们就能够从痴迷于爱情的"坠落"部分转向爱情的"制造"

(这不仅仅意味着性)。我们将对自己处理和塑造爱情关系的能力更有信心。你越相信自己能影响婚姻中发生的事情,你就会越努力地去维持和修补婚姻。你做出的承诺越多,你的努力就会越有效,最终,你们的关系就会变得越稳定。这种稳定性的增强是爱的新科学的第二个伟大承诺。我们可以让爱情持久,因为我们现在知道如何修复和更新它。

但意识觉醒和教育是远远不够的。我们的政治思想还有很长的路要走,才能跟上我们对人类联结和安全接触的力量的新理解。如果我们真的希望为成人和儿童提供安全的基地和关系,那么政府和企业也需要提供广泛的支持性政策,包括为新妈妈和新爸爸以及照顾生病儿童、老人或体弱成人的员工提供带薪休假。反对者认为,这些政策成本高昂,有损生产力和竞争力。但有证据表明,情况恰恰相反。对高效企业的研究发现,家庭友好型政策可以降低成本,提高生产率:员工更加投入,更有创造力,在公司工作的时间更长;客户也更加满意。

调查发现,报告中幸福感和快乐度最高的国家并不是最富裕的国家,而是那些公民之间信任度最高、社会政策最具亲和力的国家。事实上,财富似乎伴随着高昂的代价;许多研究表明,被物质主义所占据的同时,人们也会失去对他人的同情和信任。对获得更多财产或从酒精中获得快感的关注都不能作为与他人联结的替代品。对情感联结的需求是我们与生俱来的,没有任何东西可以替代。如果我们承认爱的感觉,就能向前迈进。我们可以走向这样一个时代:"真"爱,被我们所了解,变得更简单、更容易也更易获得。

各种文化都有很多关于我们生活的时代是人类转折点的讨

论。巫师和圣人将这一时期视为世界末日的开始或新周期的开始。玛雅人预言了毁灭。印加人预言了复兴和转变。霍皮人预言这是一个"翻转地球的时代"。

现代社会的评论家们注意到，人们的意识似乎发生了巨大的转变，新的同理心意识正在形成。这是有道理的，因为我们开始意识到，在这个小小的蓝色星球上，我们是多么相互依存，而毁灭自己又是多么轻而易举。在经历了漫长的进化周期之后，我们开始意识到，人类的生存取决于我们在个人、社区和政治生活中如何联结与合作。对我们最重要的爱情关系的研究非常符合这一临界点观点。这无疑是乐观的一面。我们正处在医学和物理学涌现辉煌新发现的风口上，这些发现将使我们人类的进化发生质的飞跃。学会爱与被爱，也是这一飞跃的核心。

普林斯顿大学的哲学家夸梅·安东尼·阿皮亚（Kwame Anthony Appiah）指出："在生活中，挑战并不在于找出玩游戏的最佳方式，而在于找出你在玩什么游戏。"这本书中总结的专业知识有可能改变我们的游戏内容。在我看来，唯一值得一玩的游戏就是建立一个更加人性化的社会，一个符合我们作为社会性和联系性动物核心天性的社会，一个为我们提供真正的机会，让我们能够找到安全、持久的爱的关系的社会——那些不仅能让我们生存，还能让我们充分、最佳地活着的爱的关系。正如一首老歌所唱的，当我们真正爱一个人时，我们爱的是他的"身体和灵魂"。soul（灵魂）一词来自古英语，意思是"生命的气息"。除了相爱的时候，我们从未如此生机勃勃。

对爱的理解的发展为我们提供了一条通往另一个世界的道

路，在这个世界里，我们尊重自己内心深处的归属感，能感受到与自己和他人的灵魂相联结。安全的爱能让人平静，恢复平衡。安全的爱能促进探索和成长，拓展内在和外在的世界。它让世界建立在信任的基础上，并触及最人性的特质，即我们所有人都有的——脆弱。

有一首古老的赞美诗，《与我同在》（"Abide with Me"），每次听到，都会触动我内心深处的某些东西。虽然这是对上天的祈祷，但对我来说是一首依恋之诗。这本书中提到的每一位科学家和你们中的大多数人都会知道为什么这首诗会让我流泪。

愿你我同在，天边降暮霭。
云色渐渐暗，你与我同在。
没人来支持，没人来关怀。
你帮助孤苦人，你给我爱。

致 谢

我郑重地将这本深耕于亲密关系科学的著作，敬献给那些在关系领域给予我诸多启迪与教诲的人。首先是我的父亲 Arthur Driver，他曾是一名英国水手，也当过镇上酒馆的老板。每当他那工薪阶层的小女儿喋喋不休地质疑或提出异议时，他总是能面带喜色。然后，是我的母亲 Winnifred，她曾教导我，勇气是唯一重要的东西，包括向他人伸出援手的勇气。还有我身材娇小的外祖母 Ethel，她告诉我，当你身边有一位至珍至爱的人时，即使生活再艰难，也会充满欢乐。最后，是与我有着不同信仰的终身好友 Anthony Storey，是他教导我，圣洁（holiness，源自古英语单词 whole）始终意味着保持对他人的同情与关爱。

我从我的家人那里，包括我的三个孩子 Sarah、Tim 和 Emma，以及我了不起的伴侣 John Palmer Douglas，了解到书中提到的所有话题——联结、断联、情绪和关系纽带。在家人身上，我研究爱与联结并将所学付诸实践，这是我毕生为之努力的事业，而我的家人对此给予了莫大的耐心。

多年来，我从那些鼓舞人心的来访者以及渥太华大学和圣迭戈阿兰特国际大学的优秀学生那里学到了很多东西——没有他们，就不可能有这本书。此外，我的那群了不起的同事也让我获益良多，他们和我一起走遍世界各地，向心理健康专家和伴侣传授有关建立安全联结的知识。在伴侣治疗领域，我得到了一些重要同事的鼓励和支持，比如 John Gottman 和 Julie Gottman。随着对关系纽带研究的发展，临床心理学领域之外的其他研究者，比如神经科学家 Jim Coan、社会心理学家 Mario Mikulincer 和 Phil Shaver，在挑战我的同时也培养了我。国际情绪聚焦治疗卓越中心（ICEEFT）及其 30 多个附属中心的同事们组成了一个专业的大家庭，在这个大家庭里，我得以对不确定性进行探索，并不断扩展我的发现。

我必须感谢 Little, Brown 出版社的编辑 Tracy Behar，她的耐心与执着帮助我完成了第二本有关亲密关系的书；我还要感谢我的经纪人 Miriam Altshuler，她始终尽职尽责，并保持着积极乐观的态度。如果没有 Anastasia Toufexis 敏锐的分析能力和严谨的编辑技能，这本书也无法顺利完成，她坚持要让这本学术性论著更具有现实意义，而且更容易阅读。

最后，谨以此书献给所有努力了解什么是浪漫之爱的人。即便深陷困惑与绝望，他们也会一次又一次地回到所爱之人身边，拼尽全力让自己重返安全联结的正轨之上。而世界上有许多这样的人。

参考文献

引言

Blum, Deborah. *Love at Goon Park: Harry Harlow and the science of affection.* Perseus Publishing, 2002.

Bowlby, John. *A Secure Base: Clinical applications of attachment theory.* Basic Books, 1988.

Cacioppo, John, and William Patrick. *Loneliness: Human nature and the need for social connection.* Norton, 2008.

Cassidy, Jude, and Phillip R. Shaver, editors. *Handbook of Attachment: Theory, research, and clinical implications.* Guilford Press, 2008.

Coontz, Stephanie. *Marriage, A History: From obedience to intimacy or how love conquered marriage.* Viking, 2005.

Cozolino, Louis. *The Neuroscience of Human Relationships: Attachment and the developing social brain.* Norton, 2006.

De Waal, Frans. *The Age of Empathy: Nature's lessons for a kinder society.* Harmony Books, 2009.

Ekman, Paul. *Emotions Revealed.* Henry Holt, 2003.

Fine, Cordelia. *Delusions of Gender: How our minds, society, and neurosexism create difference.* Norton, 2010.

Goleman, Daniel. *Social Intelligence: The new science of human relationships*. Bantam, 2006.

Gottman, John. *The Seven Principles for Making Marriage Work*. Crown, 1999.

Iacoboni, Marco. *Mirroring People: The new science of how we connect with others*. Farrar, Straus and Giroux, 2008.

Johnson, Susan M. *The Practice of Emotionally Focused Couple Therapy: Creating connection*. Brunner/Routledge, 2004.

Karen, Robert. *Becoming Attached: First relationships and how they shape our capacity to love*. Oxford University Press, 1994.

Kornfield, Jack. *The Wise Heart: A guide to the universal teachings of Buddhist psychology*. Bantam, 2009.

Lewis, Thomas, Fari Amini, and Richard Lannon. *A General Theory of Love*. Vintage Books, 2000.

MacDonald, Geoff, and Lauri A. Jensen-Campbell, editors. *Social Pain: Neuropsychological and health implications of loss and exclusion*. APA Press, 2011.

Mikulincer, Mario, and Phillip R. Shaver. *Attachment in Adulthood: Structure, dynamics, and change*. Guilford Press, 2007.

Putnam, Robert D. *Bowling Alone: The collapse and revival of American community*. Simon & Schuster, 2000.

Rifkin, Jeremy. *The Empathic Civilization*. Penguin, 2009.

Turkle, Sherry. *Alone Together: Why we expect more from technology and less from each other*. Basic Books, 2011.

Uchino, Bert. *Social Support and Physical Health: Understanding the health consequences of relationships*. Yale University Press, 2004.

Wright, Ronald. *A Short History of Progress*. House of Anansi Press, 2004.

第一部分

第1章

Blum, Deborah. *Love at Goon Park: Harry Harlow and the science of affection*. Perseus Publishing, 2002.

Bowlby, John. *A Secure Base: Clinical applications of attachment theory.* Basic Books, 1988.

——. *Attachment and Loss, vol. 1: Attachment.* Basic Books, 1969.

——. *Attachment and Loss, vol. 2: Separation: Anxiety and anger.* Basic Books, 1973.

——. *Attachment and Loss, vol. 3: Sadness and depression.* Basic Books, 1981.

Buss, David, Todd Shackelford, Lee Kirkpatrick, and Randy Larsen. A half century of mate preferences: The cultural evolution of values. *Journal of Marriage and the Family,* 2001, vol. 63, pp. 491–503. Notes the changing criteria for choosing a mate.

Cacioppo, John, and William Patrick. *Loneliness: Human nature and the need for social connection.* Norton, 2008.

Chugani, Harry, Michael Behen, Otto Muzik, Csaba Juhasz, Ferenc Nagy, and Diane Chugani. Local brain functional activity following early deprivation: A study of post-institutionalized Romanian orphans. *Neuroimage,* 2001, vol. 14, pp. 1290–1301.

Darwin, Charles R. This is the question marry not marry [Memorandum on marriage—1838]. In *The Complete Work of Charles Darwin Online,* John Van Wyhe, editor, 2002.

Descartes, René. *The Philosophical Writings of Descartes: Vol. 1.* Elizabeth Haldane and G. Ross, translators. Cambridge University Press, 1934.

Feeney, Brooke. The dependency paradox in close relationships: Accepting dependence promotes independence. *Journal of Personality and Social Psychology,* 2007, vol. 92, pp. 268–285. Notes the benefits of secure attachment for career women.

Fraley, Chris, David Fazzari, George Bonanno, and Sharon Dekel. Attachment and psychological adaptation in high exposure survivors of the September 11th attack on the World Trade Center. *Personality and Social Psychology Bulletin,* 2006, vol. 32, pp. 538–551.

Guenther, Lisa. *Social Death and Its Afterlives: A critical phenomenology of solitary confinement.* Minnesota University Press, 2012.

Hilgard, Ernest. *Psychology in America: A historical survey.* Harcourt Brace Jovanovich, 1993.

Johnson, Susan M. *Hold Me Tight: Seven conversations for a lifetime of love.*

Little, Brown, 2008.

———. *The Practice of Emotionally Focused Couple Therapy: Creating connection.* Brunner/Routledge, 2004.

Karen, Robert. *Becoming Attached: First relationships and how they shape our capacity to love.* Oxford University Press, 1994. Karen notes data on "failure to thrive." For example, in 1915, 31 to 75 percent of children's deaths at ten eastern U.S. hospitals were attributed to failure to thrive.

McPherson, Miller, Lynn Smith-Lovin, and Matthew Brashears. Social isolation in America: Changes in core discussion networks over the two decades. *American Sociological Review,* 2006, vol. 71, pp. 353–375.

Mikulincer, Mario, and Phillip Shaver. *Attachment in Adulthood: Structure, dynamics, and change.* Guilford Press, 2007.

Sternberg, Robert. Triangulating love. In *The Psychology of Love,* Robert Sternberg and Michael Barnes, editors, pp. 119–138. Yale University Press, 1989.

Uchino, Bert. *Social Support and Physical Health: Understanding the health consequences of relationships.* Yale University Press, 2004.

Uchino, Bert, John Cacioppo, William B. Malarkey, Ronald M. Glaser, and Janice Kiecolt-Glaser. Appraised support predicts age-related differences in cardiovascular function in women. *Health Psychology,* 1995, vol. 14, pp. 556–562.

Whitehead, Barbara, and David Popenoe. *The State of Our Unions*. Report from Rutgers University National Marriage project, 2001. Notes that women reported that they wanted men who could share their feelings and that this was a priority for them. In 1967, by contrast, three-quarters of college women said they would marry a man they did not love if he met other criteria, mostly connected to the ability to support a family.

第 2 章

Bartholomew, Kim, and Colleen Allison. An attachment perspective on abusive dynamics in intimate relationships. In *Dynamics of Romantic Love: Attachment, caregiving, and sex,* Mario Mikulincer and Gail

Goodman, editors, pp. 102–127. Guilford Press, 2006. Notes that anxiously attached male partners often become violent at breakup.

Blum, Deborah. *Love at Goon Park: Harry Harlow and the science of affection.* Perseus Publishing, 2002.

Bowlby, John. *A Secure Base: Clinical applications of attachment theory.* Basic Books, 1988.

——. *Attachment and Loss, vol. 1: Attachment.* Basic Books, 1969.

——. *Attachment and Loss, vol. 2: Separation: Anxiety and anger.* Basic Books, 1973.

——. *Forty-Four Juvenile Thieves: Their characters and home life.* Bailliere, Tindall & Cox, 1944.

Cassidy, Jude, and Phillip R. Shaver, editors. *Handbook of Attachment: Theory, research, and clinical implications.* Guilford Press, 2008.

Coan, James A., Hillary S. Schaefer, and Richard J. Davidson. Lending a hand: Social regulation of the neural response to threat. *Psychological Science,* 2006, vol. 17, pp. 1032–1039.

Davis, Deborah, Phillip R. Shaver, and Michael Vernon. Physical, emotional, and behavioral reactions to breaking up: The roles of gender, age, emotional involvement, and attachment style. *Personality and Social Psychology Bulletin,* 2003, vol. 29, pp. 871–884.

Hazan, Cindy, and Phillip R. Shaver. Love and work: An attachment-theoretical perspective. *Journal of Personality and Social Psychology,* 1990, vol. 59, pp. 270–280. Notes the three-category measure of attachment security used in the experiment at the end of the chapter.

——. Romantic love conceptualized as an attachment process. *Journal of Personality and Social Psychology,* 1987, vol. 52, pp. 511–524.

Johnson, Susan M. Attachment theory: A guide for healing couple relationships. In *Adult Attachment,* W. S. Rholes and J. A. Simpson, editors, pp. 367–387. Guilford Press, 2004.

Karen, Robert. *Becoming Attached: First relationships and how they shape our capacity to love.* Oxford University Press, 1998. Summarizes the history of attachment theory.

Lewis, Thomas, Fari Amini, and Richard Lannon. *A General Theory of Love.* Vintage Books, 2000.

Mikulincer, Mario, Gillad Hirschberger, Orit Nachmias, and Omri Gillath. The affective component of the secure base schema: Affective priming with representations of attachment security. *Journal of Personality and Social Psychology,* 2001, vol. 81, pp. 305–321.

Mikulincer, Mario, and Phillip R. Shaver. *Adult Attachment: Structure, dynamics, and change.* Guilford Press, 2007. Summarizes the basic concepts and supporting research of adult bonding.

Panksepp, Jaak. *Affective Neuroscience: The foundations of animal and human emotions.* Oxford University Press, 1998.

Sbarra, David. Predicting the onset of emotional recovery following nonmarital relationship dissolution: Survival analyses of sadness and anger. *Personality and Social Psychological Bulletin,* 2006, vol. 32, pp. 298–312.

Simpson, Jeffry, Andrew Collins, SiSi Tran, and Katherine Haydon. Attachment and the experience and expression of emotions in romantic relationships: A developmental perspective. *Journal of Personality and Social Psychology,* 2007, vol. 92, pp. 355–367.

Simpson, Jeffry, William Rholes, and Julia Nelligan. Support seeking and support giving in couples in an anxiety provoking situation: The role of attachment styles. *Journal of Personality and Social Psychology,* 1992, vol. 62, pp. 434–446.

Simpson, Jeffry, William Rholes, and Dede Phillips. Conflict in close relationships: An attachment perspective. *Journal of Personality and Social Psychology,* 1996, vol. 71, pp. 899–914.

Suomi, Stephen. Attachment in rhesus monkeys. In *Handbook of Attachment,* Jude Cassidy and Phillip R. Shaver, editors, pp. 173–191. Guilford Press, 2008.

van den Boom, Dymphna. The influence of temperament and mothering on attachment and exploration: An experimental manipulation of sensitive responsiveness among lower-class mothers with irritable infants. *Child Development,* 1994, vol. 65, pp. 1457–1477.

Wilson, Edward. *Consilience: The unity of knowledge.* Vintage Books, 1998.

第二部分

第3章

Coan, James A., Hillary S. Schaefer, and Richard J. Davidson. Lending a hand: Social regulation of the neural response to threat. *Psychological Science,* 2006, vol. 17, pp. 1032–1039.

Damasio, Antonio. *Descartes' Error: Emotion, reason, and the human brain.* Putnam, 1994.

Darwin, Charles. *The Expression of Emotions in Man and Animals.* John Murray, 1872. Notes Darwin's habit of visiting the puff adder cage at the London zoo.

DeWall, C. Nathan, et al. Acetaminophen reduces social pain: Behavioral and neural evidence. *Psychological Science,* 2010, vol. 21, pp. 931–937.

Eisenberger, Naomi I., and Matthew D. Lieberman. Why rejection hurts: A common neural alarm system for physical and emotional pain. *Trends in Cognitive Science,* 2004, vol. 8, pp. 294–300.

Eisenberger, Naomi I., Matthew D. Lieberman, and Kipling D. Williams. Does rejection hurt? An fMRI study of social exclusion. *Science,* 2003, vol. 302, pp. 290–293.

Ekman, Paul. *Emotions Revealed.* Henry Holt, 2003.

Eugenides, Jeffrey. *Middlesex: A novel.* Farrar, Straus and Giroux, 2002.

Frederickson, Barbara L. The role of positive emotions in positive psychology: The broaden-and-build theory of positive emotions. *American Psychologist,* 2001, vol. 56, pp. 218–226.

Frijda, Nico H. *The Emotions.* Cambridge University Press, 1986.

Goldin, Philippe R., Kateri McRae, Wiveka Ramel, and James J. Gross. The neural bases of emotion regulation: Reappraisal and suppression of negative emotion. *Biological Psychiatry,* 2008, vol. 63, pp. 577–586.

Jack, Rachel E., Roberto Caldara, and Philippe G. Schyns. Internal representations reveal cultural diversity in expectations of facial expressions of emotion. *Journal of Experimental Psychology,* 2012, vol. 141, pp. 19–25. Notes evidence that culture affects the facial feature we focus on.

Johnson, Susan M., James A. Coan, M. M. Burgess, L. Beckes, A. Smith, T. Dalgleish, R. Halchuk, K. Hasselmo, P. S. Greenman, and Z. Merali. Soothing the threatened brain: Leveraging contact comfort with emotionally focused therapy. *PLOS One,* in press.

LeDoux, Joseph E. *The Emotional Brain: The mysterious underpinnings of emotional life.* Simon & Schuster, 1996.

Lehky, Sidney R. Fine discrimination of faces can be performed rapidly. *Journal of Cognitive Neuroscience,* 2000, vol. 12, pp. 848–855. Notes evidence that the detection and processing of the smallest change of expression on another's face occurs instantaneously.

Lieberman, Matthew, et al. Putting feelings into words: Affect labeling disrupts amygdala activity in response to affective stimuli. *Psychological Science,* 2007, vol. 18, pp. 421–428. Notes how the act of naming calms emotions.

Oatley, Keith. *Emotions: A brief history.* Blackwell, 2004.

Panksepp, Jaak. *Affective Neuroscience: The foundations of animal and human emotions.* Oxford University Press, 1998.

Schore, Alan N. *Affect Regulation and the Repair of the Self.* Norton, 2003.

Shaver, Phillip R., and Mario Mikulincer. Adult attachment strategies and the regulation of emotion. In *Handbook of Emotion Regulation,* James J. Gross, editor, pp. 446–465. Guilford Press, 2007.

Stenberg, Georg, Susanne Wiking, and Mats Dahl. Judging words at face value: Interference in a word processing task reveals automatic processing of affective facial expressions. *Cognition and Emotion,* 1998, vol. 12, pp. 755–782. Notes evidence that observers unconsciously mirror and synchronously (within 300 milliseconds) match the facial changes of another person.

Tronick, Edward Z. Dyadically expanded states of consciousness and the process of therapeutic change. *Infant Mental Health Journal,* 1998, vol. 19, pp. 290–299.

Young, Paul T. *Emotion in Man and Animal: Its nature and relation to attitude and motive.* Wiley, 1943. Notes the author's view that emotion involves the loss of cerebral control and all sense of conscious purpose.

第 4 章

Buchheim, Anna, et al. Oxytocin enhances the experience of attachment security. *Psychoneuroendocrinology,* 2009, vol. 34, pp. 1417–1422.

Campbell, Anne. Oxytocin and human social behavior. *Personality and Social Psychology Review,* 2010, vol. 14, pp. 281–295. Summarizes oxytocin's ability to enhance attachment and trust, improve social memory, and reduce fear.

Carter, C. Sue. Neuroendocrine perspectives on social attachment and love. *Psychoneuroendocrinology,* 1998, vol. 23, pp. 779–818. Summarizes the impact of oxytocin on bonding.

Carter, Rita, Susan Aldridge, Martyn Page, Steve Parker, and Chris Frith. *The Human Brain Book.* Dorling Kindersley, 2009. Offers an overview of the basic structure of the brain.

Chugani, Harry, Michael Behen, Otto Muzik, Csaba Juhasz, Ferenc Nagy, and Diane Chugani. Local brain functional activity following early deprivation: A study of post-institutionalized Romanian orphans. *Neuroimage,* 2001, vol. 14, pp. 1290–1301.

Cohen, Michael X., and Phillip R. Shaver. Avoidant attachment and hemispherical lateralization of the processing of attachment and emotion-related words. *Cognition and Emotion,* 2004, vol. 18, pp. 799–813. Notes that avoidant folks make more errors of interpretation, even in response to positive cues and emotions, than others do.

Cozolino, Louis J. *The Neuroscience of Human Relationships: Attachment and the developing social brain.* Norton, 2006.

de Waal, Frans. *The Age of Empathy: Nature's lessons for a kinder society.* Harmony Books, 2009.

Diamond, Lisa M. Contributions of psychophysiology to research on adult attachment: Review and recommendations. *Personality and Social Psychology Review,* 2001, vol. 5, pp. 276–295. Article summarizes the antistress effects of oxytocin.

Dick, Danielle M., et al. CHRM2, parental monitoring, and adolescent externalizing behavior: Evidence for gene environment interaction. *Psychological Science,* 2011, vol. 22, pp. 481–489.

Ditzen, Beate, Marcel Schaer, Barbara Gabriel, Guy Bodenmann, Ulrike

Ehlert, and Markus Heinrichs. Intranasal oxytocin increases positive communication and reduces cortisol levels during couple conflict. *Biological Psychiatry,* 2009, vol. 65, pp. 728–731.

Domes, Gregor, Markus Heinrichs, Andre Michel, Christoph Berger, and Sabine C. Herpertz. Oxytocin improves "mind-reading" in humans. *Biological Psychiatry,* 2007, vol. 61, pp. 731–733.

Ellis, Bruce J., Marilyn J. Essex, and W. Thomas Boyce. Biological sensitivity to context: II. Empirical explorations of an evolutionary-developmental theory. *Development & Psychopathology,* 2005, vol. 17, pp. 303–328. Notes the "orchid children" research.

Feeney, Brook, and Nancy Collins. Motivations for caregiving in adult intimate relationships: Influences on caregiving behavior and relationship functioning. *Personality and Social Psychology Bulletin,* 2003, vol. 29, pp. 950–968.

Freeman, Walter J. *How Brains Make Up Their Minds.* Weidenfeld & Nicolson, 1999.

Gillath, Omri, Silvia A. Bunge, Phillip R. Shaver, Carter Wendelken, and Mario Mikulincer. Attachment style differences in the ability to suppress negative thoughts: Exploring the neural correlates. *Neuroimage,* 2005, vol. 28, pp. 835–847.

Hebb, Donald. O. *The Organization of Behavior: A neuropsychological theory.* Wiley, 1949.

Hofer, Myron. Psychobiological roots of early attachment. *Current Directions in Psychological Science,* 2006, vol. 15, pp. 84–88. Notes that physiological regulation through the expression of emotion—for example, by a mother's soft voice and tender touch—shapes a child's general ways of regulating emotion. The child learns he can calm down and that emotion is workable.

Iacoboni, Marco. Imitation, empathy, and mirror neurons. *Annual Review of Psychology,* 2009, vol. 60, pp. 653–670.

———. *Mirroring People: The new science of how we connect with others.* Picador, 2008.

Joseph, Rhawn. Environmental influences on neural plasticity, the limbic system, emotional development, and attachment: A review. *Child*

Psychiatry and Human Development, 1999, vol. 29, pp. 189–208. Notes that social interactions grow our brains. Early institutionalization leads to decreased brain connectivity, especially between the amygdala and frontal cortex, the areas involved in development of social behavior in primates.

Kosfield, Michael, Markus Heinrichs, Paul J. Zak, Urs Fischbacher, and Ernst Fehr. Oxytocin increases trust in humans. *Nature,* 2005, vol. 435, pp. 673–676.

Liu, Dong, et al. Maternal care, hippocampal glucocorticoid receptors, and hypothalamic-pituitary-adrenal responses to stress. *Science,* 1997, vol. 277, pp. 1659–1661. Discusses research by Michael Meaney and his team.

Liu, Yan, Kimberly A. Young, J. Thomas Curtis, Brandon J. Aragona, and Zuoxin Wang. Social bonding decreases the rewarding properties of amphetamine through a dopamine D1 receptor-mediated mechanism. *The Journal of Neuroscience,* 2001, vol. 31, pp. 7960–7966.

Mikulincer, Mario, Tamar Dolev, and Phillip R. Shaver. Attachment-related strategies during thought suppression: Ironic rebounds and vulnerable self-representations. *Journal of Personality and Social Psychology,* 2004, vol. 87, pp. 940–956.

Mikulincer, Mario, and Phillip R. Shaver, editors. *Prosocial Motives, Emotions, and Behavior: The better angels of our nature.* APA Press, 2010. Notes the evolutionary function of empathy.

Pascual-Leone, Alvaro, and Roy Hamilton. The metamodal organization of the brain. In *Vision: From neurons to cognition,* vol. 134 of *Progress in Brain Research,* C. Casanova and M. Ptito, editors, pp. 427–445. Elsevier, 2001. Notes that the visual cortex processes auditory and tactile signals.

Powers, Sally I., Paula R. Pietromonaco, Meredith Gunlicks, and Aline Sayer. Dating couples' attachment styles and patterns of cortisol reactivity and recovery in response to a relationship conflict. *Journal of Personality and Social Psychology,* 2006, vol. 90, pp. 613–628. Notes that insecurity is linked to greater reactions to stress.

Rizzolatti, Giacomo, and Laila Craighero. The mirror-neuron system. *Annual Review of Neuroscience,* 2004, vol. 27, pp. 169–192.

Schore, Alan N. Effects of a secure attachment relationship on right brain development, affect regulation, and infant mental health. *Infant Mental Health Journal,* 2001, vol. 22, pp. 7–66.

Schwarz, Jaclyn M., Mark R. Hutchinson, and Staci D. Bilbo. Early-life experience decreases drug-induced reinstatement of morphine CPP in adulthood via microglial-specific epigenetic programming of anti-inflammatory IL-10 expression. *The Journal of Neuroscience,* 2011, vol. 31, pp. 17835–17847. Summarizes the Duke University study showing that touch impacts interleukin 10.

Singer, Tania. The neuronal basis and ontogeny of empathy and mind reading: Review of literature and implications for future research. *Neuroscience and Biobehavioral Reviews,* 2006, vol. 30, pp. 855–863.

Singer, Tania, Ben Seymour, John O'Doherty, Holger Kaube, Raymond Dolan, and Chris D. Frith. Empathy for pain involves the affective but not sensory components of pain. *Science,* 2004, vol. 303, pp. 1157–1162.

Stern, Daniel N. *The Present Moment in Psychotherapy and Everyday Life.* Norton, 2004.

Suomi, Stephen J. How gene-environment interactions shape biobehavioral development: Lessons from studies in rhesus monkeys. *Research in Human Development,* 2004, vol. 1, pp. 205–222.

———. Mother-infant attachment, peer relationships, and the development of social networks in rhesus monkeys. *Human Development,* 2005, vol. 48, pp. 67–79.

Theodoridou, Angelik, Angela C. Rowe, Ian S. Penton-Voak, and Peter J. Rogers. Oxytocin and social perception: Oxytocin increases perceived facial trustworthiness and attractiveness. *Hormones and Behavior,* vol. 56, pp. 128–132.

Tomasello, Michael, and Malinda Carpenter. Shared intentionality. *Developmental Science,* 2007, vol. 10, pp. 121–125. Notes that empathy helps cooperation.

Trevarthen, Colwyn. The functions of emotion in infancy: The regulation and communication of rhythm, sympathy, and meaning in human development. In *The Healing Power of Emotion,* Diana Fosha, Daniel J. Siegel, and Marion Solomon, editors, pp. 55–85. Norton, 2009. Discusses the concept of "prototypical conversations." The term was first used by the noted American anthropologist Mary Catherine Bateson.

Vicary, Amanda M., and R. Chris Fraley. Choose your own adventure: Attachment dynamics in a simulated relationship. *Personality and Social Psychology Bulletin,* 2007, vol. 33, pp. 1279–1291.

第 5 章

Basson, Rosemary. The female sexual response: A different model. *Journal of Sex and Marital Therapy,* 2000, vol. 26, pp. 51–65.

———. Women's sexual desire and arousal disorders. *Primary Psychiatry,* 2008, vol. 15, pp. 72–81.

Birnbaum, Gurit E. Attachment orientations, sexual functioning, and relationship satisfaction in a community sample of women. *Journal of Social and Personal Relationships,* 2007, vol. 24, pp. 21–35.

———. Beyond the borders of reality: Attachment orientations and sexual fantasies. *Personal Relationships,* 2007, vol. 14, pp. 321–342. Notes links between "solace sex" and sexual fantasies.

Birnbaum, Gurit E., Mario Mikulincer, and Omri Gillath. In and out of a daydream: Attachment orientations, daily couple interactions, and sexual fantasies. *Personality and Social Psychology Bulletin*, 2011, vol. 37, pp. 1398–1410. Summarizes the contribution of attachment orientations to the content of daily sexual fantasies.

Birnbaum, Gurit E., Harry T. Reis, Mario Mikulincer, Omri Gillath, and Ayala Orpaz. When sex is more than just sex: Attachment orientations, sexual experience, and relationship quality. *Journal of Personality and Social Psychology,* 2006, vol. 91, pp. 929–943. Notes that attachment anxiety amplifies the effects of positive and negative sexual experiences on relationship interactions and that attachment avoidance inhibits the positive effects of having sex; also notes the detrimental effects of unsatisfying sex.

Bogaert, Anthony F., and Stan Sadava. Adult attachment and sexual behavior. *Personal Relationships,* 2002, vol. 9, pp. 191–204. Notes that secure partners feel more efficacious in sex: they believe the quality of the sex is mostly a reflection of them, not the situation.

Brennan, Kelly A., and Phillip R. Shaver. Dimensions of adult attachment, affect regulation, and romantic relationship functioning. *Personality and Social Psychology Bulletin,* 1995, vol. 21, pp. 267–283. Notes that those with a secure orientation prefer sex in a committed relationship and view expressing love as part of sex.

Brotto, Lori A. The DSM diagnostic criteria for hypoactive sexual desire disorder in women. *Archives of Sexual Behavior,* 2010, vol. 39, pp. 221–239. Notes that physical readiness for sex, such as engorgement of genital tissue, often does not translate into the experience of desire for women.

Castleman, Michael. Desire in women: Does it lead to sex? Or result from it? *Psychology Today* online, 2009.

Davis, Deborah, Phillip R. Shaver, and Michael L. Vernon. Attachment style and subjective motivations for sex. *Personality and Social Psychology Bulletin,* 2004, vol. 30, pp. 1076–1090.

Feeney, Judith A., Candida Peterson, Cynthia Gallois, and Deborah J. Terry. Attachment style as a predictor of sexual attitudes and behavior in late adolescence. *Psychology & Health,* 2000, vol. 14, pp. 1105–1122.

Gillath, Omri, and Melanie Canterbury. Neural correlates of exposure to subliminal and supraliminal sex cues. *Social Cognitive and Affective Neuroscience,* 2012, vol. 7, pp. 924–936.

Gillath, Omri, Mario Mikulincer, Gurit E. Birnbaum, and Phillip R. Shaver. When sex primes love: Subliminal sexual priming motivates relationship goal pursuit. *Personality and Social Psychology Bulletin,* 2008, vol. 34, pp. 1057–1069.

Harding, Anne. Rosemary Basson: Working to normalize women's sexual reality. *The Lancet,* 2007, vol. 369, p. 363.

Hill, Craig A., and Leslie K. Preston. Individual differences in the experience of sexual motivation: Theory and measurement of dispositional sexual motives. *Journal of Sex Research,* 1996, vol. 33, pp. 27–45. Summarizes information on AMORE (Affective and Moral Orientation Related to Erotic Arousal), a scale for the measurement of motives for sex.

Hurlemann, René, et al. Oxytocin modulates social distance between males and females. *The Journal of Neuroscience,* 2012, vol. 32, pp. 16074–16079.

Impett, Emily A., Amie M. Gordon, and Amy Strachman. Attachment and daily sex goals: A study of dating couples. *Personal Relationships,* 2008, vol. 15, pp. 375–390. Notes that the very anxiously attached, even when they do not feel desire, are more likely to engage in sex because their partner wants it and that avoidant partners often engage in sex to avoid conflict and not to express love.

Insel, Thomas R., and Leslie E. Shapiro. Oxytocin receptor distribution reflects social organization in monogamous and polygamous voles. *Proceedings of the National Academy of Sciences,* 1992, vol. 89, pp. 5981–5985.

Johnson, Susan M. *Hold Me Tight: Seven conversations for a lifetime of love.* Little, Brown, 2008. Summarizes, for the first time, synchrony, solace, and sealed-off sex as approaches to sex typified by different motivations and attachment orientations.

Kinsey, Alfred C., Wardell B. Pomeroy, and Clyde E. Martin. *Sexual Behavior in the Human Male.* W. B. Saunders Company, 1948.

Kinsey, Alfred C., Wardell B. Pomeroy, Clyde E. Martin, and Paul H. Gebhard. *Sexual Behavior in the Human Female.* Indiana University Press, 1953.

Laan, Ellen, Walter Everaerd, Janneke van der Velde, and James H. Greer. Determinants of subjective experiences of sexual arousal in women: Feedback from genital arousal and erotic stimulus content. *Psychophysiology,* 1995, vol. 32, pp. 441–451.

Laumann, Edward O., John H. Gagnon, Robert T. Michael, and Stuart Michaels. *The Social Organization of Sexuality: Sexual practices in the United States.* University of Chicago Press, 1994. In the authors' national survey, 11 percent of women and 24 percent of men admitted engaging in extramarital sex.

Laumann, Edward O., and Robert T. Michael. *Sex, Love, and Health in America: Private choices and public policies.* University of Chicago Press, 2001.

Laumann, Edward O., Anthony Paik, and Raymond C. Rosen. Sexual dysfunction in the United States: Prevalence and predictors. *Journal of the American Medical Association,* 1999, vol. 281, pp. 537–544.

Marcus, I. David. Men who are not in control of their sexual behavior. In *Handbook of Clinical Sexuality for Mental Health Professionals,* S. Levine, C. Risen, and S. Althof, editors, pp. 383–400. Brunner/Routledge, 2003. Notes that 6 to 8 percent of men are addicted to sex.

Masters, William H., and Virginia E. Johnson. *Human Sexual Response.* Bantam, 1966. *Human Sexual Inadequacy.* Little, Brown, 1970. These books summarize the first laboratory studies of the anatomy and physiology of human sexual response and define the four stages of sex as desire, arousal, orgasm, and resolution.

McCarthy, Barry, and Emily McCarthy. *Rekindling Desire.* Brunner/Routledge, 2003.

McCarthy, Barry W., and Michael E. Metz. *Men's Sexual Health: Fitness for satisfying sex.* Routledge, 2007.

Meston, Cindy M., and David M. Buss. Why humans have sex. *Archives of Sexual Behaviour,* 2007, vol. 36, pp. 477–507.

Meyers, Laurie. The Eternal Question: Does love last? APA *Monitor,* 2007, vol. 38, pp. 44–47. Contains quotation by Elaine Hatfield.

Michael, Robert T., John H. Gagnon, Edward O. Laumann, and Gina Kolata. *Sex in America: A definitive survey.* Little, Brown, 1994.

Tiefer, Leonore. Sexual behaviour and its medicalisation. *British Medical Journal,* 2002, vol. 325, p. 45. Notes that sex can be viewed as digestion or as a dance between intimates.

第三部分

第6章

AARP (formerly American Association of Retired Persons). *The Divorce Experience: A study of divorce at midlife and beyond.* Conducted for *AARP The Magazine*. AARP, 2004.

Atkinson, Leslie, Susan Goldberg, Vaishali Ravel, David Pederson, Diane Benoit, Greg Moran, Lori Poulton, Natalie Myhal, Michael Zwiers, Karin Gleason, and Eman Leung. On the relation between maternal state of mind and sensitivity in the prediction of infant attachment security. *Developmental Psychology,* 2005, vol. 41, pp. 42–53.

Beckes, Lane, Jeffry A. Simpson, and Alyssa Erickson. Of snakes and succor: Learning secure attachment associations with novel faces via negative stimulus pairings. *Psychological Science,* 2010, vol. 21, pp. 721–728.

Brown, Susan, and Lin I-Fen. *Divorce in Middle and Later Life: New estimates from the 2008 American community survey.* Bowling Green State University. Notes the prevalence of divorce in mature adults.

Cowan, Carolyn Pape, and Philip A. Cowan, *When Partners Become Parents: The big life change for couples.* Erlbaum Associates, 2000.

Eastwick, Paul W., and Eli J. Finkel. The attachment system in fledgling relationships: An activating role for attachment anxiety. *Journal of Personality and Social Psychology,* 2008, vol. 95, pp. 628–647.

Friedman, Howard S., and Leslie R. Martin. *The Longevity Project: Surprising discoveries for health and long life from the landmark eight-decade study.* Penguin, 2011.

Gottman, John M., and Julie Schwartz Gottman. *And Baby Makes Three: The six-step plan for preserving marital intimacy and rekindling romance after baby arrives.* Crown, 2007. Notes that marital satisfaction drops in two-thirds of couples when the first child arrives.

Hall, Scott S., and Rebecca A. Adams. Cognitive coping strategies of newlyweds adjusting to marriage. *Marriage & Family Review,* 2011, vol. 47, pp. 311–325.

Huston, Ted L., John P. Caughlin, Renate M. Houts, Shanna E. Smith, and Laura J. George. The connubial crucible: Newlywed years as predictors of marital delight, distress, and divorce. *Journal of Personality and Social Psychology,* 2001, vol. 80, pp. 237–252.

Mancini, Anthony D., and George A. Bonanno. Marital closeness, functional disability, and adjustment in late life. *Psychology and Aging,* 2006, vol. 21, pp. 600–610.

McLean, Linda M., Tara Walton, Gary Rodin, Mary J. Esplen, and Jennifer M. Jones. A couple-based intervention for patients and caregivers facing end-stage cancer: Outcomes of a randomized controlled trial. *Psycho-Oncology,* 2013, vol. 22, pp. 28–38.

Misri, Shaila, Xanthoula Kostaras, Don Fox, and Demetra Kostaras. The impact of partner support in the treatment of postpartum depression. *The Canadian Journal of Psychiatry,* 2000, vol. 45, pp. 554–558.

Ravel, Vaishali, Susan Goldberg, Leslie Atkinson, Diane Benoit, Natalie Myhal, Lori Poulton, and Michael Zwiers. Maternal attachment, infant responsiveness, and infant attachment. *Infant Behavior and Development,* 2001, vol. 24, pp. 281–304. Notes that anxious and avoidant attachment styles in mothers affect how they care for their children and how secure their children become.

Rholes, W. Steven, Jamie L. Kohn, A. McLeish Martin III, Jeffry A. Simpson, Carol L. Wilson, SiSi Tran, and Deborah A. Kashy. Attachment orientations and depression: A longitudinal study of new parents. *Journal of Personality and Social Psychology,* 2011, vol. 100, pp. 567–586.

Rosand, Gun-Mette B., Kari Slinning, Malin Eberhard-Gran, Espen Roysamb, and Kristian Tamb. Partner relationship satisfaction and maternal emotional distress in early pregnancy. *BMC Public Health,* 2011, vol. 11, pp. 161–173. Notes the impact of postpartum depression.

Shapiro, Alyson F., and John M. Gottman. Effects on marriage of a psycho-communication-educational intervention with couples undergoing transition to parenthood: Evaluation at one year post-intervention. *Journal of Family Communication,* 2005, vol. 5, pp. 1–24.

Shapiro, Alyson F., John M. Gottman, and Sybil Carrere. The baby and the marriage: Identifying factors that buffer against decline in marital satisfaction after the first baby arrives. *Journal of Family Psychology,* 2000, vol. 14, pp. 59–70.

Taylor, Paul, et al. *The Decline of Marriage and Rise of New Families.* Pew Research Center, 2010.

Uchino, Bert N., John T. Cacioppo, and Janice Kiecolt-Glaser. The relationship between social support and physiological processes: A review with emphasis on underlying mechanisms and implications for health. *Psychological Bulletin,* 1996, vol. 119, pp. 488–531.

第 7 章

Bowlby, John. *The Making and Breaking of Affectional Bonds.* Routledge, 1979. Notes the concept of deprivation.

Eastwick, Paul W., and Eli J. Finkel. Sex differences in mate preferences revisited: Do people really know what they initially desire in a romantic partner? *Journal of Personality and Social Psychology,* 2008, vol. 94, pp. 245–264.

Eldridge, Katherine A., and Andrew Christensen. Demand-withdraw communication during couple conflict: A review and analysis. In *Understanding Marriage,* Patricia Noller and Judith Feeney, editors, pp. 289–322. Cambridge University Press, 2002.

Feeney, Judith. Hurt feelings in couple relationships: Towards integrative models of negative effects of hurtful events. *Journal of Social and Personal Relationships,* 2004, vol. 21, pp. 487–508.

Fine, Cordelia. *Delusions of Gender: How our minds, society, and neurosexism create difference.* Norton, 2010.

Finkel, Eli J., Paul W. Eastwick, Benjamin Karney, Harry Reis, and Susan Sprecher. Online dating: A critical analysis from the perspective of psychological science. *Psychological Science,* 2012, vol. 13, pp. 3–66.

Gottman, John. *Seven Principles for Making Marriage Work.* Crown, 1999. Notes that stonewalling predicts divorce.

Gudrais, Elizabeth. When words hurt: How depression lingers. *Harvard Magazine,* July–August 2009. Notes the quote from Jill Hooley.

Heavey, Christopher L., Christopher Layne, and Andrew Christensen.

Gender and conflict structure in marital interaction II: A replication and extension. *Journal of Consulting and Clinical Psychology,* 1993, vol. 61, pp. 16–27.

Herman, Judith Lewis. *Trauma and Recovery.* Basic Books, 1992, p. 54. Notes that abuse by attachment figures is a "violation of human connection."

Hooley, Jill M., and Ian H. Gotlib. A diathesis-stress conceptualization of expressed emotion and clinical outcome. *Applied and Preventative Psychology,* 2000, vol. 9, pp. 135–151.

Hooley, Jill M., Staci A. Gruber, Laurie A. Scott, Jordan B. Hiller, and Deborah A. Yurgelun-Todd. Activation in dorsolateral prefrontal cortex in response to maternal criticism and praise in recovered depressed and healthy control participants. *Biological Psychiatry,* 2005, vol. 57, pp. 809–812.

Hooley, Jill M., and John D. Teasdale. Predictors of relapse in unipolar depressives: Expressed emotion, marital distress, and perceived criticism. *Journal of Abnormal Psychology,* 1989, vol. 98, pp. 229–235.

Huston, Ted L., John P. Caughlin, Renate M. Houts, Shanna E. Smith, and Laura J. George. The connubial crucible: Newlywed years as predictors of marital delight, distress, and divorce. *Journal of Personality and Social Psychology,* 2001, vol. 80, pp. 237–252.

Hyde, Janet Shibley. The gender similarities hypothesis. *American Psychologist,* 2005, vol. 60, pp. 581–592.

Ickes, William. *Everyday Mind Reading: Understanding what other people think and feel.* Prometheus Books, 2003.

Johnson, Susan M. *Emotionally Focused Therapy with Trauma Survivors: Strengthening attachment bonds.* Guilford, 2002.

Johnson, Susan M., Judy A. Makinen, and John W. Millikin. Attachment injuries in couple relationships: A new perspective on impasses in couple therapy. *Journal of Marital and Family Therapy,* 2001, vol. 27, pp. 145–155.

Pasch, Lauri A., and Thomas N. Bradbury. Social support, conflict, and the development of marital dysfunction. *Journal of Consulting and Clinical Psychology,* 1998, vol. 66, pp. 219–230.

Roberts, Linda J., and Danielle R. Greenberg. Observational windows to intimacy processes in marriage. In *Understanding Marriage:*

Developments in the study of couple interaction, Patricia Noller and Judith Feeney, editors, pp. 118–149. Cambridge University Press, 2002.

Tronick, Ed. *The Neurobehavioral and Social Emotional Development of Infants and Children.* Norton, 2007.

第 8 章

Burgess-Moser, Melissa, Susan M. Johnson, Tracy L. Dalgleish, and Giorgio Tasca. The impact of blamer softening on romantic attachment in emotionally focused therapy. *Journal of Marital and Family Therapy.* Study in review.

Cohen, Shiri, Robert J. Waldinger, Marc S. Schulz, and Emily Weiss. Eye of the beholder: The individual and dyadic contributions of empathic accuracy and perceived empathic effort to relationship satisfaction. *Journal of Family Psychology,* 2012, vol. 26, pp. 236–245.

Cohn, Jeffrey F., Reinaldo Matias, Edward Z. Tronick, David Connell, and Karlen Lyons-Ruth. Face-to-face interactions of depressed mothers and their infants. *New Directions for Child Development,* 1986, vol. 34, pp. 31–45.

Diamond, Lisa M. Contributions of psychophysiology to research on adult attachment: Review and recommendations. *Personality and Social Psychology Review,* 2001, vol. 5, pp. 276–295.

Greenman, Paul S., and Susan M. Johnson. Process research on Emotionally Focused Therapy (EFT) for couples: Linking theory to practice. *Family Process,* 2013, vol. 52, pp. 46–61.

Halchuk, Rebecca E., Judy A. Makinen, and Susan M. Johnson. Resolving attachment injuries in couples using emotionally focused therapy: A three-year follow-up. *Journal of Couple and Relationship Therapy,* 2010, vol. 9, pp. 31–47.

Johnson, Susan M. *Hold Me Tight: Conversations for connection. A facilitator's guide.* Ottawa Couple and Family Institute, 2009.

Makinen, Judy A., and Susan M. Johnson. Resolving attachment injuries in couples using EFT: Steps towards forgiveness and reconciliation. *Journal of Consulting and Clinical Psychology,* 2006, vol. 74, pp.

1055–1064.

Murray, Sandra L., Dale W. Griffin, Jaye L. Derrick, Brianna Harris, Maya Aloni, and Sadie Leder. Tempting fate or inviting happiness? Unrealistic idealization prevents the decline of marital satisfaction. *Psychological Science,* 2011, vol. 22, pp. 619–626.

Roberts, Linda J., and Danielle R. Greenberg. Observational windows to intimacy processes in marriage. In *Understanding Marriage: Developments in the study of couple interaction,* Patricia Noller and Judith Feeney, editors, pp. 118–149. Cambridge University Press, 2002.

Salvatore, Jessica E., Sally I-Chun Kuo, Ryan D. Steele, Jeffry A. Simpson, and W. Andrew Collins. Recovering from conflict in romantic relationships: A developmental perspective. *Psychological Science,* 2011, vol. 22, pp. 376–383.

Tronick, Edward Z., and Jeffrey F. Cohn. Infant-mother face-to-face interaction: age and gender differences in coordination and the occurrence of miscoordination. *Child Development,* 1989, vol. 60, pp. 85–92.

Zuccarini, Dino, Susan M. Johnson, Tracy L. Dalgleish, and Judy A. Makinen. Forgiveness and reconciliation in emotionally focused therapy for couples: The client change process and therapist interventions. *Journal of Marital and Family Therapy,* 2013, vol. 39, pp. 148–162.

第四部分

第9章

Burgess-Moser, Melissa, Susan M. Johnson, Tracy L. Dalgleish, and Giorgio Tasca. The impact of blamer softening on romantic attachment in emotionally focused therapy. *Journal of Marital and Family Therapy.* Study in review.

Greenman, Paul S., and Susan M. Johnson. Process research on EFT for couples: Linking theory to practice. *Family Process,* 2013, vol. 52, pp. 46–61.

Johnson, Susan M. Attachment theory: A guide for healing couple relationships. In *Adult Attachment,* W. S. Rholes and J. A. Simpson, editors, pp. 367–387. Guilford Press, 2004.

———. *Hold Me Tight: Seven conversations for a lifetime of love.* Little, Brown, 2008.

———. *The Practice of Emotionally Focused Couple Therapy: Creating connection.* Brunner/Routledge, 2004.

Johnson, Susan M., and Paul Greenman. The path to a secure bond. *Journal of Clinical Psychology: In Session,* 2006, vol. 62, pp. 597–609.

Lebow, Jay L., Anthony L. Chambers, Andrew Christensen, and Susan M. Johnson. Research on the treatment of couple distress. *Journal of Marital and Family Therapy,* 2012, vol. 38, pp. 145–168.

Makinen, Judy A., and Susan M. Johnson. Resolving attachment injuries in couples using EFT: Steps towards forgiveness and reconciliation. *Journal of Consulting and Clinical Psychology,* 2006, vol. 74, pp. 1055–1064.

第 10 章

Administration for Children and Families (ACF). *The Healthy Marriage Initiative: Myths and facts.* US Department of Health and Human Services, 2005.

Broidy, Lisa M., Richard E. Tremblay, et al. Developmental trajectories of childhood disruptive behaviors and adolescent delinquency: A six-site, cross-national study. *Developmental Psychology,* 2003, vol. 39, pp. 222–245.

Cacioppo, John, and William Patrick. *Loneliness: Human nature and the need for social connection.* Norton, 2008.

Caldwell, Benjamin E., Scott R. Woolley, and Casey J. Caldwell. Preliminary estimates of cost-effectiveness of marital therapy. *Journal of Marital & Family Therapy,* 2007, vol. 33, pp. 392–405. Notes the costs of divorce.

Caprara, Gian V., Claudio Barbaranelli, Concetta Pastorelli, Albert Bandura, and Philip G. Zimbardo. Prosocial foundations of children's academic achievement. *Psychological Science,* 2000, vol. 11, pp. 302–306.

Certain, Laura. Report on Television and Toddlers. Presented at the Pediatric Academic Societies annual meeting, Baltimore, April 30, 2003.

Davidovitz, Rivka, Mario Mikulincer, Phillip R. Shaver, Ronit Izsak, and Micha Popper. Leaders as attachment figures: Leaders' attachment orientations predict leadership-related mental representations and followers' performance and mental health. *Journal of Personality and Social Psychology,* 2007, vol. 93, pp. 632–650.

Dex, Shirley, and Colin Smith. *The Nature and Pattern of Family-Friendly Employment Policies in Britain.* Judge Institute of Management, Cambridge University: The Policy Press, 2002.

Diener, Ed, Richard Lucas, Ulrich Schimmack, and John F. Helliwell. *Well-Being for Public Policy.* Oxford University Press, 2009.

Dion, M. Robin. Healthy marriage programs: Learning what works. *The Future of Children,* 2005, vol. 15, pp. 139–156. Notes and describes the main marriage education programs used in the United States.

Earle, Alison, Zitha Mokomane, and Jody Heymann. International perspectives on work-family policies: Lessons from the world's most competitive economies. *The Future of Children,* 2011, vol. 21, pp. 191–210. Notes that allowing people to take family-related leave actually helps economies and does not raise expenditures.

Flores, Philip J. *Addiction as an Attachment Disorder.* Jason Aronson/Rowman & Littlefield, 2004.

Gordon, Mary. *Roots of Empathy: Changing the world child by child.* Thomas Allen, 2007.

Grunfeld, Eva, Robert Glossop, Ian McDowell, and Catherine Danbrook. Caring for elderly people at home: The consequences to caregivers. *Canadian Medical Association,* 1997, vol. 157, pp. 1101–1105.

Halford, W. Kim. *Marriage and Relationship Education: What works and how to provide it.* Guilford Press, 2011.

Hamilton, Brady E., Joyce A. Martin, and Stephanie J. Ventura. Births: Preliminary data for 2007. *National Vital Statistics Reports,* vol. 57. [US] National Center for Health Statistics, 2009.

Harter, James K., Frank L. Schmidt, and Corey L. M. Keyes. Well-being in the workplace and its relationship to business outcomes: A review of the Gallup studies. In *Flourishing: The positive person and the good life,* Corey Keyes and Jonathon Haidt, editors, pp. 205–224. American Psychological Association, 2003.

Jacobs, Jane. *The Death and Life of Great American Cities.* Random House, 1961.

Kasser, Tim, Richard M. Ryan, Melvin Zax, and Arnold J. Sameroff. The relations of maternal and social environments to late adolescents' materialistic and prosocial values. *Developmental Psychology,* 1995, vol. 31, pp. 907–914.

Kingston, Anne, with Alex Ballingall. Public display of disaffection: As "cell-fishness" hits an all-time high, a backlash against mobile devices includes outright bans. *Maclean's,* September 15, 2011. Available at: www2.macleans.ca/2011/09/15/public-display-of-disaffection/

Klinenberg, Eric. I want to be alone: The rise and rise of solo living. *The Guardian,* March 30, 2012.

Kraus, Michael W., Cassie Huang, and Dacher Keltner. Tactile communication, cooperation, and performance: An ethological study of the NBA. *Emotion,* 2010, vol. 10, pp. 745–749.

Logsdon, Mimia C., and Angela B. McBride. Social support and postpartum depression. *Research in Nursing & Health,* 1994, vol. 17, pp. 449–457.

McGregor, Holly A., Joel D. Leiberman, Jeff Greenberg, Sheldon Solomon, Jamie Arndt, Linda Simon, and Tom Pyszczynski. Terror management and aggression. *Journal of Personality and Social Psychology,* 1998, vol. 74, pp. 590–605.

Mikulincer, Mario, and Phillip R. Shaver. Attachment theory and intergroup bias: Evidence that priming secure base scheme attenuates negative reactions to out-groups. *Journal of Personality and Social Psychology,* 2001, vol. 81, pp. 97–115.

———. Boosting attachment security to promote mental health, prosocial values, and inter-group tolerance. *Psychological Inquiry,* 2007, vol. 18, pp. 139–156.

Mikulincer, Mario, Phillip R. Shaver, Omri Gillath, and Rachel A. Nitzberg. Attachment, caregiving, and altruism: Boosting attachment security increases compassion and helping. *Journal of Personality and Social Psychology,* 2005, vol. 89, pp. 817–839.

Myers, Scott M., and Alan Booth. Marital strains and marital quality: The role of high and low locus of control. *Journal of Marriage and Family,* 1999, vol. 61, pp. 423–436.

Neal, David T., and Tanya L. Chartand. Embodied emotion perception: Amplifying and dampening facial feedback modulates emotion perception accuracy. *Social Psychological and Personality Science,* 2011, vol. 2, pp. 673–678.

Olweus, Dan. *Bullying at School: What we know and what we can do about it.* Blackwell, 1993.

Ooms, Theodora, Stacey Bouchet, and Mary Parke. *Beyond Marriage Licenses: Efforts in states to strengthen marriage and two-parent families.* Center for Law and Social Policy, 2004.

Putnam, Robert D. *Bowling Alone: The collapse and revival of American community.* Simon & Schuster, 2000.

Romano, Elisa, Richard E. Tremblay, Frank Vitaro, Mark Zoccolillo, and Linda Pagani. Prevalence of psychiatric diagnosis and the role of perceived impairment: Findings from an adolescent community sample. *Journal of Child Psychology and Psychiatry,* 2001, vol. 42, pp. 451–461. Notes that one in five young people experience mental health problems.

Schramm, David G. Individual and social costs of divorce in Utah. *Journal of Family and Economic Issues,* 2006, vol. 27, pp. 133–151.

Sennett, Richard. *Together: The rituals, pleasures, and politics of cooperation.* Yale University Press, 2012.

Turkle, Sherry. *Alone Together: Why we expect more from technology and less from each other.* Basic Books, 2011.

UNICEF. Child poverty in perspective: An overview of child well-being in rich countries. *Innocenti Report Card 7,* 2007. Innocenti Research Centre, Florence, Italy.

Wright, Ronald. *A Short History of Progress.* House of Anansi Press, 2004.

欧文·亚隆经典作品

《当尼采哭泣》
作者：[美] 欧文·D. 亚隆 译者：侯维之

这是一本经典的心理推理小说，书中人物多来自真实的历史，作者假托19世纪末的两位大师——尼采和布雷尔，基于史实将两人合理虚构连结成医生与病人，开启一段扣人心弦的"谈话治疗"。

《成为我自己：欧文·亚隆回忆录》
作者：[美] 欧文·D. 亚隆 译者：杨立华 郑世彦

这本回忆录见证了亚隆思想与作品诞生的过程，从私人的角度回顾了他一生中的重要人物和事件，他从"一个贫穷的移民杂货商惶恐不安、自我怀疑的儿子"，成长为一代大师，怀着强烈的想要对人有所帮助的愿望，将童年的危急时刻感受到的慈爱与帮助，像涟漪一般散播开来，传递下去。

《诊疗椅上的谎言》
作者：[美] 欧文·D. 亚隆 译者：鲁宓

世界顶级心理学大师欧文•亚隆最通俗的心理小说
最经典的心理咨询伦理之作！最实用的心理咨询临床实战书
三大顶级心理学家柏晓利、樊富珉、申荷永深刻剖析，权威解读

《妈妈及生命的意义》
作者：[美] 欧文·D. 亚隆 译者：庄安祺

亚隆博士在本书中再度扮演大无畏心灵探险者的角色，引导病人和他自己迈向生命的转变。本书以六个扣人心弦的故事展开，真实与虚构交错，记录了他自己和病人应对人生最深刻挑战的经过，探索了心理治疗的奥秘及核心。

《叔本华的治疗》
作者：[美] 欧文·D. 亚隆 译者：张蕾

欧文·D. 亚隆深具影响力并被广泛传播的心理治疗小说，书中对团体治疗的完整再现令人震撼，又巧妙地与存在主义哲学家叔本华的一生际遇交织。任何一个对哲学、心理治疗和生命意义的探求感兴趣的人，都将为这本引人入胜的书所吸引。

更多>>> 《爱情刽子手：存在主义心理治疗的10个故事》《生命的礼物》《一日浮生》

心理学大师经典作品

红书
原著：[瑞士] 荣格

寻找内在的自我：马斯洛谈幸福
作者：[美] 亚伯拉罕·马斯洛

抑郁症（原书第2版）
作者：[美] 阿伦·贝克

理性生活指南（原书第3版）
作者：[美] 阿尔伯特·埃利斯 罗伯特·A. 哈珀

当尼采哭泣
作者：[美] 欧文·D. 亚隆

多舛的生命：正念疗愈帮你抚平压力、疼痛和创伤（原书第2版）
作者：[美] 乔恩·卡巴金

身体从未忘记：心理创伤疗愈中的大脑、心智和身体
作者：[美] 巴塞尔·范德考克

部分心理学（原书第2版）
作者：[美] 理查德·C. 施瓦茨 玛莎·斯威齐

风格感觉：21世纪写作指南
作者：[美] 史蒂芬·平克

原生家庭

《母爱的羁绊》
作者：[美] 卡瑞尔·麦克布莱德 译者：于玲娜

爱来自父母，令人悲哀的是，伤害也往往来自父母，而这爱与伤害，总会被孩子继承下来。
作者找到一个独特的角度来考察母女关系中复杂的心理状态，读来平实、温暖却又发人深省，书中列举了大量女儿们的心声，令人心生同情。在帮助读者重塑健康人生的同时，还会起到激励作用。

《不被父母控制的人生：如何建立边界感，重获情感独立》
作者：[美] 琳赛·吉布森 译者：姜帆

已经成年的你，却有这样"情感不成熟的父母"吗？他们情绪极其不稳定，控制孩子的生活，逃避自己的责任，拒绝和疏远孩子……
本书帮助你突破父母的情感包围圈，建立边界感，重获情感独立。豆瓣8.8分高评经典作品《不成熟的父母》作者琳赛重磅新作。

《被忽视的孩子：如何克服童年的情感忽视》
作者：[美] 乔尼丝·韦布 克里斯蒂娜·穆塞洛 译者：王诗溢 李沁芸

"从小吃穿不愁、衣食无忧，我怎么就被父母给忽视了？"美国亚马逊畅销书，深度解读"童年情感忽视"的开创性作品，陪你走出情感真空，与世界重建联结。
本书运用大量案例、练习和技巧，帮助你在自己的生活中看到童年的缺失和伤痕，了解情绪的价值，陪伴你进行自我重建。

《超越原生家庭（原书第4版）》
作者：[美] 罗纳德·理查森 译者：牛振宇

所以，一切都是童年的错吗？全面深入解析原生家庭的心理学经典，全美热销几十万册，已更新至第4版！
本书的目的是揭示原生家庭内部运作机制，帮助你学会应对原生家庭影响的全新方法，摆脱过去原生家庭遗留的问题，从而让你在新家庭中过得更加幸福快乐，让你的下一代更加健康地生活和成长。

《不成熟的父母》
作者：[美] 琳赛·吉布森 译者：魏宁 况辉

有些父母是生理上的父母，心理上的孩子。不成熟父母问题专家琳赛·吉布森博士提供了丰富的真实案例和实用方法，帮助童年受伤的成年人认清自己生活痛苦的源头，发现自己真实的想法和感受，重建自己的性格、关系和生活；也帮助为人父母者审视自己的教养方法，学做更加成熟的家长，给孩子健康快乐的成长环境。

更多>>>
《拥抱你的内在小孩（珍藏版）》 作者：[美] 罗西·马奇-史密斯
《性格的陷阱：如何修补童年形成的性格缺陷》 作者：[美] 杰弗里·E. 杨 珍妮特·S. 克罗斯科
《为什么家庭会生病》 作者：陈发展